KB202302

동 아 시 아
한 국 학
번역총서 08

문화하는 영화,
이동하는 극장

전시체제기 이동영사 관계 자료

이화진 · 다지마 데쓰오 공역

동아시아한국학 번역총서 · 08

문화하는 영화, 이동하는 극장
전시체제제기 이동영사 관계 자료

초판 인쇄   2017년 8월 25일
초판 발행   2017년 8월 30일

기획 및 번역 이화진·다지마 데쓰오 | **펴낸이** 박찬익 | **편집장** 권이준 | **책임편집** 강지영
펴낸곳 ㈜ **박이정** | **주소** 서울시 동대문구 천호대로 16가길 4
전화 02) 922-1192~3 | **팩스** 02) 928-4683
홈페이지 www.pjbook.com | **이메일** pijbook@naver.com
등록 2014년 8월 22일 제305-2014-000028호

ISBN 979-11-5848-338-8 (93680)

＊책값은 뒤표지에 있습니다.

이 책은 2007년 정부(교육과학기술부)의 재원으로 한국연구재단의 지원을 받아 수행된
연구임(KRF-2007-361-AM0013)

8 동아시아
한국학
번역총서

문화하는 영화,
이동하는 극장

전시체제기 이동영사 관계 자료

| 이화진 · 다지마 데쓰오 공역 |

주)박이정

간행사

인하대학교 한국학연구소는 2007년부터 '동아시아 상생과 소통의 한국학'을 의제로 삼아 인문한국(HK) 사업을 수행하고 있다. 상생과 소통을 꾀하는 동아시아한국학이란, 우선 동아시아 각 지역과 국가의 연구자들이 자국의 고유한 환경 속에서 축적해 온 '한국학(들)'을 각기 독자적인 한국학으로 재인식하게 하고, 다음으로 그렇게 재인식된 복수의 한국학(들)이 서로 생산적으로 소통할 수 있는 방법을 구성해내는 한국학이다. 우리는 바로 이를 '동아시아한국학'이라는 고유명사로 명명하고 있다. 따라서 동아시아한국학은 하나의 중심으로 수렴된 한국학을 지양하고, 상이한 시선들이 교직해 화성(和聲)을 창출하는 복수의 한국학을 지향한다.

이런 목표의식 하에 한국학연구소는 한국학이 지닌 서구주의와 민족주의적 편향성을 극복하기 위한 방법으로 근대전환기 각국에서 이뤄진 한국학(들)의 계보학적 재구성을 시도하고 있다. 주지하듯이 한국에서 자국학으로 발전해 온 한국학은 물론이고, 구미에서 지역학으로 구조화된 한국학, 중국·러시아 등지에서 민족학의 일환으로 형성된 조선학과 고려학, 일본에서 동양학의 하위 범주로 형성된 한국학 등 이미 한국학은 단성적(單聲的)인 방식이 아니라 다성적(多聲的)인 방식으로 존재하고 있다. 우리는 그 계보를 탐색하고 이들을 서로 교통시키고자 한다. 다시 말해 본 연구소는 동아시아적 사유와 담론의 허브로서 동아시아한국학의 방법론을 정립하기 위해 학문적 모색을 거듭하고 있다.

더욱이 다시금 동아시아 각국의 특수한 사정들을 헤아리면서도 국경을 넘어서는 보편적 가치를 모색할 필요성이 절실해지는 이즈음, 상생과 소통을 위한 사유와 그 실천의 모색에 있어 그간의 학문적 성과를 가름하고 공유하는 것은 여러 모로 의미가 있으리라 여겨진다. 이에 우리는 복수의 한국학에 대한 계보학적 탐색, 상생과 소통을 위한 동아시아한국학의 방법론 정립, 연구 성과의 대중적 공유라는 세 가지 지향점을 중심으로 지속적으로 축적되고 있는 연구 성과를 세 방향으로 갈무리하고자 한다.

본 연구소에서는 상생과 소통을 위한 동아시아한국학 연구에 있어 연구자들에게 자료와 토대를 정리해 연구의 기초를 제공하고, 또한 현재 동아시아한국학 연구의 범위와 향방을 보여줄 뿐만 아니라 그 연구 성과들을 시민들과 공유하는 것까지 고려하는 방향으로 총서를 발행하고 있다. 모쪼록 이 총서가 동아시아에서 갈등의 피로를 해소하고 새로운 상생의 방법을 모색하는 데 일조할 수 있기를 기대한다.

인하대학교 한국학연구소

책머리에

일제 말기 영화는 대중 동원과 선전에서 가장 효과적인 미디어로 부상했다. 일본의 영화이론가 이마무라 다이헤이(今村太平)의 말처럼 정치는 "최대 다수를 움직이는 기술이지만" 그 "최대 다수에게 가장 생생하게 사상을 전하는 기계"가 영화라는 데 이의를 제기하는 이는 거의 없었다. 소위 '문화입법'이라 불렸던 일본영화법(1939)과 조선영화령(1940)은 영화의 감화력에 대한 절대적인 믿음을 지렛대 삼아 영화와 국가의 관계가 전격적으로 변화했음을 강조했다. 이제 영화는 종전처럼 '대중의 오락'이거나 '영리적인 상품' 혹은 '개인의 예술적 창작물'에 그치지 않고, 국민문화가 진전하도록 돕는 '국가의 문화재'여야 한다는 것이다.

한 걸음 더 나아가 고도국방국가 건설에 필요한 노동력의 재생산을 위한 '건전오락'으로서 영화를 적극 활용해야 한다는 주장은 태평양전쟁 개전을 즈음해 한층 고조되었다. 그동안 도시의 영화상설관이 영리를 목적으로 비속하고 퇴폐적인 영화를 상영하여 배를 불려왔다면, 문화 시설이 부족하고 문화적 혜택으로부터 소외되어 있는 농산어촌의 주민과 공장, 광산 지대의 노동자들에게 국가가 직접 영사대를 파견하여 '국민문화로서의 영화'라는 관념을 실제적으로 구현해야 한다고 주장되었다. 국가 주도의 비영리적 상영 활동인 이동영사는 영화가 본래 대량생산과 대량소비가 가능한 복제 미디어라는 점, 그리고 다른 어떤 미디어보다 선전 효과가 뛰어나다는 점에 착목하고, 그러한 영화 미디어의 특장점을 전시 국가의 통치에 활용하고자 하는 목적이 뚜렷한 캠페인이었다.

이 책은 일제 말기 일본과 조선의 이동영사 활동에 관한 당대 문헌을 선별하여 번역한 것이다. 이동영사 활동은 그동안 영화사나 사회사 연구에서 부분적으로만 언급되어 왔다. 이동영사가 당대 대중의 문화 경험에서 매우 중요한 위치를 점하고 있었음에도 그에 대하여 충분한 연구가 이루어지지 못한 것은 무엇보다 이동영사의 실상에 접근할 수 있는 자료가 절대적으로 부족했기 때문이다. 이 책은 이동영사와 관련한 일본어 문헌을 번역·소개함으로써 영화와 문화, 미디어의 역사에서 누락되어온 일제 말기 영화 문화의 일부를 재구하도록 돕고 관련 연구자들의 의욕을 북돋우고자 기획되었다.

책은 크게 두 부분으로 나뉜다.

제1부에는 주로 일본의 이동영사 담론과 실제 활동 양상을 살펴볼 수 있는 글을 수록했다. 경성일보 문화부 기자의 「순회영화 소감」을 제외한 모든 글이 일본의 농산어촌 및 공산, 광산지대에서의 이동영사 활동을 다루고 있다. 도시와 농산어촌 간 문화적 불평등은 식민지만의 특수한 상황이 아니라 식민 본국에서도 줄곧 심각한 문제로 지적되어 왔던 것으로, 이동영사를 조직하고 운영하는 발단이 되었다. 이전에도 관청과 신문사, 교육기관, 여러 단체들이 갖가지 목적에서 이동영사를 실시했지만, 전시체제라는 상황은 영화가 벽촌에까지 '이동'하고 문화를 '확산'시키는 일을 더욱 긴급한 과제로 만들었다. 제1부 '이동영사와 농촌문화'는 일본 이동영사의 여러 조직과 운영, 실제 활동에 대한 다양한 보고를 소개하는 데 집중했다. 복제 미디어로서 영화는 각 지역과 영사 단체에 동일한 텍스트를 여러 편 공급할 수 있고, 그 효과 역시 예측 가능하다고 기대되었기 때문에, 이동영사는 같은 시기 이동문화 활동의 다른 갈래였던 연극이나 연예, 야담, 만담 등에 비하여 식민 본국과 식민지 사이의 연계성이 강했다. 제1부를 통해, 일본 이동영사로부터 지속적으로 영향 받았던 조선 이동영사의 밑그림을 그려보고 식민 본국과의 연계성과 식민지적 차이를 추론할 수 있기를 바란다. 사실 제국의 시야에는 일본 내지뿐 아니라 식민지와 점령 지역에서 이동영사 활동의 효

율을 높이는 문제도 포착되어 있었는데, 대상 지역을 확대하여 자료를 수집하고 정리하는 일은 번역자들의 그릇에 넘치는 일이었다. 이 책에서 다루지 못한 20세기 전반기 동아시아 이동영사에 관한 후속 연구가 앞으로 이어질 수 있기를 기대해 본다.

제2부는 식민지 조선의 이동영사 조직이었던 조선영화계발협회의 활동상을 살펴볼 수 있는 '조선영화계발협회 인계서'를 수록했다. 조선영화계발협회는 1942년에 조선총독부 정보과 내에 설치된 기구로서, 정보과장이자 검열과장이었던 아베 다쓰이치(阿部達一)가 협회장을 맡는 등 총독부와 매우 밀접한 관계를 가지고 있었다. 1944년 8월, 조선영화배급사의 이동영사반, 조선총독부 학무국 내 조선교육영화연맹 등 여러 이동영사 단체 및 조직들을 통합함으로써, 조선영화계발협회는 조선 유일의 이동영사 기구가 된다. '조선영화계발협회 인계서'는 그동안 잘 알려지지 않았던 조선영화계발협회의 실제 조직과 운영, 그리고 재고 필름 리스트 등을 담고 있는 만큼, 식민지 주민을 제국주의 전쟁에 동원하는 문화적 장치인 동시에 그들 대부분에게 새로운 문화 경험을 제공했던 이동영사 활동의 실상에 다가가는 데 길잡이가 될 것이다.

해방 후 몇 달이 지난 1945년 11월 20일자 『중앙신문』의 보도에 따르면, 미군정청 영화과가 구 사단법인 조선영화계발협회와 조선흥행협회의 장부 일체를 인계받고 한때 총독부 요직에 있었던 관계자들을 수차례 호출하며 경영 내용을 검토하고 취조한 일이 있었다. 이 인계서는 그때 입수된 서류들로 추정된다. 일본의 국립공문서관에 소장되어 있던 자료를 수집한 이는 역사학자 장신 선생이다. 전시체제기 이동영사 자료의 번역은 장신 선생이 수년 전 건네준 서류 뭉치로부터 시작되었으니, 그는 이 책의 숨은 공로자이다. 선생의 진심에 조금이라도 보답이 되면 좋겠다. 여기에 수록하지는 못했으나 여러 자료 수집에 도움을 주고 유익한 조언을 해준 양인실, 이대화, 정종화, 차승기, 한상언 선생에게도 감사를 전한다. 마지막으로, 책의 출간을 격려하고 지원해준 인하대 한국학연구소와 출판을 맡아준 박이정출판사의 여러분들에게도 깊이 감사드린다.

2017년 8월
번역자를 대표해
이화진 씀

차례

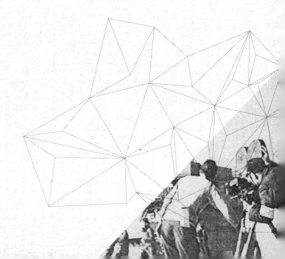

일러두기

1. 일본어의 한글 표기는 국립국어원 외래어표기법을 따랐다. 일본식 이름의 일본어 독음 확인이 어려운 경우는 일반적으로 통용되는 독음으로 표기했다.
2. 영화명은 화살 괄호(〈 〉), 도서와 잡지명은 겹낫표(『 』), 기사명과 논문명은 홑낫표(「 」)로 표기했다.
3. 원문의 인쇄 혹은 보존 상태에 따라 식별이 어려운 경우 □로 표기했다.
4. 제1부에 수록한 원문의 출처는 각 글의 말미에 표시했다.
5. 제2부 '조선영화계발협회 인계서' 첫 페이지의 차례와 세부 제목이 일치하지 않더라도 원문 그대로 옮겼다.
6. 원문의 사진 이미지는 수록하지 않고, 이미지가 있었던 자리를 표시하고 설명을 달았다.
7. 원문의 영화 제목이나 수치 등에 오류가 있더라도 원문 그대로 옮겼으며, 정정한 경우에는 주석으로 정정 사실을 밝혔다.
8. 영화의 편수를 세는 '본(本)', 필름의 수를 세는 '권(卷, reel)', 필름의 길이를 재는 '척(呎, feet)' 등은 오늘날 한국에서는 사용하지 않는 단위이지만 원문 그대로 옮겼다. 본문에서 '리(里)'는 일본의 거리 단위로서 1리가 3.9km에 해당한다.

제1부

이동영사와
농촌문화

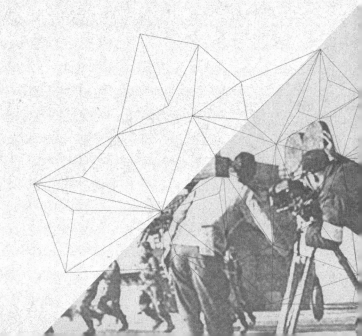

순회영화론

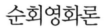

나카지마 겐조(中島健蔵)[1]

(1)

　도회의 생활과 농어촌의 생활의 차이는 공상으로는 도저히 알 수 없을 만
큼 크다. 도회라 해도 여러 정도가 있어 문화 편재(偏在)의 실상은 다소의
경험이 없으면 결코 이해할 수 없다. 나는 여행할 때마다 행선지에서 반드
시 책방을 찾아 들르도록 했다. 그리고 틈이 나면 영화관을 들여다보고 그
내용과 관객의 부류를 관찰하도록 했다. 특별히 책을 사겠다거나 영화를 보
는 것이 목적이 아니다. 나에게 필요한 것은 책을 찾는 손님, 영화를 보는
관객의 기풍이다. 일정한 목적하에 모여든 사람들은 역시 그 지역마다의 기
풍의 어떤 일면을 잘 대표하고 있을 것이다. 때로는 별로 필요도 없는 잡지
나 책을 선 채로 읽으면서, 손님이 무엇을 살지 관찰하거나 또는 가게 사람
들에게 약간의 질문을 던져보는 적도 있었다. 그대로는 대단한 결과를 낳을

1　나카지마 겐조(中島健蔵, 1903-1979): 프랑스문학자, 문예평론가.

수 없는 내 개인의 취향이었다. 그러나 확실히 단언할 수 있는 것은 문화의 편재가 심하다는 점이다. 책방이나 영화관이 있는 지역은 그나마 괜찮다. 거의 그런 것과는 전혀 인연이 없는 지역이 많다는 것을 생각하면, 어떤 의미에서 절망감이 든다. 그 사이 특히 내 흥미를 끈 것은 순회문고와 순회영화의 실상이었다.

다행인지 불행인지 도쿄에 사는 나로서는 그 자세한 점에 대해서는 거의 자료를 모을 수 없다. 그러나 듣는 바에 따르면 작금 농촌에 보기 드문 호경기가 나타난 이래 순회문고의 내용도 많이 변해왔다는 말이다. 한편으로는 재래의 향락이 억압되고, 한편으로는 노동력 감소와 그 외의 이유로 기계 이용의 필요가 있어서 순회문고의 의의가 더욱더 증대한 것이겠다. 그러나 순회영화는 어느 정도 확충되었는지 매우 의문으로 삼지 않을 수 없었다. 몇 년 전에 도후쿠(東北) 지방의 한 한촌에서 야외의 영화 흥행을 본 이후 이 문제는 나에게 숙제 중 하나가 되었던 것이다.

도회에 사는 사람에게는 순회영화의 중요성 따위는 거의 머리에 들어오지 않는 게 보통일 것이다. 그리고 일반의 영화론으로서도 이러한 문제는 논외에 놓이기가 쉬울 것이다. 그러나 쇼와 14[1939]년 봄 중의원에서 영화 법안의 토론 중 가장 활기가 있었던 것은 이 농촌영화 문제였던 것 같다. 아마도 어떤 형태로든 대규모 순회영화 조직이 최근에 만들어져야 할 형세에 있다고 봐도 지장이 없을 것이다. 이 문제 중에는 아직 심히 큰 갭이 보인다. 이는 영화에 한정되지 않고 문화 예술 일반에도 마찬가지로 해당되는데, 제작, 배급, 소비 사이에 당연히 있어야 할 상관 관계가 애매한 것이다. 꽤 고급한 영화론과, 극히 비근한 순회영화 간의 문제를 하나로 묶어서 생각하려면, 금방 그러한 갭과 충돌한다. 조속히 구체적인 입안에 착수하는 것도 필요하지만, 우선 그 전에 문제의 소재를 분명히 하는 것이 필요한 까닭이다.

영화의 힘에 대해서는 이제 의심의 여지도 없을 것이다. 이 자극에 대한 반응은 완전히 생리적이다. 따라서 그 폐해를 논할 시대가 먼저 있었던 것도 당연할 것이다. 대부분의 관객은 영화를 본 후에 잠시 동안 무의식 속에 스크린 상의 인물을 모방하고 있는 것이다. 이만큼 분명한 효과를 나타내는 것을 최근까지 좀처럼 적극적으로 이용할 생각을 하지 않았던 것도 이상한 이야기다. 오락으로서의 가치는 말할 것도 없다. 때로 영화를 좋아하지 않는 소년소녀를 만나 이야기를 잘 들어보면, 대체로 눈에 결함이 있는 사실을 알고 쓴 웃음을 지은 적도 있다.

구체적인 입안의 기초에는 신용할 수 있는 숫자가 필요하다. 그러나 아메리카처럼 여론조사 등의 습관이 철저한 곳이라면 몰라도, 특히 소비자 측, 즉 관중 측을 주로 한 기초적 숫자는 일본에서는 극히 불완전하게 알려져 있고, 이 새로운 조사도 곤란하기 일쑤이다. 그러나 영화관의 수효가 전국에서 1천8백여, 1년 동안 관객의 연인원수가 3억 내지 4억명인데, 그중 70%가 도회에 편재하며 전 인구의 60%는 영화를 볼 기회가 전혀 없다. 이와 같은 대략적인 수치는 쉽게 산출할 수 있을 것이다. 그리고 이들 숫자는 곧바로 농촌순회영화반의 필요성을 보여주고 있다. 주저해야 할 이유는 하나도 없다.

(2)

현재 이루어지고 있는 순회영화로는, 소규모의 유랑 흥행을 계산 외에 둔다면, 우선 각 신문사의 무료흥행이 있다. 또 근년에는 관청이나 반관(半官)의 교화 단체 등이 여러 기회에 영화를 제공하고 있는데 이것들이 꼭 곧바로 순회영화안의 기초가 되는 것은 아니다. 도회지에서의 밀도가 농후해서라고 한다면 영업적인 유료 흥행과 조금도 다르지 않기 때문이다. 그리고 소학교와 중학교에서 생도를 위해 영화회를 개최하는 사례도 꽤 많은 수에 이르지만, 이는 공장 기타의 영화시설과 마찬가지로 따로 논해야 한다고 생각한다. 따라서 현실에서는 농촌, 어촌 등에서의 영화 이용은 거의 전혀 이루어지지 않고 있다고 할 수 있다. 뿐만 아니라 실상이 빈약한 것은 별도로 비교하더라도, 적어도 영화 이용의 기획이 풍부한 점에서 보면 만주를 비롯한 대륙 쪽이 일본 내지의 농촌보다도 유리하다고까지 말할 수 있다.

농촌순회영화는 앞으로 오래 오락이나 교육의 효과와 함께 한층 직접적인 르포르타주에 의한 효과를 기대할 수 있다. 그러나 그러한 목적 중 어느 것에도 치우치지 않고 영화를 충분히 이용하기 위해서는, 조직상 큰 곤란이 있는 것도 분명하다. 극영화, 문화영화, 뉴스가 각각 제작 계통을 달리하고 독특한 배급조직을 가지고 있는데다가 영리회사, 연구소, 신문사 등에 더하여 관청이 관계하게 되면 용이하고 원활한 실시를 기대할 수 없을 것이다. 순회영화관에 배급되어야 할 영화는, 일부분은 자기의 목적을 위해 특별히 제작될 필요도 있지만 역시 대부분이 기성의 것들에 의지해야 할 것이다.

순회영화가 영리적인 흥행자의 손을 거치지 않는 것은 당연하다. 직접적인 채산을 어느 정도까지 무시할 수 있는 신문사도 우리들이 기대하는 만큼의 큰 조직을 새로 만드는 것은 거의 불가능하다고 봐도 된다. 이들 지원 없이는 순회영화도 불가능하나, 그렇다고 해서 그중 하나가 대규모 조직을 도맡는 것은 곤란할 것이다.

그렇다면 관청 혹은 반관 단체가 자기의 순회영화 조직을 담당하거나 국내의 개혁이 한층 강력히 실행되고 국민의 재조직이 이루어진 후에는 당연히 이 방법도 가능할 것이다. 그러나 오늘의 상태로는 가장 조직력이 있는 이 모체에 전부를 위임하기도 아직은 곤란하다고 생각된다. 순회영화는 교육과 뉴스 제공의 목적 외에 농촌에 가장 결여되어 있는 오락을 목적으로 삼아야 한다. 이 목적이 무시된다면, 순회영화의 의의 절반은 상실될 것이다. 이 기획 중에는 후생운동의 요소가 다분하다. 그러나 관제의 후생계획 중에 오락적인 영화를 더할 만큼의 여유가 있는지 의문이다. 뿐만 아니라 설사 그것이 바람직하다고 해도 그러한 경향으로 나아가는 것이 현재의 제정책과 일치할는지도 문제일 것이다.

영화의 선택에 대해서는 대단히 거추장스러운 문제가 있다. 농촌영화라 해도, 속해(俗解)되듯이 농촌을 주제로 하는 영화가 농촌 상영에 적당한지 어떤지는 간단히 말할 수 없는 일이다. 영화의 특징 중 하나는 앉아서도 자신의 환경과 다른 세계로 옮겨가는 쾌감에 있다. 부박한 도회의 풍습을 영화에 의해 농촌으로 가지고 들어가는 폐해 운운하는 것도 당연한 일이지만, 도회를 올바르게 이해시킬 필요도 큰 것이다. 그리고 일률적으로 농촌의 문화 정도를 낮게 보고 가령 수준이 낮은 영화를 보여주려고 하는 것은 급속한 진보를 모르는 모욕일 뿐만 아니라 문화 정책 상에서 보아도 폐해가 많다. 조금이라도 손을 덜 대면 어처구니없이 저열해지는 것도 영화의 특징 중의 하나이기 때문이다.

농촌순회영화의 중추에는 매우 다방면의 협동이 필요하다. 영화에 대해서, 농촌 그 자체에 대해서 별로 경험이 없는 자의 탁상공론으로 방침이 좌우될 정도라면 오히려 다른 방책을 생각하는 것이 낫다. 전국적인 조직을 완성하기 위해서는 관청의 강력한 통일적 참여가 필요하며, 동시에 충분히 각 전문단체 기타 민간의 의도를 통하는 형태가 고려되어야만 한다.

영리회사에 보조금을 제공하여 순회반을 실행할 것인가. 정부가 직접 수행할 것인가. 혹은 신문사에 이 목적을 위한 연합을 요청할 것인가. 아무튼 충분한 공익적 성질을 띠고 유연성을 잃지 않는다는 보증만 있으면 어느 길로 가도 좋을 것이다. 그러나 곤란을 최소화하고 급속히 실현을 이루기 위해서는 오히려 관계 제 방면의 협력에 의한 새로운 사업단체를 만드는 것이 가장 적절할지도 모른다고 생각된다. 이 일은 월등히 그럴 만한 가치와 의의를 가지고 있는 것이다. 만약 지장이 없으면 대일본영화협회가 모체가 되어 실행하는 것도 좋다. 우리들 제3자의 입장에서 보면, 이 협회의 조직은 기존 기관 중에서 가장 유리한 성질을 지니고 있다.

(3)

농촌순회영화반을 실현하는 데 구체적으로 번거로운 것은 비용 문제와 인간 문제다.

가령 1백반 내지 2백반의 이동조직을 만들기로 하면, 1반 최저 2명 최고 5명으로 보고 3백명 내지 6백명 정도의 인력이 상시 필요하다. 이만큼의 인간을 모으는 것은 불가능한데, 인력 자원이 큰 문제가 되고 있는 오늘날, 오히려 이동은 필름 기타 재료 및 소수의 배급 담당원에 한정하여 이니셜·코스트[initial cost]는 오히려 클지도 모르나 각 지방별로 블록을 만들어 현(縣)의 사회과를 지도의 중심으로 하고 지역마다 영화반을 양성하는 편이 현명할 것이다. 이 방법에 따르면, 지방에 산재하는 영사기계 기타의 유통을 헤아리는 게 가능하고, 조직화가 이루어진 후부터의 경상비는 의외로 적으며, 또 지방적인 사정을 충분히 참작할 수도 있어서 큰 이익이 있다고 생각된다.

예산 산출은 조직 여하에 따라 여러 가지가 되겠지만, 재원으로는 정부의 보조, 영화회사, 신문사 등의 기부로 우선 초기의 조직을 다질 수밖에 없다. 그러나 여기서 제출하고 싶은 안이 하나 있다. 이는 도회지의 영화 향수자로부터 일종의 기부를 받는 방법이다.

우리는 입장권을 사기 위해 대도회의 영화관 주위에 장사진을 이루고 있는 사람들이 있다는 것을 안다. 그 사람들의 행렬은 완력 다툼과 같은 교통기관의 우선권 쟁탈에 비하면 모범적일 만큼 규율에 따른다. 이 행렬을 보고 도회인의 향락 욕망을 트집 잡기 전에, 이 규율의 의미를 생각해보자는 것이다. 또한 우리는 일류 상영관 안에서 잘 차려입은 관객을 본다. 그들을 째려보기 전에 그들로부터 순회영화에 대한 지원을 얻어보자는 것이다. 영화 구경의 사치 따위는 사치라고 불리는 것 중에서도 보잘 것 없는 것이다. 게다가 그 조그마한 사치조차 우리의 기획과 뗄 수 없는 관계가 있는 듯하다. 우리는 비굴하게 도움을 구걸하는 것이 아니다. 도회지의 행복한 사람들이 혜택을 받지 못하는 농촌 사람들에게 자진해서 그 행복을 나누기를 요구하는 것이다. 방법은 간단하다. 한 번 영화관에 갈 때마다 고작 10전이 나 20전 더 내주면 된다. 그것도 농촌 사람들에 뒤지지 않는 소박한 관객 으로 가득 찬 작은 영화관의 관객에게까지 요구하자는 말은 아니다. 개봉, 혹은 이에 준하는 영화관에 갈 때 향락을 독점하지 않겠다고 마음을 가볍 게 하는 것과 교환하는 셈으로, 고작 약간의 돈을 더 내놓아주기를 바라는 것이다. 1원의 입장료라면 1원 20전을 내고 50전의 입장료라면 60전 낸다 고 하면, 가격을 따지는 사람들은 눈빛이 달라질지 모른다. 그러나 이는 이 치에 맞는 지출이다. 스크린에 등장하는 농촌 사람들도 남이 아니다. 그 사 람들과 기쁨을 함께 하기 위한 기부이다.

이 점이 납득된다면, 영업자 측도 이 때문에 관객이 줄어드는 것을 걱정 할 필요는 없을 것이다. 이 돈은 그대로 농촌순회영화 쪽으로 돌려주어야 한다. 정부도 이를 지지하고 관람세를 그 이상 부과하지 말고 오히려 자진 해서 관리의 노고를 담당하였으면 한다.

어떤 단체가 도맡든지 간에 순회영화 당사자는 이러한 뜻을 헛되게 하지 말고 그것을 두배 세배로라도 살려 이용하는 것이다.

가령 이러한 일류관이 8백명의 좌석을 가지고 있다고 하자. 그리고 프로 그램을 하루에 세 번 돌린다고 치면, 만원 때의 입장자 연인원은 하루에 2 천4백명이다. 일부러 견적을 적게 내서, 1년 동안의 영업일수를 350일로 하 면 연인원 8만4천명이 된다. 이러한 영화관이 전국에 20군데 있다고 하면 총인수는 168만명이다. 그 인원수가 1회에 10전씩 기부하면 실로 16만8천원 이라는 돈이 모이게 된다. 이 적게 잡은 계산을 배로 견적을 내도 그렇게 무리는 없을 것이다.

전체 예산에서 보면, 그저 일부에 지나지 않을지도 모른다. 그러나 순회 영화 같은 계획의 기초에는 이러한 심리적인 지지가 필요하다고 생각한다. 그리고 물론 이러한 도회의 지지에 대하여 농촌 쪽에서도 비용이든 노력이

든 가능한 정도의 부담을 필요로 한다. 실천적인 협동이 곤란한 것은 현대 일본의 각 방면에서 보이는 약점이지만, 이것으로 다소나마 그 실적을 올릴 수 있다면 국민정신총동원 본부처럼 예산 중 약간을 이 사업을 위해 할애해야 할 것이다.

이를 공상이라며 웃어넘기기 전에, 국민협동의 실천에 대해 반성하고 싶다. 나는 요사이 예부터 전해오는 속담이 생각날 때가 많다. 쉽게 부러지는 화살도 세 개가 모이면 부러지지 않는다. 농촌순회영화의 기획도 많은 속담에 기대어 조속히 실현해야 한다. '활동사진'이라고 불리고, 그것을 보러 가는 것이 죄악시된 시대를 실제로 경험했던 우리는 처음에는 '영화법'이나 '영화협회'라는 말을 들으면 어쩐지 이상한 기분이 들었다. 농촌순회영화가 의회의 문제가 되다니 참으로 금석지감을 느껴 마지않는다. 이 기운을 한층 적극적으로 파악하고 시대 변화의 한 걸음 앞으로 나아가는 것이 오늘날의 필요일 것이다. 실현을 바라는 마음이 절실하다.

「巡廻映畵論」, 『日本映畵』1940.3.

농산어촌과 영화의 문제

고우 스에히코(高季彦)

　지나사변 발생 이후 수많은 청년의 출정과 호황 산업을 찾아 떠나는 청년의 이촌(離村) 등으로 심한 노동력 부족을 초래하고 있는 농산어촌의 부진 곤비한 현상은 농산 제 물자의 수요가 갑자기 증대하고 있는 오늘날 극히 심각한 문제를 제출한다. 위정자는 이에 대한 대책을 고심하고 있다. 우리 국민생활에 대단히 중요한 식량 및 원료 물자의 공급지인 농산어촌을 지키지 않으면 안 된다. 그 생활의 진흥을 도모해야 한다는 요망은 위정자만이 아니라 국민 전반의 요망이기도 한다. 이는 또한 영화에서도 중대한 관심사이어야 한다.

　즉 농촌 대책 실행에 소극적으로 임하면서도 영화가 도맡을 수 있는 일단의 역할을 알고, 어떻게 하면 이 역할을 만족스럽게 다할 수 있는지에 대한 고려가 필요하게 된다. 그리고 거기에는 영화가 언제까지나 도회생활자의 점유물로 머물게 해서는 안 된다는 자각이 당연히 수반된다. 그래서 영화에 부과된 역할로서 당장 생각할 수 있는 것은 농산어촌의 생활 실정을 영화로 널리 전하여 세상의 식자의 관심을 촉구하고, 영화로 농산어촌의 생활의 개선 향상을 도모하며, 아울러 일상의 좋은 오락 위안을 제공한다고 하는 문화적 방책일 것이다. 그러나 이런 실행은 말처럼 쉽지 않다는 것을 우선 명심하고 알아두어야 한다.

먼저, 농산어촌의 생활의 실정을 올바로 이해하기가 어렵다는 것이 우리 앞에 놓여 있다. 이 이해가 충분치 않으면 우리가 시도하는 방책은 모두 잘못되게 된다. 오늘날 도회생활이 당하고 있는 여러 혼란을 거듭하고 그들 촌민의 생활상에 미치는 과실을 범해서는 안 된다. 농산어촌에 어떤 영화를 제공해야 할지에 대한 고려는 그들의 생활에 대한 깊고 올바른 이해를 우선 전제로 삼아야 한다.

근년 등산이나 스키, 하이킹의 유행에 따라 도회의 주민이 농촌이나 산촌과 접촉할 기회가 많아졌다고 여겨지지만, 실제로 그들은 농촌과 산촌의 자연 풍물을 단순히 도회인 식으로 적당히 맛보는 데 머물고, 농촌생활의 실정을 샅샅이 알고자 하는 마음가짐은 거의 없다고 해도 좋다. 농민들의 고된 노동을 콧노래를 부르며 바라보면서 '시골은 목가적이라서 좋다' 따위의 멍청한 말을 하고 있다. 그리고 이 멍청함은 거의 항상 영화작품에서 농촌생활을 취급하는 방식에 그대로 나타나 있는 것이다. 영화는 언제나 농촌생활을 도회인 여행자의 편파적인 눈으로 멋대로 바라본 것에 불과하다. 촌민과 그 세계를 생활 내용이 가난하고 동정 받아야 할 선량한 인간으로, 혹은 한가롭고 아름답지만 심심해서 견디기 어려운 자연환경으로 많은 경우 바라보아 온 것이다. 그들 촌민의 생활에 오랜 전통의 뿌리를 내린 민속 관습이 지니는 당당한 문화성에 한 번도 주의를 기울여본 적이 없던 것이다. 습속에 대한 올바른 이해와 깊은 흥미를 가지고 촌민생활 내부에 게걸스럽게 파헤쳐 들어가는 의욕은 기록영화에서조차 볼 수 없었다. 단순히 생활의 외관을 하이킹하는 사람의 눈으로 신기하게 바라보고 지나친 것에 불과하다.

다음으로 농산어촌에 대해 영화로 선전한다는 방책에서 긴요한 것 중 하나는 오늘날 우리에게 주어진 영화 자체에 대한 철저한 반성이다. 우리들 도회인이 즐겁다고 느끼고 고맙다고 생각하는 여러 영화를 널리 농산어촌의 사람들에게도 제공하고 싶다는 생각은 확실히 친절한 마음에서 나왔겠지만, 심히 어리석은 친절이라고 생각한다. 도회 주민에게 필요한 것이 반드시 농촌과 산촌 주민들에게도 필요한 것은 아니라는 점이 명백하기 때문이다. 필요가 없을 뿐만 아니라 극히 유해한 경우를 많이 상상할 수 있다. 오늘날 영화 작품의 대부분이 도회라는 특수한 생활환경 안에서 길들여진 도회 주민의 특수한 기질, 요구, 기호와 같은 것에 초점을 맞추려는 고려에 기초해 만들어진 데 불과하다고 여겨진다. 그러한 기질, 요구, 기호와 같은 것을 민감히 찾아내는 능력이 오늘날 영화기업가의 자격으로 간주되는 것이다. 도회, 농촌영화를 불문하고 널리 인간생활 그 자체의 진보 향상을 재촉할 만한 보편적인 문화 가치가 오늘날의 영화에는 모자란 것이다. 이는 극영화에 한정되지 않고 문화영화라고 화려하게 불리는 것에 대해서도 똑같이 말할 수 있다. 한번 근년에 엄청나게 만들어진 문화영화들을 하나하나 돌이켜 보라. 과연 이들은 제군이 몰랐던 여러 사실을 새삼 알려주었을 것이다. 제군을 일상의 화제에 궁할 일이 없는 박식가로 만들어주었을 것이다. 그러나 제군 자신의 가정생활을 더욱 즐겁고 풍요로우며 의의 있게 만들고자 궁리하는 데 문화영화는 도대체 무엇을 가르쳐주었는가.

농산어촌에 영화를 가지고 들어가려면, 가장 먼저 오늘날의 영화가 어떤 것인지에 대한 철저한 반성, 나아가 도회생활 그 자체에 대한 엄격한 반성과 농산어촌 생활에 대한 올바른 이해가 요구된다. 이 반성과 이해는 동시에 영화작품이 촌민생활을 어떻게 다루어야 하느냐라는 창작상의 문제에 대해서도 명백한 해답을 줄 수 있게 된다.

도회에 사는 대부분의 사람들은 도회생활만이 문화적이고 촌민의 생활은 비문화적이라고 멍청하게 믿고 있다. 그러나 이는 잘못된 생각이다. 도회에서 여러 문화재의 혜택을 받으며 살고 있는 것 자체에는 아무런 문화적 의미가 없다는 것을 알아야 한다. 자신의 머리와 몸을 쓰지 않아도 돈만 내면 무엇이든 충족할 수 있는 대단히 편리한 생활 조건이 얼마나 인간을 무력하게 만드는지를 깨달아야 한다. 자신의 머리로 궁리하지 않아도 돈만 내면 남의 머리가 궁리해준 것을 용이하게 입수할 수 있고 그것으로 충족된다는 편리함에 익숙한 결과, 사람들은 자신의 머리로 궁리하는 힘을 잃어버리는 것이다.

그런데 문화 본래의 의미는 '궁리한다'는 것이다. 생활의 문화라고 불리지만 스스로의 생활을 스스로의 머리로 궁리하고 영위하는 것이어야 한다. 바꿔 말하면, 주어진 일정한 물질적 조건하에서도 어떻게 해서 스스로의 생활을 최대한도로 즐겁고 풍요롭게 만들지 궁리함으로써 비로소 참된 생활의 문화가 꽃피는 것이다. 생활의 문화는 돈의 힘으로 생활을 장식함으로써 생기는 것이 아니라 각자에게 주어진 생활 속에서 궁리의 힘을 빌려 스스로 스며나오는 것이어야 한다. 스스로의 머리로 궁리하는 능력 없이 참된 문화는 있을 수 없다. 그리고 또한 참된 교양이란 빌린 사상(즉 이제 지식에 불과함)으로 무장하는 손재주를 좋게 하는 것이 아니라 스스로의 힘으로 스스로의 사상을 키우고 높이는 작용이어야 한다. 문화와 교양은 같은 말 'culture'이다.

그래서 내가 하고 싶은 말은 도회인들이 비문화적이라고 간주하는 농산어촌의 생활 속에 오히려 참된 의미에서의 문화가 있다는 것이다. 산촌 사람들은 스스로 몸을 움직이고 스스로 땀을 흘려야 비로소 손에 넣을 수 있는 행복을 알며, 스스로의 머리로 궁리해서 영위하는 생활의 풍요로움을 가지고 있다. 오늘날 그들의 생활로 인식되는 이러한 문화는, 오랜 세월을 거쳐 서서히 생육하여 언젠가부터 생활 속에 확고히 뿌리내린 것이다. 그 옛날, 교통의 불편 때문에 다른 지방에서 물자를 융통할 수 없었던 각 촌락의 주민들이 우선 시도해야 했던 것은 의식주에 필요한 일체의 물자를 한정된 일정 지역 내에서 스스로 조달하기 위한 궁리였다. 즉 부득이하게 자급자족해야 했던 것이다. 그들의 생활상 가장 중요한 과제는 항상 한정된 일정 지역 내에서 최소한도의 노력으로 어떻게 해서 최대한도의 부를 생산할 수 있느냐라는 점에 있었고, 이를 위해 수행된 끊임없는 궁리가 농경·어로의 용구 및 기술의 진보가 되어 나타나고 있는 것이다. 물론 이들 용구와 기술은 시간을 거쳐 서서히 각 지방 간에 교류가 이루어진 것이 사실이나, 기술 운용이라는 한층 더 높은 기술, 즉 촌락 경영기술은 각각의 촌락에 고유한 자연적 조건에 직접 기반을 두지 않으면 안 되기 때문에, 여전히 그들 스스로의 머리로 궁리할 수밖에 없었던 것이다.

궁리는 이리하여 촌락의 생산 및 경제생활 전반에 걸쳐 이루어졌을 뿐 아니라, 나아가 개개의 촌민의 일상생활 내부에서도 똑같이 이루어졌다는 것은 말할 필요도 없다. 즉 극도로 한정된 물자적 조건하에서 그 일상생활을 가능한 한 즐겁고 풍요롭게, 더 나아가 편리하게 하기 위한 독자적인 궁리는 자손 대대로 끊임없이 이어진 결과, 어느 정도 형식적 완성에 이르렀으며 오늘날 수많은 뿌리 깊은 습속으로서 각지 농산어촌의 생활 속에 남아 있다. 전통의 때가 스며들어 까맣게 빛나는 이들 습속 가운데 문화의 맥박치는 생명을 앉은 채로 파악하려는 자는 우선 야나기타 구니오(柳田国男)씨의 저서를 읽는 것이 좋다.

참된 문화는 생활에 깊이 뿌리내린 것이어야 한다. 그런 이유로, 문화는 오랜 세월을 거쳐 서서히 배양되는 것이다. 현금의 일본인의 생활에는 메이지(明治) 초기 이후 갑자기 들어온 구미(歐米) 문화의 형식과 일본 고래의 문화 형식이 서로 받아들이지 못하는 몇몇 성질을 지닌 채로 동거를 강요당하는 모습이 보인다. 이 혼란은 도회생활에서 가장 뚜렷하게 나타난다. 혼란한 생활에 문화가 깊이 뿌리내릴 길은 없다. 일본 고래의 문화에 대한 엄격한 내성(內省)과 구미 문화의 가치에 대한 올바른 인식을 거쳐 양자의 원만한 결합으로 태어나 일본인의 생활에 단단히 뿌리내릴 참된 일본 문화는 아득히 먼 장래에 기대할 수밖에 없다. 우리는 이를 위해 어떤 노력도 아끼지 말아야 할 것이다.

이상, 나는 농산어촌과 영화라는 문제를 생각하기에 앞서 농산어촌의 문화를 우선 존중해야 하는 까닭과, 동시에 도회의 문화를 엄격히 반성해야 할 까닭도 서술하였다. 영화라는 것이 원래 도회적인 산물인 만큼 이 고려는 특히 긴요하다. 물론 나는 농산어촌의 문화가 대단히 훌륭하다고는 조금도 생각지 않는다. 그들의 습속 중에는 바람직하지 않은 것도 적잖이 발견된다. 예를 들어 과학적 지식의 결여에 기초한 완미, 유치, 야만의 사례를 무수히 들 수 있다. 이와 반대로 도회가 가진 문화 중 훌륭한 것도 적지 않게 발견된다. 다만 나는 도회생활만이 문화적이고 시골생활은 비문화적이라고 간주하는 잘못된 통념을 뒤엎기 위해 시골생활이 보여주는 교훈을 조금 과대시할 필요가 있던 것이다. 나쁜 것의 영향에 비해 좋은 것의 영향은 순조롭지 않기 때문이다.

〈사진: 도호문화영화 미키 시게루(三木茂) 작품 〈흙에 산다(土に生きる)〉 촬영 스냅.〉

「農山漁村と映画の問題」, 『映畫評論』 1(1), 1941.01.

농산어촌문화협회의 사명

아리마 요리야스(有馬賴寧)[2]

종래 농산어촌민의 대중 교육 방법으로 취해온 방법은 거의 천편일률적인 강습회, 강연회를 비롯해 신문, 잡지, 팜플렛 등의 문서 교육에 의지해왔는데, 그 효과는 좀처럼 예기한 대로는 올라가지 않았다. 그래서 그 효과를 더욱 높이기 위해 일부 유식자가 영화를 이용한다든지 나니와부시(浪花節)를 이용한다든지 대중성을 지닌 통속 선전에 착안하여 상당한 효과를 올리기도 했던 것이다.

그래서 농업 단체에서도 산업조합(産業組合)이나 농회(農會)를 비롯해 산림, 수산, 축산, 양잠 등의 관계 단체 및 농림성(農林省)과 척무성(拓務省) 등에서도 영화 이용 선전에 나서왔다. 그런데 경제적으로 별로 풍요롭

---

2   아리마 요리야스(有馬賴寧, 1884~1957): 일본의 정치가. 농정연구가. 제1차 고노에 내각의
    농림대신(1937~1939)이었으며, 대정익찬회(大政翼贊会) 설립에 관여하여 1940년에 익찬
    회 초대 사무국장에 취임했으나 이듬해 익찬회 조직 개편에 의해 사임. 공직에서는 은퇴했
    다. 태평양전쟁 종전 후 GHQ에 의해 A급 전범용의자로 구치되었다가 무죄 석방되었다.

지 못한 농업 단체가 저마다 2본(本)이나 3본의 영화를 가지고 있어도 이용 가치가 극히 적어서 결국 이용하지 못한 채 놔두는 격이 된 상황이라서, 어떻게든지 농업 단체가 연합하여 제작도 배급도 하면 어떨까 하는 문제가 떠올랐다.

그래서 현재 중앙에서 농업 단체 중 비교적 영화 사업을 하고 있는 산업조합이 중심이 되어 농림성 및 농촌 관계 관청인 척무성, 후생성에도 제안하고, 중앙 기관에 있는 20여 농산어촌 관계 단체와 쇼와 14[1939]년 6월 27일에 간담한 결과, 농업 단체에서 농림 국책 선전 영화 사업을 일원화하기로 되었다.

이 때문에 각 단체에서 한 명씩 설립위원을 선출하고 몇 번이나 위원회를 개최한 결과, 14[1939]년 11월 16일 사단법인 조직에 의한 농산어촌문화협회(農山漁村文化協會)의 창립총회를 개최하고 곧바로 농림성에 법인의 인가신청을 냈으며, 15[1940]년 3월 25일에 허가 지령을 접하고 4월 23일에 등기수속을 완료, 5월 중순부터 준비에 착수, 7월 1일에 사무소를 개설하고 오늘에 이르렀다.

그리하여 이 사업 내용은 정관(定款)에 다음과 같이 명시되고 있다. 즉

제3조 본 협회는 농산어촌문화의 향상, 농업보국정신의 함양, 농림국책의 보급 철저를 도모하기를 목적으로 삼는다.

제4조 본 협회는 앞 조의 목적을 달성하기 위해 다음 사업을 시행한다.

1. 농산어촌문화의 향상에 관한 각종 시설
2. 농림국책 선전에 관한 각종 시설
3. 농업척식민에 관한 각종 선전
4. 농산어촌에 대한 건전한 오락 제공
5. 농산어촌문화에 관한 각종 조사 연구 및 인쇄물 반포
6. 기타 본회의 목적 달성을 위해 필요한 사업

요컨대, 전술한 대로 농림국책의 선전을 영화, 연극, 기타 통속 수단으로 실행하고, 오락의 혜택을 받지 못하는 농산어촌민에게 유일한 건전오락이 된다는, 즉 일석이조의 효과를 기도한 것이다.

창립 이래 얼마 지나지 않아 아직 사업다운 사업도 하지 못하지만, 당장의 사업으로는

1. 본 협회의 정회원인 가맹단체 및 농림성, 척무성, 후생성 등이 소지하는 필름 중에서 필요한 것을 협회 내에 공동 보관하도록 하고, 필요에 따라 지방에 대출하는 것.
2. 위의 국책 선전영화 이외에 문화영화, 여흥영화를 구입하고, 대체로 3시간 이내 상영 프로그램을 작성하고 동시에 대출하는 것.
3. 20개 반의 35밀리 토키 순회영화반을 두고 지방의 요구에 따라 순회영사를 실시하는 것.
4. 전문강사를 파견해 농촌극을 지도하는 것.
5. 종이연극(紙芝居)을 제작 배급하고, 대출을 실시하는 것.
6. 농촌극의 각본을 제작 배급하는 것.
7. 기관잡지 『농촌문화(農村文化)』 발행 등의 사업을 실시하는 것.

등인데, 위의 사업을 계속하는 것 외에도 오는 4월 이후에는 더 나아가

1. 농림성 지령에 따른 라디오 청취기의 구입 알선
2. 레코드(일본농민가, 미즈호오도리(瑞穗踊り)) 제작 배급
3. 농림 관계 국책회사의 주지 선전 영화의 제작 배급
4. 농림 기술 지도 영화의 제작 배급
5. 농림국책 선전용 극영화의 제작 배급
6. 농촌문화 강습 개설
7. 농촌문화에 관한 조사 연구

8. 농촌문화운동에 관한 지도현의 설정

등의 사업을 하게 되어 있는 바, 세간의 일부에서는 농촌문화라고 하면 단순히 도회에서의 영화라든가 연극이라든가 하는 것을 농촌에 가지고 가면 그것으로 족한 듯 간단히 생각하는 경향도 있지만, 본 협회의 목적은 결코 그렇게 단순한 것이 아니라, 즉 국가 목적을 담아낸 그때그때의 농촌국책을 이러한 통속 문화를 통해 노인, 부인, 아이들에게도 충분히 양해시켜서 그 목적 달성을 위해 협력하도록 하는 데 있다.

동시에 46시간 내내 아무런 위안도 오락도 없이 그저 묵묵히 흙과 땀으로 범벅이 되어 식량을 비롯한 군수농산물 생산에 열심인 농산어촌민에게 사소하나마 건전오락을 제공하고 그 하루의 고생을 위로하는 것과 더불어, 내일의 활동에 대한 새로운 에너지를 주는 것은 현하 농촌 사회시설로서 극히 중요하다고 믿는다.

현재의 농촌국책에는 여러 중요한 문제가 많이 있겠지만, 뭐니 뭐니 해도 식량증산이 중심이다. 아무리 제1선에서 장병 각위가 분전(奮戰)하여 백전백승의 결과를 거두고 있어도 식량이 부족할 것 같으면 제1선의 장병은 물론 후방의 국민도 그 임무를 수행할 수 없다. 무력전에서는 이겨도 경제전에서 패한 예는 세계 각지에 있다. 전쟁은 총탄이 떨어졌다든가 칼이 부러졌다고 해서 중지할 수 없다. 마지막에는 정신력, 즉 육탄으로 돌격하고 불가능한 전쟁을 가능하게 만드는 것이 일본군의 강점이며 자랑인 것과 같이, 농민이 비료가 없다든가 기타 자재가 없다고 해서 식량 생산을 중지할 수 없다. 가령 비료가 없어도 노력이 부족하더라도 혹은 기타 자재가 부족하여도 온갖 수단, 특히 장병과 같은 돌격의 정신력으로 불가능을 가능으로 하지 않으면 안 된다.

만일 이때 식량 부족으로 전선은 물론 후방의 국민에게 생활불안을 초래할 일이 있으면 안 된다. 예나 지금이나 그리고 장래에도 '농업은 국가의 뿌리'라는 것에는 변함이 없는데, 만약 이때에 증산 목적을 달성하지 못하게 되면 이 농민 유일의 '긍지'를 다시 입에 올릴 수 없게 될 뿐 아니라 국책 수행에 지장을 초래한 죄는 할복을 하더라도 보상할 수 없다.

그러나 이러한 강도의 책임을 농산어촌민에게만 요청하는 것이 과연 온당한 것인가? 말할 것도 없이 불합리하며, 타당하지 않다. 소비자도 또한 절약에 절약을 거듭하여 소극적 증산에 협력하지 않으면 안 되는 책임이 있다. 그러나 적극적 증산의 길은 단지 '토지' 위에서만 이루어지는 것이 아니다. 토지를 떠난 농업 증산이 있을 수 없다. 따라서 결국 증산은 농민에게만 부여된 천직인 만큼 농민은 어디까지나 사력을 다해야 하는데, 동시에 직접 생산에 종사할 수 없는 소비자 쪽에서도 농업자에게 최대한도로 협력하지 않으면 안 된다.

그리고 이 협력 방법으로는 비료, 사료, 농기구, 석유, 고무, 약품 등의 생산 필수 자재를 풍부하게 공급하는 물질 방면에서의 협력과, 영화, 연극, 나니와부시, 종이연극, 기타 통속 연예로 위안을 제공하고 내일의 새로운 활동을 위한 에너지로 하는 정신적 방면, 이 두 가지가 있다. 그래서 물질적 원조가 보다 많은 것은 바람직한 일이지만 현재의 실정으로는 수요할 만한 양을 모두 공급하는 것은 곤란하므로, 적어도 정신적 방면에서만이라도 감사의 진심을 바쳐야 한다.

도회 사람들이 하이킹에 하루를 보내는 날의 농산어촌의 풍물이라든가 여행 중 기차의 창문에서 본 농촌 풍경은 실로 그림이며 시(詩)이고, 평화스러운 마을이다. 그러나 실제 흙에서 태어나 흙에서 살고 흙에서 노동하며 흙에서 죽는 농민의 생활 그 자체는 그림도 아니고 시도 아니다. 별이 떠있을 때에 집을 나서 달그림자를 밟으며 집에 돌아와, 조의조식(粗衣粗食), 흙과 땀범벅이 되어 아무런 오락도 위안도 없이 부지런히 일하는 모습은 바로 인간이 하는 범위를 초월한 신의 업이 아니면 무엇이겠는가.

사는 데 집이 없고 입는 데 옷이 없어도 어느 기간은 생활할 수 있다. 하루 한시라도 먹을 것이 없이는 살 수 없다. 이 식량을 생산하는 농산어촌민에게 마음으로부터 감사를 드린다. 증산에 매진하는 것은 쌀을 먹는 국민으로서 당연한 의무이다.

우리 협회는 이러한 견지에서 앞에서도 서술했듯이 국책을 선전하면서 오락을 제공하고 명랑한 마음으로 즐기면서 천직을 다하게끔 농림, 척무, 후생 각 성을 후원자로 중앙에서 21개의 농업단체가 중심이 되어 이 운동을 시작한 바이다.

오늘날까지 도회지의 사람들이 돈만 내면 식량도 목탄도 자유롭게 살 수 있는 걸로 생각하였다. 이런 사고는 근본에서 뒤집어졌다.

황송한 일이지만 황실에서도 2월 17일에는 폐하께서 친히 그 해의 오곡풍양을 천신지지(天神地祇) 8백만의 신에게 비는 기년제(祈年祭)를 집행하시어 10월 17일에는 신상제(神嘗祭), 11월 23일에는 신상제(新嘗祭)를 수행하시는 일사(一事)를 보더라도 얼마나 농업이 귀중한지 알 수 있다. 또 금상 폐하께서는 매년 궁중에서 스스로 물이 든 논에 들어가 모심기를 하시고 김매기부터 추수까지 돌아보신다고 한다. 그런데 폐하의 적자인 신하 만민이 식량에 관심이 없고 돈만 내면 살 수 있다는 무자각한 태도로는 참으로 송구스러운 바라고 생각한다.

서로 감사하거나 감사를 받거나 하여 생산도 소비도 일체가 되어 식량 확보에 매진해야 한다. 우리 협회는 바로 진실된 추진대이다. 견식 있는 여러 분들은 전면적으로 지원해주시기를 바라는 바다.

「農山漁村文化協會の使命」, 『文化映畵』 1(3), 1941.3.

일본이동문화협회의 사업

　일본이동문화협회는 3월 1일을 기하여 그 사업을 시작했다. 이 일본이동
문화협회는 지방문화운동의 일조로 농산어촌 및 공장, 광산 등 문화의 은혜
를 받는 일이 적은 지역에, 즉 오락을 찾으나 찾지 못하는 사람들에게 건전
한 위안오락을 제공하는 것과 함께 그 문화적 향상을 목적으로 하고, 우선
16밀리 토키로 전국 벽촌에 일대 순회영사대를 파견하도록 설치된 대정익
찬회(大政翼贊会)의 실천기관 중 하나다.

　그 창립 과정에서는 익찬회 설립 당초 선전부가 일찍 농산어촌, 공장, 광
산 방면으로 제반 준비를 진행하고 있을 때 뜻밖에 아사히신문사에서도 똑
같은 계획을 진행하고 있었기 때문에 동사에서는 그 일체를 모두 대정익찬
회 선전부에 제공하고 모든 일은 익찬회안을 골자로 하는 실행방법으로 작
년 말 일본이동문화협회의 설립을 본 것이다. 따라서 대정익찬회와 일본이
동문화협회는 완전히 표리일체의 형태로 앞으로의 사업이 진행될 것이다.

　이상과 같이 창립 과정부터 현재의 기구, 인적 요소는 양자 합체한 형태

로 진행하고 있는데, 여기에 각 영화회사가 영화 익찬의 큰 목표 완수라는 목적을 가지고 참가하여, 협회 내부에서 이 건전하고 강력한 발전에 힘을 쏟게 되었다. 나아가 각 직능단체도 참가하여 협회의 강력하고 중요한 구성원이 되어 각 방면이 한몸으로 이 대정익찬운동 진전에 이바지하도록 목하 착착 그 기구 정비가 진행되고 있다.

그런데 영사대 파견방법으로는 도쿄 본부를 중심으로 간사이(關西) 지부, 규슈(九州) 지부, 중부(中部) 지부를 두고, 그 네 블록에 소속되는 각 부청에서 익찬회 현지부가 정촌(町村) 및 각 단체와 긴밀한 연락 하에 순회 일정을 작성하고 각 지부에 신청하는 방식으로 빈틈없는 운행이 기대된다.

3월 1일을 기하여 이 익찬 운동이 시작되었고 각 방면에서 70개반의 영사대가 농산어촌, 공장, 광산의 기대를 받으며 출발하였다. 이 영사대는 매월 20대씩 증강함으로 장래는 1군(郡)에 1대(전국 627군)를 목표로 2년 후에는 6백여 반의 큰 영사망이 확립되어 협회로서는 장래 이 순회영사망을 위한 독자적인 영화를 제작하는 것도 현안 중의 하나이다. 그 내용을 엄선하는 것은 물론이고 종래의 단순한 영사기술 습득자에 머물지 않고 대정익찬 운동 및 지방 문화 활동의 지도원 자격을 갖추고 누구나 문화추진대의 일원다운 자신감과 실천력을 부여하도록 익찬회 지도하에 엄격하게 규율이 바른 정신훈련, 기술훈련을 거친 청년을 파견하는 것 등은 역시 익찬회의 실천기관다운 풍격을 나타낸다고 할 만한 중요한 점이다.

그리고 현재 이 영사대의 정촌에서의 개최 비용은 1촌 1회에 30엔으로 일체 비용을 포함한다. 협회 당사자는, 장래 6백여반의 큰 조직으로 확대 강화되면 당연히 1회의 개최비용도 인하될 것이라고 말한다.

「日本移動文化協會の事業」, 『文化映畫』 1(3), 1941.3.

순회영사의 사명 달성으로

재단법인 대일본교육영화협회

소위 장기전의 결말은 피아 양국민의 사기 여하에 관계하는 것이 대단히 크다고 한다. 즉 국민이 전쟁에 실증을 느끼거나 평화를 소원하는 감정이 강해지면, 결국 영광이 수반되지 않는 전쟁으로 만족해야 한다.

지난 번 세계대전에서 러시아, 오스트리아, 헝가리, 불가리아 등의 사례는 실로 위의 말을 잘 설명하는 이야기이므로, 우리는 많이 경계해야 하는 바다.

그리하여 단지 괜스레 최고 이념적인 혹은 추상적인 언론을 되풀이해봤자 이제 큰 효과는 기대하지 못한다. 국부적 혹은 점진적인 시책을 실시하는 것도 이미 때를 놓친 것 같은 생각이 든다.

게다가 달아오르기 쉽고 식기 쉽다는 말을 듣는 우리 일본국민에게는, 사변하 만 4개년이 지난 오늘날 이제 상당히 두뇌도 혼란스럽고 사상도 꽤 첨예화된 것 같은 걱정도 없지는 않기에, 그 지도정신의 시현(示現) 방법이나 실행 수단 등에 주의를 환기할 필요가 있다고 생각한다. 그러기 위해서는 당연히 시국에 호응하는 국책영화를 이용하는 것이 가장 효과적일 뿐 아니라 가장 시의적절하다고 생각한다.

즉 시국이 요구하는 지도정신을 엮어놓은 영화를 제작하고, 어떤 산촌벽지에서든 출장영사를 하도록 하면, 대중의 굳어지거나 첨예화된 신경을 이완시키고, 교육 정도의 고하 여하에도 불구하고 일반적으로 눈으로는 명백히 시국의 추이를 보고 귀로는 봉공(奉公)의 필요를 듣게 되기 때문에, 생각건대 그 효과는 크리라고 믿어 의심하지 않는다. 운운.

이상은, 우리 재단법인 대일본교육협회 전국지부장 회의석상에서 회장 육군중장 가쓰키 기요시(香月淸司) 각하의 강화(講話) 중의 일부이다. 본 협회는 일찍이 독자적인 영사회를 개최했을 뿐 아니라 후생성 내 재단법인 직업협회, 사단법인 건강보험조합, 전국 중·소학교의 위촉 및 지방관청의 하명을 다하도록 쇼와 15[1940]년 2월 이후 이 분야에서 솔선하고, 전국 각지에 지부를 설치하고 물자부족, 기재불비 등의 곤란을 극복하여 대도시는 물론 1정(町) 1촌(村) 벽지에 이르기까지 온 지역에 이동영사대를 순회시키고 있다.

현재 이미 도쿄 시타야(下谷), 오사카(大阪), 하마마쓰(浜松), 나고야(名古屋), 교토(京都), 도야마(富山), 고베(神戶), 히로시마(広島), 후쿠시마(福島), 가고시마(鹿児島), 경성(京城), 마쓰모토(松本), 니가타(新潟), 와카마쓰(若松), 센다이(仙台), 미야자키(宮崎), 가나자와(金沢), 고쿠라(小倉), 다가마쓰(高松), 사세보(佐世保), 오노미치(尾ノ道), 이바라키(茨城), 홋카이도(北海道) 등 지부가 23개에 이르렀고, 이동영사대 45개, 영사 신청 수가 1개월에 실로 일천 수백 군데에 이르는데, 우리나라 내외의 중대 정세에 비추어 올 4월부터는 지부 및 영사대의 수를 일백개 이상으로 더욱 증가시켜 내지(內地)는 물론 조선, 만주, 지나 대륙으로도 진출하여 흥아대업(興亞大業)의 일조로서 영화에 의한 일만지(日滿支) 친선의 실효를 거두기를 염원하고 있다.

사진은 도야마 현에 출장하는 우리 순회영사반 일행과 영사반의 짐을 둘러싸고 작약하며 앞을 다투어 짐을 지고 영사장으로 향하는 촌민들.

　그런데 우리 전투기 비행사의 혁혁한 무훈 뒤에 묵묵히 일하는 지상 경비병이 있듯 이 순회영사 뒤에는 떠돌이 배우의 고생과 같은 영사기사들의 눈물어린 삽화가 여러 가지 있는데, 근간 다른 날을 기회로.

〈사진: 순회영화반에 협력하는 마을 사람들〉

「巡廻映寫の使命達成へ」, 『文化映畵』 1(3), 1941.3.

순회영화 수행기

와타나베 기요시(渡部淸)

작년 12월 초순 가나가와(神奈川)현의 몇 개 마을에 도호영화문화영화부 (東寶映畫文化映畫部)가 순회영화반을 파견하였는데 휴대한 필름은 다음과 같다.

1. 토키 만화 〈메구미의 싸움(め組の喧嘩)〉 1권
1. 문화영화 〈병아리의 탄생(ひよっこの誕生)〉 1권
1. 산업조합 제공 〈피 묻은 손수건(血染のハンカチ)〉 2권
1. 일본뉴스 〈기원 2천6백년식전(紀元二千六百年式典)〉 2권
1. 도호특별제작 〈상해육전대(上海陸戰隊)〉 9권

우리가 탄 자동차는 보리밭이나 낙엽 진 뽕나무 길을 달린다. 순회영사의 첫날이다. 언제나 영화를 보는 쪽에만 있었던 내가 오늘부터 며칠간 직접 영화를 보여주는 입장에 설 터이다. 게다가 관중은 평상시 별로 오락의 혜

택을 입지 못하는 농촌 사람들이다. '농촌에 위로를, 농촌에 영화를'이라는 소리는 요새 꽤 훤전(喧傳)되고 있지만, 지금 자신이 이를 실천하다는 의식은 기대와 긴장을 수반하여 마음으로 돌아온다. 농촌 사람들은 어떤 식으로 영화를 보는가? 어떤 반향을 보여주는가? 그것을 관찰하여 앞으로 적극적인 활동에 대한 자료를 얻을 일이 자신의 당면 임무라고 생각한다. 무엇보다 그 속에 뛰어 들어가 실제로 경험해봐야 한다. 그 경험에서 가령 직접 얻을 것이 없다고 해도 반드시 어딘가에 도움이 될 것임에 틀림없다. 단지 실제의 경우를 보는 것만으로도 족하다. 농촌에서 영화회 분위기는 어떠한 가? 이를 접하는 것이 자신에게 큰 의미가 있을 터이다. 등등 잇따라 여러 상념들이 스쳐지나간다. 차는 종점에 도착하였다. 휴대용이라고 해도 35밀리 발성영화기는 상당한 짐이다.

영사기가 2대, 게다가 스피커, 앰프, 트랜스, 잡품 상자와 15권의 필름, 그중 가장 가벼운 것은 잡품 상자인데 약 10킬로, 트랜스 외는 대체로 1개 30킬로 정도 무게가 있으므로 전체 무게는 170, 180킬로 정도가 될 것이다. 기계를 운반할 때 가장 고생스러운 곳은 기차역 구내일 것이다. 만약 짐꾼이 없으면 영사기사 2명이 이들 짐을 나르고 열차에 싣거나 내리거나 하는데, 정차시간이 짧을 때는 대단히 바쁜 일이다. 탑승한 객차가 혼잡한 경우라면 짐 두는 자리를 찾아내는 데 한 번 더 땀을 흘려야 한다. 앞으로 기사제군의 고생에 마음이 쓰인다. 기계가 16밀리라면 다소 다르겠지만 현재의 16밀리 영사기로는 효과 측면에서 충분치 못하다. 축사(縮寫) 기술이 진보해서 소리가 명확해지고 영사기계 그 자체도 개량되었을 때에는 순회용으로 반드시 16밀리어야 한다고 생각하지만, 현재 상태로는 농촌 사람들이 기분 좋게 관람하게 하려면 고생을 견디며 35밀리 영사기를 가지고 다닌다.

이번 순회영사의 일정과 영사장 등은 이미 농산어촌문화협회를 통해 산업조합의 가나가와현 지회로부터 저마다 정촌(町村)의 조회(組會)로 통지해서, 영사반의 도착시간에는 버스 종점까지 마중하러 나와 있어야 하는데,

아무도 안 보인다.

짐을 찻집에 맡기고 예정된 영사장에 간다.

간토(關東)의 영산으로 유명한 오야마(大山) 산록의 오야마정(大山町), 거리 양쪽에는 선도사(先導師)의 간판을 내건 여관풍의 집이 즐비하다. 4, 50칸마다 돌계단으로 올라가는 거리, 이래서는 자동차도 올라가지 못한다. 영사장에 도착하고 보니 신도수양도장(神道修養道場)이라고 씌어져 있다. 이곳에서는 농촌협동체 건설동맹의 주최로 가나가와현의 각 농촌에서 촌장의 추천으로 2명씩 대표가 참가해 3일 동안 신체제에 즉응하는 농촌 중견층 양성을 위한 강습회가 열리는데, 오늘은 그 둘째 날이라고 한다. 기계는 들 것으로 운반되었다.

몇 사람의 도움을 받아 회장(會場) 준비에 착수한다. 영사장이라 해도 다다미방이고 별로 넓지도 않다. 전기는 외부로부터 전선이 와있어 거기에 코드를 연결했다. 기사들은 익숙해서 요령 있게 기계의 설치를 마쳤다.

저녁은 강습원과 함께 먹는다. 숟가락을 들자 내 앞에 앉아 있던 중년 회원이 웃으며 "당신들도 하는 거냐"고 한다. 보니까 양손을 모아 엄지와 검지 사이에 숟가락을 끼고 있다. "무어에요?" 하고 물으니 시골에서는 어디든지 식사를 들기 전에 이렇게 한다고 대답한다. 그러던 중에 지도자가 중앙에 나와서 "숟가락을 드세요"라고 하니 나도 모두가 하는 대로 흉내를 냈다.

"숟가락을 드니 천지 부모의 은혜, 군(君)과 나라의 은혜를 잊지 마라."

지도자의 선창에 따라 일동이 이 구절을 제창하는 순간 엄숙한 기분에 휩싸였다. 우리들은 농촌에 문화를 제공한다고 하지만 일본이 가진 전통적인 장점은 오히려 도회지에는 없고 바로 농촌에 있다고 생각한다. 소박하면서도, 오염되지 않는 정신이 보존되고 있다. 지방에는 지방의 문화가 있는데, 괜스레 도회적인 문명을 가지고 들어와 농촌을 더럽혀서는 안 된다고 생각한다.

7시부터 영사 개시. 오야마정 아후리신사(阿夫利神社)에서 진행했다. 기원 2천6백년 봉축의 실황을 주최자의 주문을 받아 영사하고 〈병아리의 탄생〉, 〈피 묻은 손수건〉에 이어 〈축전뉴스〉를 영사하기 전에 일단 주의를 환기한 후 엄숙한 분위기 속에 영사, 황궁 앞 광장에서 진행된 축전의 모습, 양 폐하의 자태, 낭랑한 다가마쓰노미야(高松宮) 전하의 음성 등 대단한 감명을 주었다.

〈상해육전대〉의 종료까지 중간에 떠나는 사람이 한 사람도 없어, 역시나 하고 생각했다. 그러나 영사장이 협소하여 일반에게는 공개되지 않고 관중이 백명 정도에 그친 것이 기대에 반하여 씁쓸했다. 그날 밤은 호의를 받아들여 도장에 묵게 되었다.

다음날은 아침 일찍 일어나 강습회원과 행동을 함께 하여 강습회에도 출석하고 가장 뒤쪽에서 강사의 말을 듣는다. 신체제에 대한 농촌 사람들의 진지함이라는 것은 도회지에만 있어서는 상상도 못할 만큼 근로위안의 취지로써 진행된다. 우리 순회영사의 중요성을 곰곰이 생각하게 되었다. 정오가 못되어 작별인사를 하고, 약 2리 정도 떨어진 다카베야촌(高部屋村)으로 간다. 여기는 호수(戶數) 670호, 인구 약 3천8백명이며 애육촌(愛育村)으로 유명한 마을이다. 마을은 6개 부락으로 이루어져 논은 적지만 젖소, 돼지, 닭 등을 치고 다각적 농업을 운영하여 상당히 부유한 마을이라고 한다.

바람도 없는 좋은 날씨 덕분에 탈곡이나 건조 일에 종사하는 사람들의 모습은 온화하다. 영사장은 소학교인데, 그 강당의 훌륭함에 놀랐다. 학생들은 바닥 위에 깔기 위해 집에서 돗자리 등을 가지고 왔다. 정해진 시각이 되자 교장을 비롯한 선생들이 와서 영사장 정리에 힘을 쓰셨고, 주최자인 신용조합에서는 조합장 이하 전 직원이 찾아와 여러모로 돌봐주셨다.

청년학교의 생도들은 학과를 영화로 대신하였기 때문에 대열을 정비해 입장하는 등 영사회의 분위기는 시시각각 고조된다. 바깥으로 나가다보니 정문 앞 구멍가게가 열려 있지 않은가. 정말 흐뭇한 관경이다. 조합장의 인사 또한 나무랄 데가 없었다. 현재 농촌의 사명을 설명하고 영사회를 열게

된 취지를 말하며 촌민의 협력융화를 촉구하는 등 웅변이기도 했지만 영사회를 100%로 활용하고 있는 점에 감복하였다.

이 마을에서는 육전대 관계자도 많이 나가 있는지라 〈상해육전대〉 영사 중 자꾸 속삭이는 소리가 들렸고, 양계가 융성한 지역 사정 때문에 〈병아리의 탄생〉은 적잖이 유익했던 모양이다. 앞으로 우리의 순회영사에서는 가능하면 그 지역에 맞는 우수한 문화영화를 많이 가지고 가는 것이 중대한 사명이 될 것이다. 도회에서 문화영화는 단지 지식으로 간과되는 일이 많지만, 농촌의 상설관에서는 그것이 다소간 실제에 도움이 되어 문화영화 본래의 사명을 다한다고 할 수 있다. 그러나 결코 소위 교재영화(教材映畵)라고는 할 수 없다. 농촌 사람들이 영화를 보는 것은 도회인만큼 익숙해져 있지 않는 것은 사실이다. 그렇다고 해서 그 레벨을 저하시켜서는 안 된다. 내용을 선택하는 것이 중요하다. 이 마을은 이세하라정(伊勢原町)에도 가깝고, 상설관도 있고, 1주일에 2, 3일은 열린다고 하는데, 이번 영화회가 대단히 환영받은 것은 우리의 의도가 이해된 것으로 여겨져 유쾌하기 그지없다. 관중은 약 천명, 아이들이 4, 5할이었다. 마을에 여관이 없어서 조합장의 집에 묵었다. 회중전등을 비추며 걸어간 20분의 길은 즐거웠다. 그 밤이 깊도록 농촌에 대한 조합장의 이야기를 들었다.

다음 개최지는 고쿠후촌(国府村). 기계는 기사에게 맡기고 볼일 때문에 히라츠카(平塚)에 가서 4시가 지나 영사장인 소학교에 갔는데 아직 도착해 있지 않았다. 기계 운반이 순회영사를 하는 데 상당히 큰 문제이다. 좀처럼 자동차를 쓸 수 없고 다행히 자동차가 있다고 해도 요금이 많이 든다. 영화를 쉽게 볼 수 있도록 하기 위해서는 가능한 한 비용을 절약하지 않으면 안된다. 그래서 나는 농촌 사람들이 자진해서 협력해주도록 협조를 구하는 것이 필요하다고 생각한다. 순회영화 전용자동차라도 생길 때까지는 개최지 간 서로 잘 연락을 취해서 마을 청년이 리어카 등으로 기계를 운반해주게끔 된다면 이상적이지 않을까 생각한다. 영사반과 마을 사람들 간의 협력에 의해서만 비로소 훌륭한 결실을 맺을 것이다. 나는 그 점, 앞으로의 발전을 기대한다.

이 마을은 도카이도(東海道)에서 약간 들어간 곳이라서 청·장년은 자전거를 타고 중심가로 나갈 일도 많아 영화를 볼 기회도 있다는데 아이들은 그렇지 못하다. 영사장에는 언제나 그렇듯이 아이들이 많지만 어머님들도 제법 많다. 젊은 사람들 중에는 연애물이 없어 시시해 하는 사람들도 있었던 같다.

다음날에는 사무카와정(寒河町), 그 다음은 오카자키촌(岡崎村)이었다. 사무카와에서는 세 개 교실을 연결한 영사장에서 복도 창문도 모두 떼었기 때문에 대단히 추워서 견디기 힘들었다. 그러나 관중들은 불평도 없이 화면에 몰두하였다. 스크린 배후에는 여학생들이 입장해 있어서 거기가 부인석처럼 되어버렸다. 자막이 거꾸로 보여서 애를 먹었을 것이다. 오카자키촌은 인구 1,400명이라고 하는데 촌민의 반 이상이 모여 만원의 성황을 이루었고, 주최자인 우리에 대한 대우도 호의가 가득 느껴져 대단히 기뻤다.

결국 그 촌의 지도자이든 주최단체의 중심인물들이든 우리의 의도를 이해해주고 적극적으로 일해주지 않으면 이러한 사업의 성과를 기하기 어렵다고 본다.

마지막 날에는 꽤 먼 곳인 마나즈루(真鶴) 근처의 이와촌(岩村)이었다. 여기에서도 촌민의 반 이상을 모았지만 소학교 선생이 촌민들을 위해 아동을 4학년 이상으로 제한했다고 한다. 앞으로 가능한 한 아동과 일반 촌민을 나누어 2회 영사하면 좋겠다. 그리고 정기적으로 와달라는 이야기였지만, 우리도 이런 열성적인 희망에 대해서는 될 수 있는 한 대응할 수 있으면 좋겠다. 농촌 사람들은 저녁 늦게까지 일하기 때문에 8시가 되어야 겨우 찾아오는 이도 있어서 6시 개회 예정이라고 해도 언제나 7시 무렵에 개회된다. 그리고 우리가 숙소에 들어가는 것은 11시경이다.

가나가와현의 경우 도쿄에서도 가깝고, 그리고 좀 더 발품을 팔면 영화를 볼 수 있는데, 지방에서는 소위 보따리 약장수도 오지 않는 마을이 많이 있을 터이다. 우리의 바람은 그러한 지방에 자진해서 찾아가는 것이다. 다만 문제는 전기인데, 이번 경우에도 모두 전압이 낮았다. 트랜스로 간신히 보충할 수 있었는데, 여러 곤란함이 있어도 이를 극복하여 소기의 효과를 올렸으면 한다. 그러나 이는 1년이나 2년으로 얻을 수 있는 것이 아니다. 긴 세월이 필요하다고 본다.

X

가나가와현 다음으로 12월 중순에 미야기현 농회로부터 농산어촌문화협회에 대해 순회영사반 파견 신청이 있어 도호영화(東寶映畫) 이동영사반은 다음 필름을 가지고 출발하였다.

1. 문화영화 〈병아리의 탄생(ひよっこの誕生)〉 1권
1. 문화영화 〈공동작업(共同作業)〉 1권
1. 문화영화 〈살아나는 빛(甦の光)〉 2권
1. 도호영화 〈롯파의 아빠(ロッパのお父ちゃん)〉 8권

도후쿠(東北) 지방에서는 이번 미야기현이 처음이다. 모노우군(桃生郡) 이노가와정(飯野川町)을 시작으로 나카츠야마촌(中津山村), 하시우라촌(橋浦村), 야모토촌(矢本村), 아카이촌(赤井村), 도메군(登米郡) 요시다촌(吉田村) 등 도합 6 군데에서 공개했는데, 각 지역에서 대단한 성회였고, 나카츠야마의 많은 사람들은 토키영화를 보는 것이 처음이라서 환호성을 지르는 등 많은 성과를 거두었다.

국철 도후쿠 본선 고고타역(小牛田驛)에서 이시노마키선(石卷線)을 사이에 둔 양측이 이번 개최지였는데, 이노가와정(飯野川町)은 기타가미천(北上川) 하류, 옛적에는 이시노마키항에 이르는 선편이 있어 번영했던 지역이

라고 한다. 영사장은 가설흥행장 기라쿠좌(龜樂座)인데, 여기는 한 달에 두세 번 이시노마키의 쇼치쿠(松竹) 계열인 도후쿠관(東北館)에서 출장영사가 있어 입장료 30전 정도로 흥행되기 때문에 마을 주민들의 영화 관람은 드문 일이 아니며, 특히 청년단, 재향군인회 등은 도호쿠관 등에서 하루 대절하여 손수 흥행하는 일도 있다고 한다.

밤부터 진눈깨비가 내려, 다음날이 되자 도로는 눈과 얼음과 흙으로 뒤범벅이 되었고, 한기가 뼈를 깎는다. 기타가미천 제방의 눈길을 걷는 고생이 상당했다. 영사장인 다카스카(高須賀) 분교장은 가케야마역에서 1리도 안 되는 곳이지만, 맞으러 올 예정이었던 사람이 오지 않았다. 나룻배를 이용하면 빨리 갈 수 있었지만 그 쪽으로 차가 갈 수 없어 어떻게 가야할지 곤란해 하던 중에 마침 찾아온 농회의 젊은 기수가 친절하게도 앞장서서 안내해 주고 여러 가지 알선도 해주어서 한 시름을 놓았다.

분교장의 2개 교실을 개방하여 영사장으로 사용했는데, 이 마을 사람들은 문화영화와 극영화의 구별 없이 조그만 일에도 들떠서 강한 반향을 보였다. 그리고 이런 밝은 화면을 보는 것이 처음이라 말소리를 잘 알아들 수 있었다고 한다. 지금까지 마을의 소수 사람들이 접한 적이 있는 영화는 화면이나 소리가 자주 끊겼던 것 같다. 영사가 끝나고 그 밤에는 분교장 선생 집에 묵었다. 이날 저녁에 차려준 라이스카레가 생각지 못한 진미여서 놀랐고, 동시에 굉장히 기뻤다.

순회영사를 하는 경우, 개최지 간 경로를 잘 연구하여 일정을 세우는 것이 필요하다. 같은 길을 몇 번이나 걸어 불필요한 고생을 하는 것은 정말 낭비이다. 3일째의 하시우라촌이 그 경우였는데, 어제 왔던 길을 되돌아가 그저께 찾아간 이노가와정을 거쳐 더 깊이 들어간 마을이다. 이 날은 다행히 날씨가 쾌청했다. 전날 흙탕길 때문에 애를 먹었기에 아직 길어 얼어 있는 동안 짐을 운반하려고 생각해서, 아침 일찍 리어카에 짐을 싣고 나룻배를 사용해 기차역까지 운반한다. 오후 2시경에 하시우라촌에 도착하였는데, 이 마을은 호수 350호 정도로 양잠과 숯굽기를 생업으로 하고 있다. 보기에도 한촌(寒村)이라는 느낌으로, 나이든 촌장이 있는 관청의 벽은 금이 가서 찬바람이 들어온다. 세 개 교실의 칸막이를 떼어버린 영사장인데, 바람이 차가워 관중이 모일지 걱정이 앞섰지만 7백명을 넘는 만원의 성황이었다. 청년회장이 앞에 서서 엄숙한 인사를 한 후에 영사했는데, 대단한 호평이었다.

다음날에는 다시 이노가와정을 거쳐 이시노마키로 나가 이시노모키에서 마츠시마행 전차로 야모토촌에서 하차했다. 이 주변 일대는 센다이배추의 산지인데, 작금은 그 출하도 끝나고 촌민들도 한숨을 돌리는 중이라고 한다. 농회에 영화동호자가 있어 촌민을 위로하기 위해 꽤 오래전부터 계획하였다고 한다. 영사장은 간선도로 중간쯤에 있는 가설흥행장 야마토클럽이며 영사장 사용료, 기타 경비를 염출(捻出)하기 위해 예매권 천 장을 인쇄 발행했다고 하니, 우리는 영사반이 될 수 있는 대로 무료 공개를 원칙으로 하고 있다고 말하고 모임 종료 후에 상세한 수지계산서를 제시해 달라고 희망하며 개회.

그 수지를 참고용으로 아래 적는다.

수입의 부

예매권 발행액	116.00
당일권 발행액	9.25
도합	125.25

지출의 부

영사대금	30.00

영사관계자 비용	10.00
영사기 운반대금(고용 비용, 트럭 비용)	12.26
불꽃 비용	4.00
예매권 인쇄비	5.00
흥행관 사용요금	20.00
세금	10.00
신발 정리 담당자	1.50
관계자 저녁비용	8.00
잡비	5.00
도합	106.88
마지막 잔액	18.37
(잔금은 진무관 건축비로 기부함)	

이날 모임에서는 문화영화 3본이 끝난 후 휴게시간에 야마토촌장이 나서서 "오늘은 맨 먼저 기원 2천6백년을 경축하며 궁성요배를 수행하고 이어서 전몰장사에게 감사의 묵도를 해주셨는데, 꽤 엄숙한 말을 드렸지만 고생은 안락의 씨앗이라는 말대로 이제부터는 마음속에서 철저히 웃어주었으면 한다"고 해학 섞인 인사를 했다. 그러자 쉰 살 정도의 원기왕성한 사람이 단상에 뛰어올라 "그러면 저는 여흥으로 검무를 하겠습니다"고 한다. 지금까지 직업적인 영사반이 온 적은 있지만, 이렇게 마을 사람들이 일체가 되어 즐기는 것은 처음이었다. 내가 가만히 있을 수 없으니 검무를 한번 하게 해달라고 말하자 농회장이 "그러면 나는 시를 한 수 읊어보겠습니다"고 말하고 '혼노지(本能寺)' 외에 다른 연목을 세 가지 정도 하였다. 그것들이 끝나자 이번에는 좀 취한 사람이 올라왔는데, 취해 있으면 좀 곤란하다며 모두가 끌어내리려고 하자 "저는 이웃마을의 농회원이고 농사지도원의 말단이

지만, 이런 감격적인 행사에 이웃 농회회원으로서 한 마디 인사를 하게 해 달라"고 한다. 그리고 "지금까지 냉해에 따른 흉작, 불황에 시달려온 이 기타가미천 하류 마을들이 우리 농회 회원의 노력으로 회복해 왔다. 그래서 이번과 같은 행사를 할 수 있게 된 것은 굉장히 기쁘다. 이와 함께 문화협회의 분들과 도호영화의 여러분에게 마음으로부터 감사하다"고 하며 단상에서 내려갔다. 그 분위기는 대단히 온화한 것이었다.

〈사진: 찬바람을 맞으면서 걷는 순회반〉

「巡回映画随行記」, 『文化映畵』 1(3), 1941.3.

농산어촌에 대한 영화보급대책 사안

모리 이와오(森岩雄)[3]

여행 중이라 자료도 없이 생각나는 대로 적어서 송구스럽게 생각한다.

여기에 새삼스럽게 얼마나 농산어촌에 영화 오락이 보급되지 않고 도시 편재가 지나친지, 또 그 경향을 하루 빨리 시정해 나가야만 하는 국가적 필요가 얼마나 중요한지 등의 말은 이제 얼마나 영화가 귀중한가 하는 논의와 마찬가지로 논의 이전의 일이므로 생략하겠습니다. 또 나는 실무를 하고 있는 사람이기 때문에 실제적인 보급대책에 대한 생각을 솔직히 서술하고자 합니다.

맨 먼저 생각하는 것은 현재에도 각 방면에서 이 방면의 일을 실제로 하고 있는 단체가 적지 않다는 것입니다. 모두 대단한 고심과 희생을 치르고

---

3 모리 이와오(森岩雄, 1899~1979) : 영화프로듀서. 『키네마준보』에 영화비평을 연재하는 신진 평론가였던 그는 한때 각본가로 활약하기도 했다. 1932년 P.C.L영화제작소가 창설될 때 취체역에 취임했고, 후에 J.O.스튜디오와 합병해서 도호영화(東宝映画)를 세우고 상무취체역이 되었다. 전후 공직에서 추방되었다가 1953년 취체역 겸 제작본부장으로 복귀하여 도호영화사를 이끌었다.

있는 것이 상상됩니다. 그러나 그 목적도 방법도 각각 따로따로인데, 농산어촌에 영화를 보급하고자 한다는 일관된 근본책이 정해져 그 기반 위에서 각각의 사명을 향해 매진하고 있다고 할 수는 없습니다. 나는 이 점이 가장 근본적으로 그래서는 안 되는 점이라고 말하고 싶습니다. 모두, 일본영화의 경우—다른 것을 모릅니다만, 국책으로서 추상론이 아니라 구체적인 방책이 확고히 수립되고, 이에 기초하여 착실히 실행으로 옮겨 나가야 한다는 점에서, 나는 현재의 방법에 대해 몹시 불만족하는 사람 중의 하나입니다. 농산어촌의 영화보급에 관한 방침이 확고하지 않은 것은 실로 유감스럽기 짝이 없습니다. 이때 근본적인 방법을 하루 빨리, 탁상론이 아니라, 실제로 고심하고 실행하고 있는 분들, 그리고 장래 당연히 여기에 참여해야 할 민간업자와 허심탄회하게 토의하고 결론을 만들어내야 합니다. 그런 다음에 비로소 혹은 현재까지 해왔던 방법을 고칠 경우도 생길 것이며, 통합되거나 폐기되거나 하는 여러 문제가 일어난다고 생각합니다. 그러나 그러한 경위를 모두 버리고 대승적인 입장에 서야 한다는 것도 어쩔 수 없는 일이라고 생각합니다. 그러나 당치도 않은 방법을 실행하는 사람들이 그리 있다고는 생각지 않기 때문에, 아마도 그다지 큰 문제없이 토의가 잘 정리되리라고 나는 지극히 낙관적으로 전망합니다. 무엇보다 중요한 것은 현재 활동을 체계화하는 것입니다. 그것을 맨 먼저 해야 할 일로 삼으려 합니다.

위에서 서술한 근본문제에 대해, 즉 농산어촌에 영화를 보급할 방책의 구체적 문제로 내가 생각해낸 것을 차례대로 간단히 적자면,

첫째는 정부 당국의 영화 행정의 일원 강화라는 것이 가장 긴요합니다. 이는 이 일뿐만 아니라 모든 일에 통하기 때문입니다. 말하자면, '요체'가 되는 바이기 때문에 이것이 제법 단단하지 않으면 아무 일도 이룰 수 없습니다. 이 점은, 몇 년 전의 상황에서 보면, 정부 당국은 제법 노력해온 듯이 보입니다. 그러나 한층 진전 강화하는 것이 바람직합니다. 당국자는 누구든 입을 열면 '영화는 중요하다'고 새삼스레 말하지만 실제로 얼마나 정부 측

유력자가 여실히 그 인식을 보여주고 있느냐 하면 우리들에게는 아직 유감
스러운 점이 몹시 많이 느껴집니다.

둘째, 정부 당국은 민간업자를 격려하여 다음 목적을 수행할 사업 회사를
창설해야 합니다. 이는 목적의 성질상 사단법인으로 만들어도 되고 사업회
사로 만들어도 되지만, 활발한 활동을 위해서는 사업회사 형태를 갖추는 것
이 바람직하다고 생각합니다. 이 경우도 좀처럼 지금 회사의 사고 방식으로
하면 하루라도 빨리 농산어촌의 구석구석까지 보급한다는 것은 어려운 점
이 있기 때문에 정부는 한편으로 적당한 보호 조성을 수행하는 것과 동시에
한편으로 충분한 감독권을 행사할 수 있도록 하는 것이 필요할지도 모릅니
다. 아무튼 혜택을 받지 못하는 사람들에게 하루 빨리 즐거운 위로와 필요
한 지식을 영화로 주는 것이 급선무입니다. 관청이 하는 형식적인 것으로도
안 되고 영리 일변도인 회사에 맡기는 것도 안 된다고 생각합니다.

이 사업회사에 대해 내가 주문하고 싶은 것은 관람료를 가능한 한 싸게,
횟수를 가능한 한 많이 하는 것을 근본 목적으로 삼고 모든 기획을 세워주
었으면 합니다. 이것이 이 회사가 해야 할 모든 일이라고 말하고 싶습니다.
나아가 경영상 유의해야 할 것은 어차피 이 사업회사의 생명이라는 영화는
현재의 영화제작업자로부터 제공받는 것이 원칙이니 그 업자가 강고한 존
재로 자립해 나가지 못하면 자신이 보급을 위해 사용할 작품이 나빠진다는
것을 충분히 이해하고, 이들 업자의 이익을 충분히 보호하는 것을 잊고 독
선으로 치달아서는 안 된다고 봅니다. 예를 들어, 상설관과의 세력권 협정
이든 제작자의 보급을 위한 권리금 규정이든 충분히 합리적으로 이루어져
야 합니다. 공교롭게도 나 자신이 업자 중 한 사람이라서 자신들의 이익을
옹호하기 위해 말하는 듯 보일지 모르지만 그것과 이것은 다른 문제입니다.
그리고 하나 더, 현재의 유료 무료의 순회영사대와 업자를 이 일에 잘 참여
하게 할 고심을 요망합니다. 무엇이든 새롭고 거듭난 조직으로 하려는 결벽
성도 이해되지만 인적으로나 물적으로나 부족한 오늘날입니다. 그러한 사

치는 허용되지 않습니다. 서로 불필요한 마찰을 피하고 큰마음으로 있는 것을 적당히 살려 사용하도록 노력해 나가는 것이 순서인 줄 압니다. 그러나 물론 그것만으로 생각하면 형편 편의주의가 되니 생필름이나 영사기 재료에 대해서는 정부의 힘으로 이를 긴급 필요자재로 인정하고 조달 방법을 생각하는 동시에, 몇 년 후에 이상적으로 보급의 철저를 수행하기 위해서는 이 일에 하나의 규격을 제공하는 것이 필요하므로, 지금부터 이를 연구해놓아야 합니다. 즉 필름은 35밀리가 좋은지, 프랑스처럼 17.5밀리가 좋은지, 16밀리가 좋은지, 그리고 이에 수반되는 영사기는 대량 제품 생산상으로나 취급상으로나 경제적·능률적이라는 입장에서 정할 필요도 있습니다. 그래서 충분한 전문가로 기술적으로 유감이 없는 연구를 수행해야 한다고 생각합니다.

다음은 중요하게 보급해야 할 영화의 내용과 종류 문제입니다.

이 문제는 뭐니 뭐니 해도 가장 논의가 많고, 또한 많기 때문에 당연히 중요한 일이라고 생각합니다. 나는 이 점에 대해 지금 충분히 논의할 만큼 농산어촌의 영화 내용에 대한 결론을 얻지 못하는 것을 유감스럽게 생각합니다. 따라서 지금부터 적는 의견이 꽤 편의적이며 지나치게 실제적이라서, 확고한 이념에 기초하고 있지 않은 점을 솔직히 인정합니다. 그러나 앞에서 말했듯이 나는 또한 실무가이기 때문에 일단 먼저 착수하는 동시에 실제 체험으로 영화내용을 정해 가는 것도 결코 허비가 아니며, 또한 실제로 그것밖에는 방법이 없다고까지 생각합니다.

나는 농산어촌 보급에 필요한 영화는 대체로 다음 세 경우로 나누어 생각할 수 있다고 봅니다.

첫째는 건전한 오락영화입니다. 우선 무엇보다 이를 제공하는 것이 가장 긴요합니다. 그리고 이 종목의 영화는, 대체로 문부성 정도에서 적극적으로 옳다고 하는 영화가 1년에 20본 내외는 있으니, 아무리 엄선해도 1개월에 2회씩 보여주는 방안을 세우더라도 24본 정도는 문제없고 현재 있는 것들 중에서 조달할 수 있습니다. 좀 사치하게 지방 사정을 고려해서 선택 대상으로 널렸다 해도 양질의 오락영화는 각 회사를 통해 50본을 얻을 수 있으니 즉시 실행 가능하다고 봅니다. 여기서 문제가 되는 것은 도회문화와 농촌문화는 완전히 다르기 때문에 영화도 이에 따라 두 가지로 제작해 나가야 한다는 설도 있습니다. 이는 일단 이상적인 이론이라고 할 수 있겠습니다. 그러나 나는 영화의 직능과 특질상에서 보면, 현재 연인원 4억의 사람들이 보고 있다고 하나 이것으로는 아직 수가 부족하고 4억이 8억으로 8억이 12억으로 진행되어도 결코 영화의 대중성에서 계산해서 무리라고 할 수 없다고 봅니다. 그 대신 제작에 임해서는 현재보다 더욱 알기 쉽고 재미있게 친절한 태도를 취하여 합니다. 이 태도는 결국 도회에도 농촌에도 함께 통하는 영화라는 이상에서 떨어지는 것이 아닙니다. 일본문화는 도회와 농촌이 그렇게 격절되고 있는 것이라고 생각되지 않습니다. 단지 이러한 나의 논의는 일부 인텔리겐차로부터 흔쾌히 환영받지는 못할지도 모릅니다. 영화는 고급하고 고상하고 극히 지적인 모습으로 키우려고 생각하는 사람들에게는 나의 논의는 환영을 받을 리가 없습니다. 나는 그러한 종류의 영화제작에 결코 동의하지 않겠다고 주장하는 것이 아니라, 그것이 영화제작의 주류를 이루어서는 안 된다, 주류, 기준은 널리 각층에 걸치는 대중을 상대로 하는 것이다, 정치적으로도 경제적으로도(돈벌이라는 의미가 아니라 자재면도 포함함) 이 표준을 벗어나는 것에 중점을 두는 지도는 명백히 잘못이다라고 생각합니다.

약간 논의가 되었지만 농산어촌의 영화의 종류는 맨 먼저 말했던 '건전한 오락영화', 둘째로는 넓은 의미에서 국민정신 작흥 내지 국민문화 앙양을 목적으로 하는 것, 주로 뉴스영화, 문화영화를 이에 충당하는 것입니다.

셋째는 특히 농산어촌을 대상으로 기술지도 영화 및 정신작흥을 위한 영화의 제작입니다. 이 방면에 대해서는 예전에도 제작된 것이 있습니다만 아직 볼만한 것은 적은 것 같습니다. 특히 장래 이 방면에 대해서는 정부, 유식자, 업자 간에 충분한 연구를 필요로 한다고 봅니다. 따라서 우선 첫 번째의 건전한 오락영화를 각 회사로부터 선발하고, 둘째로 뉴스와 문화영화를 조합하여 내일부터라도 이 일에 착수하고, 추후 셋째에 착수한다는 것이 가장 안전하고 성공할 방책이 아닌가 싶습니다.

농산어촌에 영화를 보급하는 일을 이렇게 필설로는 쉽게 말할 수 있지만 대단히 검소하고 인내를 필요로 하는 일입니다. 그러나 사업으로는 여러 조건을 알아보니 상식을 갖춘 사업가라면 결코 어려운 사업이라고 생각되지 않겠지만 검소함과 인내, 근기 있는 노력을 계속할 수 있는지 없는지가 유일한 문제라고 생각합니다. 동시에 견디기만 하면 그 일을 충실하게 한 보람이 인내에 비례하여 나타나기 때문에 성실한 사람들이 하루라도 빨리 이 일에 확고한 방향을 정하고 크게 성공할 수 있도록 관민 공히 노력해야 할 때가 왔다고 생각합니다.

「農山漁村に対する映畵普及對策私案」, 『映畵評論』 1(5), 1941.05.

농산어촌과 영화의 문제

마쓰자키 시게루(松崎繁)

> 지방인에게 건전오락을 주자고 외치고 있을 때, 농산어촌에는 영화
> 가 마침 배급되어 있지 않다고 한다. 도대체 이래도 괜찮은가. 최근의
> 기록에 비추어 이 문제를 검토해보자!

7월 중순에서 8월 초, 또 8월 중순에서 말에 걸쳐 나는 두 차례 도호쿠
각지를 돌아다녔다. 이는 각지 농산어촌의 협동생활이 얼마나 단단히 전개
되고 있는지, 그리고 거기에서 식량증산운동이 얼마나 훌륭한지를 보고 보
도하는 사명을 다하기 위해서이다.

그러나 오랫동안 영화에 관계된 일에 종사해온 나는 이 여행에 즈음하여
촌촌의 협동생활 증산운동만을 보고 '끝'낼 수는 없었다. 국가의 지상명령
인 식량증산운동에 일로정신하는 농산어촌의 사람들은 영화에 대해서는
무엇을 생각하고 무엇을 바라는지, 또 오늘날의 영화는 이들 일본의 골격

인 생산전사에게 '마음의 양식'이 될 수 있는지. – 이를 조사하고 쓰는 것
도 나의 중요한 임무가 아닐까 그렇게 생각하였다. 그리고 그런 생각으로
각 농산어촌을 돌아다니면서 나는 '농산어촌과 영화의 문제'에 몸소 부딪치
고자 시도하였다.

그러면 그 결과는—그것은 한 마디로 말하면 '현재 중앙의 영화정책은 근
본적으로 수정할 필요가 있다'이며, 이 '현재 중앙의 영화정책은 근본적으로
수정할 필요가 있다'는 것은

(1) 증산 일로의 정신하는 각 농산어촌에는 영화가 거의 제공되지 않는다.
그리고 이들 농산어촌에 영화를 제공하려는 운동은 적극성을 대단히 결
여해서 영화는 여전히 도시에 집중되어 있다.
(2) 도시에 집중된 영화는 여기에서도 공장 배급기관 생산전사의 '마음의 양
식'이 아니라 소비자의 오락의 위치에서 한 걸음도 전진하지 않았다. 즉
영화는 오늘날 일본에서 '필요 없는 국민'에게만 봉사하는 역할만을 다
하고 있을 뿐이다.
(3) 그런데 당국의 영화 정책은 영화법 시행 후 2년 동안의 실제를 보아도
알 수 있듯 일본의 뼈이고 피이자 살인 군대, 농산어촌, 공장 등의 전사
들에게 영화가 '마음의 양식'이 되게 하려는 적극적인 것이 아니라, 개인
이 각자 각양의 태도로 오락을 찾아가는 너무나 구체제적인 도시의 오
락장(영화극장)에 영리사업의 상품으로 배급되는 영화의 질(내용)을 제
작면에서만 규정하려는 대단히 소극적인 것이다. 8월 중순 이후 당국은
크게 선전하고 '영화임전체제의 건설'을 주장하지만, 거기에서도 '소비면
에 배급되는 영화를 어떻게 생산면으로 배분하느냐'라는 문제의 해결은
이루어지지 않았다. 현재의 영화정책은 전시하의 문화 정책 중 하나라
고 부르기에는 아직 많은 의문이 있다. 되풀이해 말하지만, 이는 하루
속히 시정되어야 한다.

그러면 일본의 뼈가 되고, 피가 되며, 살이 되는 농산어촌의 사람들은 현재 얼마나 영화의 혜택을 받지 못하고 있는가. 그리고 그 농산어촌 사람들에게 영화를 제공하는 운동은 얼마나 활발하지 못한 것인가.

이에 대해서 알고자 지난 6월 대정익찬회 본부에서 열린 1억 국민의 가족회의 '제1회 중앙협력회의'의 기록을 읽으면, 도치기현의 '흙'의 대표 가와마타 겐지(川俣憲治) 씨는 「농촌오락으로서 순수 농촌을 대상으로 한 영화제작에 관한 건」을 제안, 별항과 같이 설명하고, 종래의 영화 정책— 농촌과 유리된 영화 정책을 날카롭게 비판하고 있다. (이 제1회 중앙협력회의에서 영화 문제는 지난 7월에 내가 일부분을 소개한 적이 있는데 그 전모는 아직 각 관청, 각 단체의 영화 관계자 및 영화 사업에 종사하는 태반의 사람들에게 알려져 있지 않아서, 나는 감히 여기에 속기록 전문을 소개하는 바이다.)

가와마타 겐지 씨의 「농촌오락으로서 순수 농촌을 대상으로 한 영화제작에 관한 건」의 시안 설명.

나는 농민의 입장에서 영화를 생각해보고 싶습니다. 오늘날 농촌에 건전한 오락을 주자는 것은 이제 시대의 목소리가 아닌가 합니다. 묵묵히 식량, 기타 중요 농산물의 증산에 매진하니까 오락을 제공하는 것도 필요합니다만, 한 걸음 더 나아가 농민생활 속에 노동과 위안을 교류시키고 거기에 새로운 농민도(農民道)를 만들어낸다, 오늘 노동에 피로한 농민에게 휴양을 주고 희망에 불타 진심으로 농업을 즐기는 마음을 농민들 사이에 배양해 가는 것이 지금의 급무라고 생각합니다. 단적으로 말씀드리면, 농촌문화 향상, 그것이 이윽고 일본문화 향상에 있지 않은가 생각합니다.

그래서 여러 가지 농촌오락도 있지만 우리들이 여러 농민의 생각을 물어보면 대부분의 사람들은 영화에 대단히 동경을 가지고 있습니다. 그런데 현재 농촌에 나타나는 영화 그 자체가 어떤 상태인지를 말씀드리면, 주로 도회 중심의 것들이 많습니다. 그래서 도치기현에는 177정촌이 있는데, 그중 영화를 상영하는 극장이 56관입니다. 그리고 그중에서 상설관은 20관 전후에 불과합니다. 기타는 다른 무언가로 이용되고, 상설관에서 때때로 출장 상영합니다. 그리고 이들 극장은 모두 시가지에 있습니다. 그래서 농촌의 젊은이들은 2리나 3리를 자전거를 타고 달려가지 않으면 동경하는 영화를 볼 수 없습니다. 그들 중에는 평생 한 번도 영화를 보지 못하고 죽어버리는 사람도 적지 않습니다. 현(縣)의 선전영화나 신문사 영화반도 시골 산속의 벽촌까지는 오지 않습니다. 어쩌다 오더라도, 현의 선전영화 등 무미건조한 것입니다. 도시 중심의 영화라는 것은 자칫하면 영리중심주의로 흐르는데다가, 순일본식이 아니라 구미(歐米)를 모방한 것들이 많으며 1년이나 2년 지난 것이 돌아오는 꼴입니다. 그래도 농민은 대단히 동경을 가지고 있어서 보러 가는데, 이 때문에 농민의 품위는 점차 떨어지고 도회의 악풍에 물드는 결과가 되는 것입니다. 그중에는 농촌영화라고 이름 지은 것도 있지만, 농민을 이해하고 있지는 않습니다. 나는 예전에 〈흙(土)〉이라는 영화를 봤는데, 예술적으로는 가치가 있을지도 모르지만 우리 농민의 입장에서 보면 반감을 갖게 됩니다. 농촌 사람들이 볼 때에는 대단히 암담한 마음에 갇히게 되어서, 그러한 것은 좀 어떤가 하는 생각이 듭니다. 아무튼 농촌 청년이 영화에 동경을 품고, 현실로는 도회의 어두운 방면의 악영향을 받고 있다는 것은 시국하 농민정신을 앙양해야 할 때 참으로 경계해야 한다고 생각합니다. 다만 기뻐해야 할 것은 최근 농촌 젊은이들이 문화영화에 흥미를 가지게 되었다는 것입니다. 나는 이 기회를 놓치지 않고 농촌청년의 이 마음을 포착하여, 일본의 정책이나 일본이 나아가야 할 길을 청년의 눈과 귀에 알리는 것이 가장 긴요하다고 생각합니다. 그렇다면 어떤 종류의 영화로 나아가면 좋은가. 이는 내 사견에 속하지만, 요컨대, 농촌을 대상으로 일하는 데에 기쁨과 희망을 가지게 하는 것, 농촌과 도회는 각각 그 직분 사명이 다르기 때문에 이를 확실히 농촌 사람들에게 이해시키고 농촌이야말로 고도국방국가의 원동력이 되어 가고 있다는 관념을 자각시키는 영화로 만들었으면 합니다. 그리고 일가족이 모두 다 감상할 수 있는 것, 극히 용이하고 명랑하게 볼 수 있는 것, 과학성이 있는 영화가 필요합니다. 대체로 농민은 과학과 동떨어져 있습니다. 그래서 농민이 과학적으로 처리하는 것이 필요한 까닭을 자각하게끔 하는 영화가 필요합니다. 그리고 고도국방국가 건설의 제 문제를 다룬 것, 혹은 정농가(精農家)의 일대기 같은 것을 흥미 본위로 취급한 것, 우수한 인정물, 대체로 그런 것들이 있으면 합니다.

그리고 문화영화에 대한 젊은이들의 생각을 말씀드리면, 농민의 정조를 순화하는 것, 예를 들어 향토예술 등을 취급한 것, 그리고 일본정신을 고취하는 것, 화학적 정신을 계발하는 것, 그러한 것을 바랍니다. 문화영화에 대해서 농촌인이 가장 바라는 것은 매우 쉽게 이해할 수 있는 영화입니다. 그리고 국책을 이해시키는 것들도 있으면 좋겠습니다. 예를 들어 현실의 증식운동 혹은 대정익찬운동, 저축장려와 같은 것을 취급하는 것이 있으면 합니다. 요컨대, 지금 농민의 실생활을 취재한 영화를 바라고 있습니다.

그래서 결론으로 어떤 방법을 채택하면 좋은가에 대해 사견을 말씀드리고자 합니다. 그러기 위해서는 현재의 영화법이라는 것은 각 관청에 여러 가지로 관계를 가지고 있어서, 예를 들어 농촌영화를 만든다고 해도 그 회사에 철저한 통제가 이루어지지 않습니다. 그래서 문화선전국과 같은 것을 내각에 직속시켜서 일원적으로 강력한 통제를 가하여 농촌영화, 도시영화, 기타의 영화라는 식으로 영화사업의 통일 발전을 도모할 수 있는 기관이 있었으면 합니다.

그리고 우수하고 저렴한 영화를 배급하기 위해서는 정부 또는 익찬회에서 직접 영화 사업에 착수하였으면 합니다. 국립영화연구소도 필요하다고 봅니다. 그리고 관련 사항으로 현재 일본의 국민학교에는 16밀리 영사기가 1천 몇 백대 있으니, 16밀리판을 많이 제작하여 활용하도록 했으면 합니다. 16밀리 영화와 관련해 말씀드립니다만, 각 국민학교에서는 현재 영화교육의 필요성을 통감하고 있습니다만 기계를 살 수 없습니다. 지금은 판매금지가 되었습니다. 도치기현만으로도 20개의 구입희망 학교가 있으니 전국적으로는 대단한 수에 이를 줄로 압니다. 그래서 이를 해금하여 익찬회는 물론 각 신문사, 잡지사 등이 협력하여 순회영화반을 만들어서, 묵묵히 일하면서도 오락의 혜택을 받지 못하고 문화적으로 향상을 필요로 하는 산속의 벽촌이나 해변의 어촌에 위안을 주었으면 합니다.

그리고 이는 적어도 한 달에 한 번 상영할 수 있도록 배려해주었으면 합니다.

그리고 하나 더 말씀드리고 싶은 것은 영화뿐만 아니라 기타 오락이라든가 혹은 촌민회를 열 때에 사용하기 위해 농촌용 공회당 같은 것을 정부의 보조를 받아 건설하였습니다. 때로는 차를 마시면서 영화도 감상할 수 있는 시설이 장래의 농촌에는 필요하다고 생각합니다. 부디 이런 점에 대해서 배려해주었으면 합니다.

즉 가와마타 씨는 '농민은 대단히 영화를 동경하는데 농촌에는 영화가 거의 배급되지 않아 평생 영화를 보지 못하고 죽어가는 자가 적지 않다. 그리고 현재의 영화는 농촌에 부적합한 것이 많아서 곤란하다. 이를 교정하고 농촌이야말로 고도국방국가의 원동력이 되어 갈 것이라는 관념을 농민에게 자각시키는 영화와 일가 모두가 감상할 수 있는 명랑한 영화를 만들어주었으면 한다. 또 이를 위해 영화 관계 기관의 통일을 도모하고, 이에 따라 영화 통제를 강화하고 영화 제작 배급기구의 개선을 해 달라'고 요망한 것이다.

이어서 대정익찬회 문화부장 기시다 구니오(岸田國士) 씨 및 영화계 대표로 이 회의에 이름을 올린 쇼치쿠사장 오타니 다케지로(大谷竹次郎) 씨는 각각 다음과 같은 답사를 하였다.

익찬회 기시다 문화부장 답사

지금 오락과 근로의 문제에 대해 여러 말씀이 있었습니다. 문화부로서 생각하고 있는 것을 좀 말씀드리고자 합니다. 오락과 근로의 문제를 동시에 해결한다는 것은 일견 곤란한 듯이 생각되지만 역시 국민생활 전반의 문제로서는 아무래도 동시에 해결하지 않으면 안 되는 문제라고 생각합니다. 결국 건전한 오락을 국민이 얻는다는 것은 건전한 생활을 국민이 영위한다는 것 그 자체라고 생각합니다. 생활의 전면적인 쇄신 개선이라는 것은 그중 건전한 오락을 적당한 분량으로 국민이 각각 향수할 수 있는 상태라고 생각합니다. 그런 의미에서 오락을 제공하는 쪽에서도 오락 자체를 생활에서 떼어놓고 생각하지 말고 어떻게든 생활 속에 포함되는 것으로 생각해야만 합니다. 그 뜻에서 오락을 공급하는 쪽에서 아까 여러 말씀이 있었지만, 특히 농촌 등에서 요구되고 있는 건전하고 생활도 풍요롭게 하는 것을 제공해주었으면 합니다. 문화부는 직접 지금 그 문제에 대한 연구를 진행하고 있습니다. 또 연구 결과를 기다릴 수 없는 것은 착실히 실현으로 옮겨 이를 개선해 나가는 방향으로 진행하고 있습니다. 그리고 익찬회가 관계하고 있는 기관은 이동문화협회와 이동연극연맹 이 두 가지입니다. 둘 다 그러한 기관이 생긴 직후라서 아직 완전하다고 말씀드리기 어렵습니다만, 그 결함 및 시정해야 할 점은 충분히 고려하고 있습니다. 지금 농촌이 요구하는 영화라는 말씀도 있었는데, 익찬회의 손으로 지금 직접 제작할 수 없습니다만 그러한 조건이 가능한 한 완전히 구비하는 것을 제작하도록 각각의 관계 방면과 토의하고 실현을 기하려고 합니다.

오타니 다케지로 씨 답사

아까 가와마타 씨가 농촌을 중심으로 한 영화에 대해 말씀해 주셨는데, 나도 동감입니다. 가와마타 씨의 요구가 앞으로 실현될 줄 압니다만, 우리 업자 입장에서 말씀드리면 농촌 중심의 영화라는 부분이 간단치 않으나 대단히 지난한 문제가 있습니다. 이는 내무성 및 정보국 익찬회 등이 하나가 되어 꽤 많이 연구해서 만들어야 하는 것입니다. 가와마타 씨의 견해로는 지금까지 발표된 농촌영화에는 만족스러운 것이 없다는 말씀이 있었습니다. 그럴지도 모릅니다. 그러나 농촌 사람들은 농촌을 중심으로 한 영화를 보는 것을 좋아하지 않는 경향이 있어서, 지금까지 업자가 만든 영화, 예컨대 〈말(馬)〉과 같은 것은 자기 모습이 영화에 나타나는 것을 보는 것이 몹시 싫고 역시 자신이 모르는 세계, 꿈의 세계를 보고 싶다는 마음이 많이 있는 것입니다. 그러나 가와마타 씨의 의견은 우리 업자로서도 또 정부당국에서도 대단히 생각해야 할 문제라고 생각합니다. 여기에는 우선 영화의 중심을 어디에 두는가, 교육에 두는가 오락에 두는가 하는 것이 가장 중요합니다. 가와마타 씨의 말씀 중에는 오락이 많이 가미되어 있으니 오락을 통하여 교육한다는 말로 이해합니다. 이 점을 해결하기 위해 내무성과 정보국이 하나가 되어 가와마타 씨가 말씀하신 것을 실현하도록 기관을 설치하는 것을 우리도 함께 바라는 바입니다.

즉 '흙'의 대표 가와마타 씨의 제안에 대해서 익찬회 기시다 문화부장은 '생긴 직후라서 기구는 완전하다고 말하기 어렵지만 농촌에 영화를 가지고 들어가는 기관으로 이동문화협회가 생겨 이미 활동을 시작하고 있다'고 말하고, 영화계 대표 오타니 다케지로 씨는 '농촌영화 문제는 지난한 일이며 농촌을 중심으로 한 영화는 농촌에서 환영받지 못한다. 이 문제해결은 관청의 영화정책의 일원화와 아울러 이루어진다'고 하며, 양씨는 각각 방향이 다른 해결책을 제시한 것이다.

여기서 익찬회 문화부장 기시다 구니오 씨가 '농촌의 영화문제에 대처하는 기관'이라고 한 '이동문화협회(정식이름은 '일본이동문화협회')'에 대해 검토해보자. 정보국 조사에서 이 협회의 기구, 목적은

일본이동문화협회 기구 및 사업목적

협회의 취지 = 대정익찬회의 일익으로 농산어촌 및 공장 광산 방면에
　　건전오락을 제공하고자 함.

영사반의 조직 및 반수 = 16밀리 발성 영사기를 사용, 반수는 90반.

사용영화작품 = 대정익찬회 선전부 선정의 각 회사 극영화, 문화영화
　　를 16밀리 발성판으로 사용함.

경비 = 초년도 투하자금 120만엔.

1회 1영사반 파견 비용 = 하루 1회당 30엔, 단, 2회 이상은 1회마다
20엔 증가함. (3주간 편성의 순회일정에 따름)
기타 규약 = 순회영사회는 직접 주최하지 않고 희망자는 대정익찬회
지부에 신청함. 영화관을 소유하는 정촌에는 파견하지 않음. 관람
료는 무료가 원칙, 징수할 경우에는 어른 10전, 어린이 5전 이하
로 함.

등이며 이 일본이동문화협회가 어떻게 활동하고 있는지를 동 협회 창립(3
월) 후의 기록에 의해 조사하면 이는 대강 다음과 같다.

일본이동문화협회 성적표

	부현별	3월	4월	5월	6월	7월	계
	도쿄	3	7	3	0	1	14
	가나가와	4	3	5	24	5	41
	치바	1	0	2	3	7	13
	이바라키	1	5	0	0	0	6
	미야기	6	13	0	0	35	54
간토지부	후쿠시마	6	0	1	0	13	20
	야마가타	10	0	0	13	0	23
	아오모리	6	20	2	0	11	39
	이와테	0	21	5	0	0	26
	도치기	0	0	5	0	17	22
	니가타	0	0	9	0	47	58
	사이타마	0	0	1	0	0	1
	홋카이도	0	0	9	3	0	12
	시즈오카	0	1	0	0	9	10

부현별		3월	4월	5월	6월	7월	계
간사이지부	오사카	0	1	1	1	14	17
	오카야마	31	27	3	1	0	62
	나라	1	0	0	0	6	7
	시가	0	11	0	0	0	11
	에히메	0	0	18	7	4	29
	도쿠시마	0	0	32	0	0	32
	시마네	0	0	21	0	25	46
	돗토리	0	0	5	0	55	60
	가가와	0	0	12	0	16	28
	고치	0	0	38	14	9	52
	효고	0	0	0	7	7	14
	와카야마	0	0	0	3	0	3
	후쿠이	0	0	0	11	8	19
	이시카와	0	0	0	0	11	11
규슈지부	오이타	9	10	1	1	17	38
	미야자키	9	9	0	0	31	49
	야마구치	13	17	2	0	10	42
	후쿠오카	5	14	5	1	9	34
	나가사키	0	8	0	0	0	8
	사가	0	2	0	0	21	23
	구마모토	0	0	9	0	3	12
	가고시마	0	0	41	15	30	86
중부지부	아이치	0	37	30	28	14	109
	기후	0	1	5	0	15	21
	미에	0	3	9	0	38	50
계	39부현	105	210	274	132	481	1,202

즉 일본이동문화협회는 3월 이후 7월말까지, 3월의 105회를 최저로 7월의 481회를 최고로 하여, 총계 1,202회의 순회영사회를 각지에서 개최, 관람인원은 매회 800명─1,500명 정도를 모았다고 추정된다.

이를 다른 단체의 순회영사활동과 비교하면 다음과 같다. 도쿄니치니치신문(東日)·오사카마이니치신문(大每) 영화보국대는 1개월(30일) 동안 평균 200여 회로, 일본이동문화협회의 성적과 엇비슷하고, 요미우리(讀賣)신문영화봉공대는 가장 많아서 앞의 두 단체의 2배 이상이며, 농산어촌문화협회는 가장 적고 40회 정도이다.

도쿄니치니치신문(東日)·오사카마이니치신문(大毎) 영화보국대 성적표

횟수	기간	개최 연일수	개최 장소 수	관람인원
제1차	6월20일부터 6월30일까지	64	62	95,200명
제2차	7월3일부터 7월30일까지	182	166	485,510명
제3차	8월3일부터 8월26일까지	185	185	265,150명
계		431일	413	845,860명

요미우리(讀賣)신문영화봉공대 성적표

횟수	기간	상영 지방수	상영 횟수	관람인원
제1차	4월20일부터 5월15일까지	1도 17현 1부	412	768,211명
제2차	5월21일부터 6월4일까지	1도(島) 2지방 1도(道) 15현	276	429,276명
제3차	6월10일부터 7월4일까지	1도(道) 1지방 18현	402	586,830명
계	66일간		1,090	1,784,317명

농산어촌문화협회 성적표

개최일	개최 부현수	개최 횟수	관람인원
8월	3	46	40,000
9월	3	41	35,600
10월	4	53	45,800
11월	3	32	26,800
12월	4	45	37,200
1월	3	32	27,000
2월	5	41	35,000
3월	7	70	58,900
계	32부현	360회	306,300명

여기서 각 단체의 순회영사의 활동체의 조직 및 사업목적을 조사해보면 그것은 정보국 조사로는 다음과 같다.

농산어촌문화협회

취지 = 농촌국책의 보급 철저 및 건전오락 제공.
영사반의 조직 내용 = 본부 직속 20반(35밀리 발성영사기 2대로 1반
　을 구성) 지방 주재 4반(35밀리 발성기 사용). 부현지부 11반(16
　밀리발성기 사용) 계 45반 [4].
1회 1영사반의 경비 = 하루 1회당 30엔, 단지 밤낮 2회일 경우 15엔
　증가.
기타 규약 = 직접 주최하지 않음, 청소년단, 산업조합 등을 주최자로
　함. 영사회는 5개소 이상 연속개최가 가능하도록 신청이 있을 경
　우에 개최함. 입장료는 징수하지 않는 것이 원칙. 징수할 경우는
　어른 10전, 어린이 5전.

도쿄니치니치 · 오사카마이니치영화보국대

취지 = 국책 보급 철저, 국민정신의 작흥, 건전오락의 제공을 수행하
　는 것을 목적으로 함.
영사반의 조직 내용 및 반수 = 35밀리형 발성영사기 2대로 반을 편
　성, 동일 대매 각 10반.
기타 규약 = 영사반 파견에 드는 비용은 일체 본사 쪽에서 부담하고
　입장은 무료.

4　원문그대로. 합산하면 35반이나 원문 그대로 옮겼다.

요미우리신문영화봉공대

취지 = 생산전사를 중심으로 건전오락을 제공, 국민문화의 향상, 국
책의 침투를 목적으로 함.
영사반의 내용 및 반수 = 35밀리형 발성영사기 2대로 1반을 편성, 반
수는 20반.
기타 규약 = 경비는 모두 본사 쪽에서 부담하기로 하고 입장료는 무
료.

「農山漁村と映画の問題」,『映畫評論』 1(11), 1941.11.

이동영사 제1년

나가하라 사치오(永原幸男)

영화를 농산어촌 직장으로!
본년도 이동상영 전망

　결전 체제하 문화영화 상영도 필연적으로 일대 재편성이 요구되고 있다. 도시 중심의 흥행주의는 현재로서는 철저히 개변되어야 한다. 이미 후방 국민의 소리로 상영의 편선 교체와 그 조직화가 주장되고 있다. 여기에서는 이러한 상영의 개척자로서 현재 우리나라에서 수행되고 있는 이동상영의 실상을 거의 망라하고 식자에게 엄정한 참고자료를 제공한다.

농산어촌 공장, 광산에 건전오락을 제공하고 나날이 생산에 활기와 윤택을 주고자 대정익찬회 선전부의 적극적인 지지하에 탄생한 일본이동문화협회는 작년 3월 15일에 우선 16밀리 토키의 순회영사로 활동을 시작하였다.

영리를 목적으로 삼지 않는 문화단체로 전문적으로 수행되는 순회영사는 우리나라 최초의 기획이며 조직, 기획, 기술 등 모든 부문을 스스로 개척하고 스스로 체득해 나가야 하는 사업이다.

우리는 우선 영화인의 양심으로 일련의 뛰어난 극영화, 문화영화 및 뉴스영화를 선택하여 몇 가지 프로그램을 편성하였다. 이들 영화는 순오락적 영화, 근대적인 문화영화, 건설적인 시국영화 등 세 가지 다른 경향을 지닌다. 어느 경향이 어떤 반향을 내는지에 따라 우리의 전도를 점치고자 의식한 것이었다. 그런데 현지에서 보내온 조사표는 모두 오락영화, 그것도 로쿄쿠영화(浪曲映畵)의 승리였다. 이는 우리의 환멸도 불만도 순식간에 압도해버리는 정도의 숫자였다. 그리하여 그 숫자 속에서 엄연한 농촌 현실의 일편을 파악할 수 있게 되었을 때, 우리는 이동영사 활동이 나아가야 할 방향을 흐릿하게나마 깨달을 수 있었다.

영화에는 영화의 약속이 있고, 독자적인 형식과 문법이 있다. 누구나 이 점을 알면서도 영화를 본 적이 없는 사람들도 그 약속을 금방 이해할 수 있는지 생각하지 않았던 것이 잘못이었다. 영화를 1년에 1, 2회도 보지 않는 농촌 사람들이 익숙한 촌사람들 연극(村芝居)의 규약을 바탕으로 영화를 보아도 이상하지 않다. 더구나 귀에 익숙해진 나니와부시가 천천히 줄거리를 설명해준다면, 그야말로 흠잡을 데가 없지 않은가. 이리하여 가장 근본적인 첫째 임무가 우리들에게 부과되었다. 우선 농촌에 영화를 보여주는 것, 계속하여 골고루 하루라도 빨리 영화에 익숙하게끔 하고 영화를 보는 법을 체득하도록 하는 것.

그러나 농촌사람 모두가 로쿄쿠영화를 찾는 것이 아니다. 로쿄쿠는커녕 현대의 모든 영화가 성에 차지 않는 일군의 층이 있다. 이는 미증유의 장기

전에 병사와 말을 내보낸 마을을 지키고, 밤낮으로 생산력 확충과 식량 증산에 정신하는 일군의 중견적 청장년이다.

이 사람들은 영화의 약속을 뛰어넘어, 갑자기 영화가 무엇을 말하려고 하는지를 검토한다. 영화 속에서 무엇을 자신들의 생활에 받아들여야 할지 탐구한다. 비료를 화학적으로 해설하는 영화는 없는가? 해충 구제의 방법을 영화에서 볼 수 없는가? 대륙 척토(拓土)의 작업 상태는? 논에서 트랙터의 작업 실황은?

농촌이 직면한 이러한 가장 긴요한 문제에 대해, 농촌의 누구나가 알고 싶어 하는 질문에 대하여 농촌을 목표로 순회하는 우리 영화는 10분의 1도 충분히 대답하지 못하는 것이다. 이런 문제에 충분히 답할 수 있게끔 영화를 만드는 회사는 거의 없으니, 그렇다면 우리 손으로 만드는 것 외에는 다른 길이 없다. 여기에 제2의 임무를 찾을 수 있다. 순회영사대는 반드시 독자적인 제작 기구를 가져야 한다. 이리하여 영화신체제안의 귀결은 농촌의 건설자들과 함께 우리의 충심에서 기대하는 바의 것이다.

이들 두 가지 기본과제 위에서, 순회영사기사는 23관[약 86kg]의 영사기를 혼자서 짊어지고 전력 설비가 있는 곳이라면 어떤 산간벽지에라도 돌입해 간다. 벽촌일수록 전력이 약해서 부락 안의 전등을 끄고도 소리가 나오지 않을 때에는 기사가 대본을 읽으며 설명한다. 그래도 마을 사람들은 감격하고 울먹이는 소리를 낸다.

들에서 돌아와 저녁을 먹은 후에 모여드는 마을 영사회는 아무래도 시작이 8시를 넘긴다. 약 2시간 반의 영사를 마치면 좌담회가 있다. 단지 영사만 하고 끝나는 일이 아니다. 마을의 의견을 충분히 파악하고 숙소로 배당된 민가나 조합의 어느 방에 들어가면 본부에 보낼 보고서를 써야 한다. 관객 수효부터 영화의 반향, 마을의 문화 시설, 책임자의 씨명, 전력 상태, 그리고 마을에 대한 관찰을 상세히 쓰고 겨우 잠자리에 들면 1시가 넘는다. 다음날에는 벌써 다음 마을이 기다리고 있다. 그래도 기계를 짊어지고 소

등에 올라타 마을을 떠날 때 '꼭 또 와요', '고맙소. 고맙소'라고 마을 사람들이 감사의 말을 걸어주면 눈물이 나도록 기뻐서 '아, 우리 일은 보람이 있는 일이다'라고 생각하지 않는 기사는 한 사람도 없다. 이미 그는 단순한 기술자가 아니라 귀중한 문화병사이다. 짧게는 1주 동안, 길게는 3, 40일 동안이나 기사는 이 마을에서 저 마을로 순회한다. 조합 사람들도 안면이 생기고 농촌 사람들의 성미도 알게 되자, 모르는 사이에 쌀의 작황도 눈에 띄고, 가뭄에도 얼굴을 찌푸리게 된다. 이리하여 기사는 단순한 영화인의 울타리에서 벗어나 '순회기사'라는 전혀 새로운 타입으로 성장해 간다. 한 번의 순회를 마치고 본부에 돌아올 때마다 그 성장이 눈에 보인다.

이들 기사가 농촌의 진실된 요구에 응할 수 있는 영화를 가지고 마을로 들어가 독농가(篤農家)나 교사, 의사, 농업기사들과 서로 손잡고 여러 마을의 구체적인 생활 문제 해결에까지 협력할 수 있는 날이 꼭 온다고 우리들은 굳게 믿는다. 그때야말로 영화는 오락이 아니라 완전히 농민생활의 일부가 될 것이다.

순회영사의 미래를 생각하면 우리는 어느덧 착각을 일으키고 만다. 생각하는 만큼 근로자들을 위해 협력할 수 있는 상태인 듯한 기분이 되는 것이다. 그러나 책상 위에는 영화회사의 작품목록이 있을 뿐이다. 그 목록 중에 자랑스럽게 마을로 가져갈 수 있는 영화가 몇 본이나 있을까? 어쩌다가 원하는 영화가 있어도 개봉 후 1년을 경과한 것이 아니라면 복사할 수 없고, 복사할 수 있어도 생필름이 없다. 우리의 사업 자체는 아직 그런 낡은 환경 속에 있는 것이다. 이 질곡은, 오랫동안 농촌이나 공장, 광산을 문화로부터 떼어놓은 질곡과 같은 것이 아닐까. 그렇다면 한시 바삐 이를 제거해야 한다. 문화익찬의 성과는 결코 결실을 맺지 못한다.

아무튼 일본이동문화협회의 순회영사는 10월 현재 45부현 2천5백회를 돌파했다.

도시의 영화관과 순회영화, 어느 쪽이 재미있는가라는 조사 사항에 대해,

관중은 498표 대 135표로 순회영화를 지지하고 있다. 나머지 135명을 납득하기 위해 우리는 더욱더 새로운 프로그램을 편성하고 엄동의 흥작 지역을 위문하러 출발하려 한다.

「移動映寫第一年」, 『文化映畫』 2(1), 1942.01.

순회영사의 실제
검토좌담회

출석자:
도호영화 보급과:
아야베 마사나오(綾部正直), 다나카 쥰이치로(田中純一郎), 하야시 고이치(林高一)

일본영화감독협회 문화영화 연출가:
나카무라 도시로(中村敏朗), 아라이 히데오(新井英郞), 미즈키 소야(水木莊也),
무라카미 요시야(村上良哉), 다코 다카시(多胡隆), 시모죠 기치지로(下条吉次郞),
구와노 시게루(桑野茂), 와타나베 요시오(渡辺義男), 다무라 기요시(田村潔),
아사노 히로시(浅野博士)

사회:
이시모토 도키치(石本統吉)

〈사진: 도호이동영사대를 견학하는 우치다 토무(內田吐夢) 감독과 시미즈(淸水) 서기장, 아키타현에서〉

이시모토   오늘은 도호 여러분께 이동영화의 실제에 대해 여러 가지를 여쭈어보
         려고 합니다. 우선 아야베 씨가 도호의 순회영사 조직이라든가 성립과
         정 같은 것을 좀 이야기해주셨으면…….

아야베   이야기하기 전에 말해두어야 할 게 좀 있어서요. 아무래도 경험도 충
         분치 못한 채 말씀드리다보니 극영화가 중심이 되기 쉬우니, 미리 그
         점을 양해해주었으면 합니다. 아직 문화영화 개념이 지방 일반에서는
         깊이 이해를 얻지 못해서요.

도호이동영사대의 성립과 조직

다나카   우리 순회영사가 시작된 것은 쇼와 15[1940]년 10월 하순이었고, 그
         이전에는 조직이 없이 문화영화부의 영업 중에 요청을 받아 좀 큰 다
         다미방에서 [영사]하는 정도(お座敷映画)의 일이 있었어요. 처음으로
         조직적인 활동을 시작한 것은 10월 17일 치바현 나루토(成東)라는 마
         을의 산업조합주최에서였어요. 이때 5일 동안에 걸친 시험적인 행사로
         공부도 하고 실패도 하고, 꽤 많이 배웠습니다. 프로그램으로는 〈에노
         켄의 야지키타(エノケンの弥次喜多)〉, 하세가와 가즈오(長谷川一夫)
         의 〈달 아래 젊은 무사(月下の若武者)〉, 군사보호원의 3권짜리와 〈자
         동차 이야기(自動車の話)〉라는 것이었어요. 그런데 〈달 아래 젊은 무
         사〉는 장면이 대단히 어둡고, 게다가 하늘에 진짜 달이 떠서 방해가
         된다든가 전력이 부족하다든가 해서 영사 효과가 몹시 나쁜 겁니다.
         이 영화는 나중에 〈롯파의 아빠(ロッパのお父ちゃん)〉로 바꿨습니다.
         〈에노켄의 야지키타〉는 우리가 본 바로는 시골 사람들은 거기에 나오
         는 개그를 전혀 이해하지 못합니다. 중간에 노래가 들어가거나 하면
         '우리(관객)를 얕잡아 보는 거냐'고 합니다. 그리고 〈자동차 이야기〉는
         시골에서 차 자체가 드물고, 일단 자동차의 구조 등에 흥미를 가지고
         있으리라 생각해서 내놓았는데, 딱딱했습니다. 거기에 흥미를 가질 만
         큼 밀접한 관련을 갖고 있지 않았어요. 보호원의 〈소생의 빛(甦生の

光)〉은 상병병(傷病兵)이 소생하는 모습에 대단한 박수가 보내졌습니다. 상설관하고는 전혀 다른 반향입니다.

제2회로 가나가와 쪽에 갔을 때에는 〈병아리의 탄생(ひよっこの誕生)〉, 〈2천6백년 식전뉴스(二千六百年式典ニュース〉 등을 가지고 갔는데, 〈병아리〉는 실생활에 친근한 것이라 굉장히 기뻐합니다. 닭이 잡곡을 쪼아먹는 장면에서 아이들이 정신없이 손뼉을 칩니다. 닭이 알을 낳으려고 힘쓰고 있는 것이 기쁜 거죠. 식전뉴스에서는 황족 분들이 나오는 장면에서 목도리를 벗거나 무릎을 제대로 꿇고 않거나 해서 엄숙 그 자체입니다.

이런저런 일로, 장면 자체가 지니는 박력이 얼마나 강한지를 알게 되었어요. 이상의 경험에서 제3회부터는 미야기현의 이시노마키(石巻)에서 〈공동작업(共同作業)〉을 내놓아 보았습니다. 예술영화인 이 작품은 농촌에서 주장되는 공동작업, 탁아소, 공동취사소 등을 다루고 있습니다. '우리 고장에서는 벌써 하고 있어요'라는 마을도 있었지만 대부분은 배울 점이 많았다며 감사의 말을 들었습니다. 이렇게 되면 영화와 사람들의 기분이 매우 일치하기 시작합니다. 모종을 심는 사람들의 옆얼굴만으로 환호성을 올리고 기뻐하여 떠드는 모습은, 역시 자신들의 이야기라는 온화한 분위기에요. 이 영화는 대단히 효과적이었어요.

여기서는 〈롯파의 아빠〉 또한 굉장히 기뻐하는 모습이었습니다. 소가노야 고로(曾我廼家伍朗)가 울리고 웃기는 희극이 대단히 잘 통합니다. 웃음을 잊은 사람들이 처음으로 웃음을 선사받은 게 아닌가 할 정도로 철두철미하게 홍소, 폭소했습니다. 추운 12월의 진눈깨비가 오는 속에서 학교 교사가 마치 봄처럼 따뜻한 느낌을 받았습니다.

이렇게 하면서 점점 경험을 쌓아 가다가 군마현, 가고시마현, 가가와현, 나가노현 이런 순서로 16[1941]년 10월까지 거의 일본 전국을 각 부현에 걸쳐 영사했고, 현재까지 관람인원은 칠십수만명에 이르렀어요.

제휴해온 단체는 처음에는 농산어촌문화협회가 주로 표면에 이름을 냈는데, 그후 대일본청소년단, 산업보국회 본부 등의 급격한 활동이 있었고, 그 외 각종 사업회사, 은행, 학교, 광산, 그리고 육해군 위문 등이 속속 이어지고 있습니다.

이시모토 프로그램 내용에 대해서 조금 더.

프로그램에 대해서

다나카 저널리즘에서는 쇼와 15[1940]년 말쯤부터 지방 농촌, 산업전사에게 오락을 제공하라는 소리가 많았습니다. 웃기는 것, 에노켄과 롯파 등이 좋으리라는 생각에서 앞에서 말한 반향을 얻었는데, 현지에서는 오락에 대한 생각이 다릅니다. 도회지에서 생각한 오락은 너무 강력하다. 마을의 지도자들이나 선생, 마을의 관청 사람들의 이야기를 듣다보면 '오락도 좋지만, 도회지 소비 계급의 오락으로는 곤란하다. 무언가 거기에 건설적인 것이 있어야 한다. 웃는다면 단순히 웃을 수 있는 것이 좋고 우는 것이라면 단순히 울 수 있는 것이 좋다. 그것을 위해 신경을 피곤하게 만드는 오락은 필요 없다'는 말을 듣게 되었습니다. 그래서 오락영화를 1본 약 1시간 10분 정도, 나머지 1시간은 단편, 문화영화로 하고, 울리는 영화인지 웃기는 영화인지 하는 구체적인 데까지는 간섭이 없습니다. 그래서 이쪽에서는 여러 가지로 해보다가 대충 예상할 수 있게 되어, 이쪽에서 편성해 가는 경우가 많습니다.

아베 프로그램에 관해 요청해오는 곳은 비교적으로 도회지에 가까운 곳입니다. 우리들이 순회하는 곳은 농산어촌이 많아 프로그램은 오히려 둘째이고, 소리가 나는 밝은 것이 좋습니다. 중간에 끊기거나 하면 뭐가 뭔지 알 수 없게 됩니다. 기분에 호소한다는 듯한 사진은 전연 안 됩니다. 가고시마현의 어떤 곳에서 '우리들은 매일 고기를 잡는다. 이 고기가 어떻게 되어가는지 모르기 때문에 도회지 어시장의 사진을 보고 싶다'고 했습니다.

뉴스영화에 대한 요망

질문　뉴스에 대한 견해는 어떻습니까?

아야베　뉴스와 만화가 가장 받아들여지기 좋다고 해도 무방할 정도입니다. 신문 등을 통해 대체로 기초 개념이 있기 때문에 뉴스가 좋은 거죠.

하야시　뉴스는 기뻐합니다. 도회지의 일류관에서는 문화영화 프로만으로는 경영이 곤란하지만, 〈대동아전쟁집(大東亞戰爭集)〉만으로도 일단 순회영화의 역할을 다 할 수 있겠지요. 물론 이는 영사 목적에 따라 여러 가지로 다르지만.

질문　뉴스는 시간 차가 얼마나 납니까?

하야시　오래된 뉴스로는 곤란하니까 가능한 가까운 시점의 것을 조달하려고 하는데, 4, 5주째라는 것이 지금까지의 상태였습니다만, 이번에 니치에이(日映)와 새로운 제휴를 맺어 순회용의 새로운 뉴스가 대량으로 준비되게 되었습니다. 전시하의 뉴스영화는 특히 필수품이죠.

어떤 요소가 받아들여지는가?

다나카　〈동기어업(冬期漁業)〉에 얽힌 이야기인데, 우연히 야마가타현에 출장 갔을 때 그 고장 사람들이 '도쿄에서 일부러 찾아와서는 우리의 과거 생활을 촬영하고 간 것은 억울하기 짝이 없다. 우리는 장래 그러한 불편한 작업 상태를 폐기하고 연구해 나가고자 분발하고 있는데, 오래된 껍데기만 찍고 갔다. 문화영화의 목적이 그러한 것이라면 크게 실망이다' (웃음소리)

질문　〈이동경작반(移動耕作班)〉 같은 것은요?

다나카　그것은 대단히 반깁니다. 그러한 일을 부탁하려면 어디에 신청하면 되냐는 말을 들었습니다.

이시모토　대체로 어떤 것이 가장 환영받고 어떤 것이 안 되었습니까?

아야베　그 질문은 좀 어려운데요. 관객 사이에서 반향을 직접 들어야 하는데요.

다나카　〈김(海苔)〉을 산촌지역으로 가지고 가면 환영받을 줄 알았는데, 바다에 대한 개념이 없어서 이해를 못합니다. '뭐야'라고 합니다. 학교의 선생이 '물속의 찌꺼기로부터 …' 하며 설명하는데 어려웠다고 합니다. 이는 그다지 문화영화의 탓은 아니지만 우리로서는 좀 더 바다의 개념을 부여하면 좋았을 것이라고 생각합니다.

　　그리고 〈우뭇가사리(てんぐさ)〉를 군마현에서 영사하였는데, 아나운스만으로는 이해하지 못하는 것 같았습니다. 〈씨앗은 바람을 타고(種子は風に乗って)〉, 〈동물의 겨울나기(動物の冬越し)〉, 〈배추흰나비(もんしろ蝶)〉 등이 어디에 가도 무난했어요. 물론 학교 선생의 말을 들으면 단지 영사하는 것만이 아니라 한 걸음 더 전진했으면 한다고 해요. 무엇을 전진하자는 것인지 이해가 안 됩니다만……. (웃음소리)

질문　　극영화는 친근하지 않은 것이 좋고 문화영화는 친근한 것이 좋다는 말입니까?

다나카　　결국은 내용을 이해할 수 있는 것이 좋습니다.

질문　　〈농촌연극대(農村演劇隊)〉는 가져가본 적이 있습니까. 〈농민극장(農民劇場)〉은 어땠어요?

아야베　　그건 가져가본 적이 없습니다. 니치에이(日映)의 배급품으로 지장 있는 것은 아직 순영이 곤란해요.

질문　　회사와 마찰이 있는 건가요?

하야시　　마찰이라기보다 여러 가지로 영업 형편이 안 좋은 게 있는 거에요.

질문　　〈의사 없는 마을(醫者のいない村)〉은 의사가 없는 마을로 가져가면 좋은 거네요.

하야시　　반드시 그렇다는 건 아니겠죠. 그것은 지도자 계급을 계발하는 영화인데, 그것이 바로 농촌용이라는 말은 아닐 테니까요. 언제였던가. 〈쌀과 일본(米と日本)〉이라는 사진을 쌀농사를 하는 규슈 어느 마을에 가져갔더니, 촌장이 〈미국과 일본〉인 줄 알았다고 해요. 시국영화를 기대하고 있었는데, 쌀이 나와서 실망했다는 이야기가 있었습니다. (웃음소리)

이시모토　　〈흙에 산다(土に生きる)〉는요?

하야시　　그것은 그런 뜻에서 문제적이네요. 농촌에서 취재한 것과 농촌용이라는 것이 반드시 일치하지는 않아요. 요는, 제재를 다루는 방법, 포착하는 방법에 있는 것이겠죠.

아야뻬 그 영화는 별로 좋게 평가할 수 없는데요.

질문 작자의 의견으로는, 그것은 도호쿠 지방의 농업 형태이지만 간사이 지방으로 가져가면 환영받을 것이라고 했는데요.

아야뻬 그만큼 이해력을 가지고 봐주는 사람이 있으면 좋겠는데요.

질문 평판은 어떤 기회에 듣습니까?

아야뻬 현지에 가서 관객 사이로 들어갑니다. 그러면 좋다든가 나쁘다든가 하는 소리가 들립니다.

다나카 그리고 나중에 기계를 정리할 때 도우러 온 사람들 사이에 들어가서도 이야기를 듣습니다.

질문 그런 일을 해주는 사람은 마을에서도 상당히 지도적인 사람들이지요?

다나카 맞습니다.

하야시 그래서 약간의 과장이나 수식을 계산에 넣어야 하지만요.

질문 아까 쌀농사를 짓는 마을에 쌀과 관련된 영화는 안 된다는 말이 나왔습니다만, 쌀 영화라도 일본의 쌀 재배 기술을 향상시킬 듯한 계시라도 있다면 괜찮은 거죠? 결국 〈흙에 산다〉와 같이 현실을 그대로 찍은 것은 안 되겠지만 무언가 다음 형태를 암시하는 것이라면 괜찮은 것이지요?

하야시 맞습니다. 그러나 〈흙에 산다〉는 결과적으로 도회용도 농촌용도 아니고, 단순히 일부 도회 사람 내지 아키타현 지방 사람들을 대상으로 하는 영화가 되어서, 제작 의도와는 동떨어진 것 같습니다.

다나카 〈이동경작반(移動耕作班)〉을 본 마을사람들의 생각을 말하면, 어떤 방법으로 이동경작반을 파견하게 하고 답례는 어떤 식을 하면 될지가 긴요한 것이죠. 즉 방법론에 대해 대단히 진지합니다. 몹시 절실하기 때문에 어디에 신청하면 되는가라는 문제의식을 갖게 되곤 합니다.

하야시 〈라디오독본(ラジオ読本)〉이라는 방송국의 6권짜리 영화는 여러 장면의 단편들이 듬뿍 있어 반향 측정기로 안성맞춤인 사진입니다. 그중에 나오는 고우타(小唄, 일본 전통 노래 중의 하나)의 장면은 합창으로 시

작하기도 하고요. 씨름 커트는 대단히 반겼어요. 와세다 대 게이오 야구경기가 되면 전혀 안 됩니다. 이해 못하는 거죠.

질문 　농촌 사람들이 자신들의 생활을 보게 되었을 경우, 예를 들어 도호가 만든 〈주택개선(住宅改善)〉은 어떤가요?

아아베 　거기에 구원이 있으면 좋은 거죠.

하야시 　그것은 순회영사에는 좋은 사진입니다.

이시모토 　실제로 하면 얼마나 드는지라는 문제까지 나오면 좋은 거죠.

아아베 　맞습니다. 그리고 그것을 기사가 설명하게 해도 됩니다.

이시모토 　〈일본뉴스〉에 나오는 트랙터를 어디서 사면 좋은가라는 문의가 많이 있었어요.

다나카 　〈이동경작반〉을 어디에 신청하면 되느냐라고 질문을 받던 것과 똑같네요.

아아베 　등사기로 인쇄해서 조합에 비치하면 좋겠죠.

이시모토 　우리는 폐병의 사진을 만들고, 그 속에 보건소 초진료는 5전 정도로 싸니까 많이 가라고 하고 싶은데 후생성은 요금 문제 같은 것은 비천하다고 합니다. 그런 문제로 관리님들은 고생한 적이 없어서 이해하지 못하는 게 아닌지.

표현기술 문제

질문 　문화영화가 수용되는 것은 생활에 친근해서라는 점은 알았습니다만, 생활에 친근하다는 것은, 예컨대 그것을 우리들이 우리 나름으로 도회 인풍으로 표현하거나 해석하거나 할 텐데, 그런 것이 아니라 더욱 대단히 솔직하게 그린 것이 환영받는데요, 문화영화보다 사진이 환영받는다는 말이 됩니까.

아아베 　이해한다는 점에서는 그쪽이 좋습니다.

다나카 　〈공동작업〉은 해설의 속도가 빨라서 좀 곤란합니다. 그중 모 심는 방법이 여러 가지가 있고, 모 심는 방법이 왜 다른지가 영화에서 설명되고 있습니다. 〈병아리의 탄생〉도 알을 낳는다는 현상보다 알을 많이 낳게 하려면 어떻게 해야 되는지에 흥미를 갖고 있습니다. 그런 점을 그냥 지나쳐버리고 외견뿐이라서 진실로 익숙해지지 않습니다. 먼 데서 기차가 달리는 듯한 설명 방법이기 때문에 실망하고 맙니다.

질문　　현재와 같은 문화영화로는 어느 정도의 설득력밖에 지니지 못한다고 할 수 있는 거죠.

다나카　어떻게 해서 증산하느냐라는 게 문제입니다

질문　　그것을 해결하는 것이 이동사진반인 거죠.

다나카　그것을 해결하기 위해 제휴 단체에 여러 주문을 하고 지도영화(指導映畫)를 만들어 달라고 부탁하는데 좀처럼 해주지 않습니다.

이시모토　농촌용 문화영화라는 것은, 특히 농촌의 농민생활, 기술에 빛을 제공해 준다는 것이 가장 환영받는다는 결론이 되지 않습니까?

다나카　결국 그렇게 됩니다.

질문　　영화적인 기술을 무시하고 알기 쉽게 거침없이 서술하는 게 좋은 것 같죠?

이시모토　〈눈사태(雪崩)〉 작자의 영화는 굉장히 알기 쉽습니다. 멋 부리는 마음이 없고 단순한 테마로 보여주고 있잖아요. 그런 것이 좋은 게 아닙니까?

모씨　　광의의 교육영화이군요. 건설적인 것은 교육영화와 연관이 있으니까요.

이시모토　대단히 고도한 기술의 필요가 있어.

모씨　　잘 이해시키는 것이 기술이라고 생각해. 거꾸로 말하면.

모씨　　그래서 결국 가장 문제인 것은, 농촌용 영화를 만드는 것은, 우리들의 훈련된 눈으로 보아서 좋은지 아닌지라는 점에 있다고 봐. 어떤 의미에서는 퇴보이지만 하나의 커트마다 이해하기 쉽도록 고려해야 한다고 봐.

모씨　　우리가 흥아원(興亞院)의 수출영화를 만든 적이 있는데 ○○씨라는 감독이 와서 이동은 안 돼, 팬은 안 돼, 오버랩도 안 돼, 시간적·공간적 비약도 안 된다는 식으로 여러 조건을 열거해서 움직이는 일본을 만들었습니다. 그런데 자신이 시사를 보고 반으로 자르겠다고 분해 했어요. 그것을 그쪽은 '딱 좋아, 대단히 민중에게 잘 이해된다'라고 했어요. 그것은 지나 민중의 이야기며 일본 농민이 지나 민중 수준인지를 모르지만 지나 민중은 현재 일본의 도회인들이 보고 있는 것보다 배의 길이가 아니면 안 되는 겁니다.

질문 지방 사람들은 솔직히 사물을 받아들이는 거죠.

하야시 그래서 소홀히 반대 수법을 쓰면 크게 다칩니다.

질문 일반적으로 말해서 거꾸로 그러한 레벨로 놔두지 않고 문화에 대한 관심을 높여 나가야 한다는 것도 사실이죠.

하야시 다만 상영하는 곳이 아무래도 영화적으로 처녀지라서 급격히 비약한다는 것은 무리지요.

이시모토 문화영화의 대중화라는 것은 전부터 우리가 테마로 삼아 왔지만 상설관을 통해서만이 아니라 순회영사도 포함하지 않으면 국민과의 연결이 어렵다고 봐요. 결국 우리들의 기술 범위에서는 그것을 재미있게 보여주기보다 알기 쉽게 하는 것이 우선이 아닌가 합니다. 알기 쉽게 하지 않으면 아마도 재미있게 만드는 것도 불가능하다고 생각해요. 그것은 기술보다도 생활과 얼마나 연결되어 있느냐가 문제될 것이라고 생각합니다.

모씨 우리 도회인이 아무리 알기 쉽게라고 해도 도회적인 의미에서 알기 쉽게 할 수밖에 없다고 생각해요. 문화영화의 작자들은 도회인에게서 한 걸음 벗어난 데까지 가지 않으면 안 된다고 생각해요.

이시모토 알기 어려운지는 감독자 자신이 알 수 없다고 생각합니다. 대상을 잘 소화해서 해나가는 것이 왕왕 있지 않을까요.

문화영화의 아나운스 문제

질문 문화영화의 아나운스 문장이라든가 테크닉이라든가 하는 점에서 농촌과 관련된 것은 알기 어렵지 않습니까?

아야베 간단하게 해주었으면 해요. 영화를 처음 보는 사람들이 많으니까. 소리가 왜 나오는지도 모르는 정도이니까요.

이시모토 아나운스 문장을 난해한 문장으로 사용하는 사람은 그만큼 모르는 데가 많다고 봐요. 난해한 문장을 알기 쉽게 고쳐 쓰는 것은 이해하지 못하면 불가능하다고 생각해요.

모씨　우리는 절대로 문어체 아나운스를 쓰지 않기로 했어요. 그렇게 하다 보니 좀 맥이 빠진 것 같은 생각이 들지만요.

이시모토　그것은 반성하지 않으면 안 된다고 봅니다. 우리들은 다이쇼시대의 교양이라서 낡은지도 모르겠지만, 문장이라는 것을 적당히 알기 쉽게 쓰지 않으면 안 된다고 생각해요.

순회영사의 장래

질문　영사는 어떤 계기로 출장하게 됩니까?

아베　신청을 받는 형식인데, 그렇게 하면 부담 능력이 있는 곳만으로 한정될 우려가 있습니다. 실제로 가고 싶은 곳은 부담 능력이 없는 곳이라서요.

이시모토　지도적인 기관이 있고 익찬회라든가 무슨무슨 협회가 보다 유기적으로 연계를 가져야 합니다.

질문　순회영화는 신문사 쪽에서도 하고 있는데 그러한 횡적 연락은 어떻습니까?

아베　그것은 큰 문제인데, 이번 배급통제와 연관이 있습니다. 올바른 순회영사의 일원화가 요망되는 바입니다.

다나카　농회, 산업조합은 장년 계급이 많습니다. 그만큼 의문이나 불비도 많습니다. 결국 주최자의 지도성 여하로 관객층도 달라집니다.

모씨　농촌에서 부인, 아이들은 큰 문제라고 생각합니다. 조직되지 않은 부인, 아이들을 살려가는 것은 중요해요.

모씨　아메리카에서의 순회영사는 일본 것과는 목적이 다른 것 같네요.

모씨　러시아는 융성하지 않습니까?

모씨　농산어촌은 어디까지나 오락이 중심이 되고, 그중에 건설적인 것을 끼워넣어야 하지 않을까요.

모씨　순회영사가 완비되면 도회인을 문화영화로 지도하는 것보다 편해지죠.

모씨　아니, 오히려 어려울지도.

모씨　전문가의 지도를 받으면 주문만 많아지고, 농산어촌에서 요구하고 있는

	것과 다른 것이 되기 쉽습니다.
모씨	영사 전에 영화 설명을 하든가 해설서를 배포하든가 하는 방법이 있어도 되지 않을까요.
다나카	그런 설명을 하지 않아도 되는 문화영화가 있으면 합니다.
이시모토	최근의 영사회장의 분위기 말입니다. 무슨 국가의례 같은 것 합니까?
아아베	다 하고 있어요. 지난번에 아키타현의 국민학교에서 학생들이 소란을 피웠다며 교장선생이 목덜미를 잡아서 끌어냈습니다. 그만큼 엄숙한 것입니다. 그리고 홋카이도의 어떤 광산에서는 모두 나체입니다. 가장 마지막에 단상에 서서 도호영화 만세를 부릅니다. 그러나 그쪽 사람들로서는 그것이 진면목인 것입니다.
질문	영사기 고장 같은 것은 없습니까?
아아베	그것은 일어납니다. 그럴 때는 대체로 기사가 현장에서 처리합니다. 가장 곤란한 것은 전력 부족입니다. 미야케지마(三宅島) 등에서는 발전기를 가지고 가서 했습니다.
하야시	고장난 경우, 할 수 없이 영사기 한 대로 영사를 하고, 차가워지면 전혀 문제가 없습니다. 이상하다 싶더니 지금까지 영사는 모두 영사기 한 대로 했다는 이야기도 있습니다.
아아베	홋카이도 광산을 도는 트럭이 다리에서 떨어져 기사가 인사불성이 되거나 현지 사람이 사망하거나 한 일도 있습니다. 그리고 운반하는 데 기사가 몹시 고행을 합니다. 철도성이 규칙을 앞세우지만 좀 더 이해해주었으면 합니다. 전력부족으로 소리가 안 나올 경우 기사가 설명하기도 하는데, 로교쿠영화에서는 좀 애를 먹습니다. (웃음소리)

결론

질문	여러 이야기를 듣고 느낀 것인데 결국 지금까지 우리들이 만든 사진은 환영받았다고 해도 완전하지 않았던 것 같습니다. 농촌에서도 환영받고, 도회지에서도 환영받는, 두 가지를 만족시키는 사진을 만들 수 있

는가. 만약 만들 수 없다면 우리의 3분의 1이라도 반이라도 농촌용 사진을 만들 의무가 당연히 있다고 보는데, 이에 대해 적극적인 의견을 들었으면 합니다.

아야베   그것은 통제가 잘 되면 명백해진다고 생각합니다만, 결국 두 마리 토끼를 좇는 어리석음을 파하고 극영화든 문화영화든 농촌용 영화는 따로 있어야 합니다. 시골용 사진을 가지고 출장갈 수 있도록 하고 싶다. 이것이 우리들 요점입니다.

다나카   지난번에 우리 기사가 어떤 공장에서 듣고 온 이야기인데요. 거기서는 닭을 1만마리 키우고 있는데 고기는 고기, 털은 털로 잘 처리해서 낭비가 하나도 없다. 이러한 산업 방침을 영화로 선전하면 상당히 식량증산의 길로 통할 것이라고 합니다. 이는 문화영화면에서 다룰 수 있다고 생각합니다.

이시모토   여러 기획 문제는 심의회가 다루기로 되었지만 기획심의회가 어떻게 되어 가느냐라는 것이 우리들의 사명을 결정하게 될 것입니다. 실은 정보국에서 영화인연맹에 어떤 형식을 취하면 좋겠는가라는 이야기가 와서 해답은 대충 드렸는데 관민합동으로 기획심의회를 갖기로 되었습니다. 그것으로 제대로 된 도식을 완성하게 되니까, 그렇게 되면 여러분께 알려드리겠습니다. 요컨대, 관민일체가 되지 않으면 안 된다고 봅니다. 단지 오늘만이 아니라 앞으로는 아야베 씨 등이 지도하는 중에 세상이 변해가니까 그 변한 세상에 대한 주문이 나올 것이라 생각하니 앞으로도 잘 부탁드립니다.

「巡回映寫の實際' 檢討座談會」, 『文化映畵』 2(2), 1942.02.

'치고야 말리라' 주간과 이동영사운동

아사오 다다요시(浅尾忠義)

대동아전쟁하에 맞이하는 제38회 육군기념일을 기하여 육군성에서는 3월 4일부터 10일까지 '치고야 말리라(擊ちてし止まむ)' 주간을 개최하여 송구하게도 진무천황(神武天皇, 일본의 제1대 천황)의 대어심(大御心)을 봉체(奉體)하고 적 미영(米英)을 격멸하고 만다는 전의를 다시금 앙양하고 온 나라가 전쟁 완수에 매진하는 운동을 일으키게 된 것입니다.

영화 부문에서도 '치고야 말리라' 주간에 당사가 직접 참가하고 흥행과 이동영사 양면에서 활동할 것입니다. 그중에서도 보급부의 이동영사대는 전 기능을 들어 전국에 걸쳐 군수공장, 광산, 방공, 수송 관계자 등에게 우수영화를 제공하고 국토방위와 생산증강에 정신(挺身)하는 총후 전사에게 감사의 뜻을 표하고 위문과 격려를 주며, 그리하여 더욱더 전의를 앙양하고 총후의 수호를 다지는 운동을 실천한다는, 종래 볼 수 없었던 획기적인 사업을 담당할 것입니다.

원래 영화는 강대한 문화재임에도 불구하고 종래에는 흥행 부문에서만 이용되었고 도회에만 편재해 발달해왔기 때문에, 농산어촌 벽지 사람들이나 비록 도회에 있다고 해도 산업전사 등은 거의 이를 볼 기회도 없었던 것입니다. 이동영사대의 사명은 영화가 가진 가치를 최고도로 살려서 이러한 농산어촌 벽지나 광산, 공장 등의 사람들에게 영화를 통하여 건강한 위안과 문화의 광명을 가져다주고 내일의 활동 양식을 준다는 전시하 문화 운동의 중대한 역할을 다하고 있는 것입니다. 흡사 '치고야 말리라' 운동과 같은 사명으로 정신하고 있는 터이며, 이번 운동에 참가하는 데 전력을 다하여 사명을 완수해야 한다고 믿고 부름을 받드는 마음가짐으로 만전을 기하고 있는 바입니다.

그런데 주간 중에 이동영사대의 활동은 아래와 같은 계획으로 진행됩니다.

1. 주최·후원·협찬자

주최: 사단법인 영화배급사, 아사히신문사

후원: 육군성

협찬: 사단법인 일본영화사, 도호영화주식회사, 대일본영화제작주식회사, 쇼치쿠영화주식회사

2. 활동하는 이동영사대 수효 및 영사횟수

35밀리	55반	770회
16밀리	25반	350회
합계	80반	1,120회

16밀리반은 최근 당사에 통합된 일본이동문화협회가 담당한다.

3. 영사회 내용

다음 프로그램에 따름.

국민의례	
인사	
강연 '산업전사에게 보낸다' (육군성 보도부장 강연 기록영화)	
시사영화	1
문화영화 〈치고야 말리라〉	1
장편 극영화 또는 문화영화	1
이외 지방에 따라서는 육군에 강사 파견을 요청해 강연을 한다.	

4. 상영영화 종류 및 수효

〈육군항공전기(陸軍航空戰記)〉	38본
〈하늘의 신병(空の神兵)〉	10본
〈국기 대스모(國技大相撲)〉	10본
〈고향의 바람(ふるさとの風)〉	8본
〈개전 전야(開戰の前夜)〉	5본
〈말레이전기(マレー戰記)〉	4본
〈동양의 개가(東洋の凱歌)〉	4본
〈영국이 붕괴하는 날(英國崩るの日)〉	4본
〈날개의 개가(翼の凱歌)〉	2본
〈당신을 노리고 있다(あなた狙はれている)〉	2본
〈모자초(母子草)〉	2본
〈버마전기(ビルマ戰記)〉	1본
〈아편전쟁(阿片戰爭)〉	1본
〈치고야 말리라(擊ちてし止まむ)〉	80본
〈시사영화〉(138호 내지 142호)	80본
〈산업전사에게 보낸다(産業戰士に贈る)〉	80본

이들 프린트를 제작하기 위해 육군성에서 생필름 약 백만척을 특별 배급을 받았고, 각 제작회사로부터는 무상 인화의 협력을 받았습니다.

그리고 각 프린트에는 본 운동의 취지를 단적으로 명시하기 위해

치고야 말리라

제38회 육군기념일에 즈음하여
이 영화를 국토방위, 생산증강, 수송확보 등에 정신하는
총후전사에게 보낸다.

육군성

이라는 톱 타이틀이 들어있고 이를 각지의 사정, 영사 대상의 성격 등에 따라 배분하여 사용하는 것입니다.

5. 영사대상

육군 관계의 공장, 광산, 선박, 철도, 방공 등의 각 관계 단체, 군이 지시한 것, 그리고 보급부에서 조사 연구한 후에 중점적으로 선정한다.

6. 예상 관람자수

1회의 관람자는 2,000명 내지 300명 정도이며 평균 700명으로 하여, 1,120회 784,000명이라는 큰 숫자에 달합니다.

7. 선전방법

이 운동의 취지를 철저히 하려면 영사회에서는 포스터, 패 등을 이용하고 영사막 양쪽에는

> '치고야 말리라' 이동영사운동
>
> 사단법인 영화배급사 이동영사반

이라고 표시한 깃발을 사용한다.

아사히신문사는 사고(社告), 기사 등에 의해 선전한다. 또 각 영화잡지사의 협력으로 기자가 동행해 기사, 사진 등을 작성하여 잡지에 발표한다.

8. 반향조사

영사회마다 그 단체의 지도자 및 관람자에 대해 다음 항목에 관하여 조직적인 조사를 하여 장래의 이동영사운동에 참고가 되도록 제공한다.

> **영화이용에 관한 조사(지도자에 대해)**
>
> (イ) 어디에 중점을 두는가.
> (ロ) 이용 상황에 대하여
> (ハ) 어느 정도의 예산을 가지고 있는가.
> (ニ) 영사시설에 대해
> (ホ) 이번 순회영사가 거둔 효과에 대해
> (ヘ) 앞으로 순회영사에 대한 희망 또는 의견
>
> **영화에 관한 조사(관람자에 대해)**
>
> (イ) 영화는 어느 정도 좋아하는가.
> (ロ) 1년에 몇 번 정도 보는가.
> (ハ) 평상시 어디서 보는가.
> (ニ) 순회영사를 즐겁게 보는가.
> (ホ) 순회영사에서 어떤 영화를 보고 싶은가.

(ヘ) 다시 한 번 보고 싶은 영화

(ト) 이번에 본 영화에 대한 감상 또는 평상시 가지고 있는 영화에
대한 의견

9. 진발식(進發式)

이 의의 있는 운동을 개시하기 직전에 각 본사 지사마다 엄숙한 진발식을
행함.

10. 경비

경비는 모두 본사의 부담(진발식, 사고 등은 아사히신문)으로 하고 영사
회는 무료로 한다.

이상이 그 대요(大要)인데, 3월 10일로 주간(週間)이 종료한 후
에도 곧바로 이어서 '치고야 말리라' 이동영사운동이라고 호칭하여
이 운동은 속행되는 겁니다.

'치고야 말리라'가 주간이기 때문에 단순한 표어이어서는 안 되
고 귀중한 백만척이 남아 있는 한 이 정신의 완전 관철을 기하여
싸워내는 것입니다.

주간 중 예상관람자수는 전술한 대로 약 78만4천명이라는 많은
수에 이르는데 주간 후에는 다시 농산어촌 벽지로 운동을 확대하
고 조직적으로 선전하려는 것인데, 그동안 관람자는 더욱더 증대
해서,

예를 들어 프린트의 수명이 3천회라고 치면	
영사대수	80반
영사횟수	24,000회
열람자수(1회 500명)	12,000,000명

이라는 실로 방대한 사람들에 대해 영화를 통해 '치고야 말리라'의 정신을 강조하게 되고, 그 성과는 참으로 괄목할 만하여, 우리로서는 획기적인 직역봉공(職域奉公)을 이룰 수 있는 것입니다.

그러나 이와 같은 큰 사업을 완수하기 위해서는 단지 자재와 기회를 갖는 것만으로는 물론 불충분하고, 특히 이동영사대원은 항상 교통이 불편한 산간벽지를 영사기를 휴대하고 순회하면서 연일 영사를 하고 틈틈이 기재(器材)의 정비부터 연락, 보고 등 심야까지 활동하고 이튿날 아침에는 또 다른 곳으로 이동하는 격무에 묶여 있어야 하기 때문에, 이 사업을 수행하는 사람은 불요불굴의 정신력과 문화전사다운 높은 정열과 확고한 신념을 가지고 있어야 합니다. 이를 위해서 항상 심신의 단련이 필요하고 이번 운동의 준비로서 2월 3일부터 9일까지 1주간 연성도장에서 엄동설한의 눈비 속에서 피가 날 만큼 맹렬한 단련을 수행하였는데, 이를 이어 준비에 쫓기면서 매일 성실하게 격렬한 훈련을 하면서 운동을 개시할 때를 대기하고 있는 것입니다.

「'撃ちてし止まむ' 週間と移動映写運動」, 『映画配給社報』 第4号, 1943.03.15., 28~30頁.

'치고야 말리라' 주간 이동영사운동 종합경과
군관민 협력의 빛나는 성과

1. 실시까지의 경과

이동영사의 중요성에 대해서는 종래 누누이 조야(朝野)의 식자들 간에서 일단 문제로 되어 왔다. 그것도 아직 좁은 범위 내에서 논의된 것에 불과하고 결정적인 사회적 여론을 형성하는 데에도 이르지 못했다. 이동영사대도 소수의 신문사 및 흥행회사로 조직되었지만 이들은 유감스럽게도 자기 회사의 선전적 도구로서 이용된 것에 불과하고, 또 관청의 일부에 만들어진 것 중에는 모처럼 국민대중의 계발이라는 중요한 사명을 띠고 있었지만 여전히 문제가 되지 않을 만큼 소규모의 것이었다.

작년 4월 영배(映配, 사단법인 영화배급사)는 일부 흥행회사가 소유하는 이동영사대를 접수 통합하고 이를 보급부로 했지만, 이것도 겨우 수십반에 머무르는데다가 번선(番線)에서 제외된 누더기필름을 조금 보유한 데 지나지 않고, 겨우 잔치자리의 수용(需用)으로 충당된 것들에 불과했다. 게다가 영배의 성격상 그 시책이 흥행 중심일 수밖에 없어 그 때문에 이동상영지의 흥행장에서는 이미 상영이 끝난 영화가 아니면 이동영사에서 상영할 수 없고 또 현지 흥행자의 양해가 없으면 안되는 등등이 이동영사 활동에 극히 큰 장해로서 잠재하고 있었다. 이동영사지는 주로 농산어촌 또는 도회의 산업전사를 대상으로 한 관계상 본래 그들에게 가장 우수한 새로운 영화를 휴대 관람케 할 필요가 있음에도 불구하고, 사실은 완전히 그 반대로 내용적으로도 불량하고 상태가 가장 나쁜 것을 휴대 상영한다는 우려할 만한 현상이었다.

그 때문에 보급부의 이동영사대는 지방을 도는 순회업자보다 더 나쁘다는 소문까지 생겨서, 처음에는 그 아름다운 취지에 끌려서 한 번 의뢰상영한 자도 과연 요금은 싸지만 반드시 우수한 것만은 아님을 인식하게 되어 다시 출장영사를 요청하는 것도 차츰 감소하기에 이르렀다. 이러한 때 소중히 육성해온 다수의 기사 및 직원이 남방으로 파견되기에 이르러 보급부의 업무도 일시 중단상태에 빠졌다. 그 뒤를 이은 잔류부대는 사람 및 기재의 부족과 싸우면서 어떻게든 보급부의 재건을 급속히 실현해야만 했다. 영사대원의 고용, 도구의 정비 등은 서서히 진보하기는 했지만, 가장 중요한 필름에서는 보급부 앞으로 할당이 전혀 없기 때문에 어떻게든 하기가 어려웠다. 공공봉사라는 사명은 대단히 중요하다. 이것만을 자랑으로 삼아 영사대원은 몇몇 곤란을 무릅쓰고 벽촌으로 나가는 것인데, 비가 내리고 수십 번이나 끊기는 듯한 필름에 대한 관람자의 유성무성의 비난에 직면해서는 구멍에라도 들어가고 싶은 마음으로 근심하면서 돌아가는 것이었다. 적어도 영배의 이동영사가 이래도 괜찮은가? 이와 같은 질책을 우리는 왕왕 현지의 지도자한테서 들었다. 마침 이런 때에 육군보도부로부터 이야기가 왔던 것이다. 우리들은 겨우 이동영사대가 본격적인 일을 할 수 있게 되었다며 모두가 기뻐하고 분발했다. 물론 어떤 형태로든 우리가 이 이동영사로 직접 국가를 위해 이바지하게 된 데 이론은 없다. 그러나 이런 방대한 일은 그때의 보급부의 실력으로는 도저히 하기 어려웠다. 기꺼이 이 일을 맡기는 했으나 어떻게 하면 이를 완수하느냐라는 데서 우리는 갑자기 벽에 부딪쳤다. 첫째, 여기에 필요한 필름의 재고가 하나도 없다. 둘째, 영사기사가 모자라다. 셋째, 영사기계가 충분치 않다. 그러나 첫째 필름에 관해서는 군의 특별한 배려로 보급부 전용으로 갖고 싶을 만큼의 수량을 배급해준다고 한다. 이는 우리 보급부에는 대단한 요행이다. 지금까지 사방팔방에 탄원하여도 받지 못하던 필름을 갖고 싶은 만큼 얼마든지 준다는 것은 몹시 고마운 일이다. 필름만 손에 넣을 수 있으면 남은 둘째 셋째 문제는 저절로 해결된다. 그렇다면, 하고 모두 분발해서 극도의 긴장 속에 그 준비에 착수하였다.

2월이 되었다. 육군기념일은 불과 한 달여 앞으로 다가왔다. 이동영사의 경우, 직접 지방 정촌의 민중과 접촉하는 기회가 가장 많은 사람은 영사대원이다. 그들이 그 태도에 활발함을 결여하고 엄격함을 결여하기 때문에 민중에게 악영향을 주는 일이 있어서는 안 된다. 특히 이 '치고야 말리라' 이동영사운동의 경우는 신중을 기해야만 한다는 원칙에서, 2월 3일부터 10일에 걸치는 1주일 동안 고가네이(小金井)에서 영사대원의 연성을 수행하였다. 여기에는 상사는 태평하게 구경만 하고 부하들만이 연성을 한다는 차별적인 태도가 아니라 한 사람의 예외도 없이 모두가 참여하였다. 대체로 예상 밖의 좋은 성적을 올렸다고 믿는다. 마지막 날인 9일, 고가네이로부터 다마묘지까지 15킬로를 의총(擬銃)을 어깨에 걸고 잠시의 휴게도 없이 달리기로 왕복했을 때에도 한 사람의 낙오자도 없었던 것은 실로 상하일체가 된 단결력에 의한 것이었다. 우리는 이 달리기로 인해, 하려고 생각하면 무엇이든 할 수 있다는 굳건한 확신을 얻었다. 이 확신은 이후의 활동 전체를 관통하고 우리의 마음의 지주가 되었다.

이 연성은 물론 육체적인 훈련으로만 끝난 것이 아니라 동시에 정신적 도야도 중요한 과제였다. 우리는 국체가 만방무비(萬邦無比)한 까닭도 들었고 새로운 일본적 문화의 건설론도 들었다. 그리하여 또 이 연성을 통해서 이동영사대가 시국하의 극히 중요한 임무를 띠고 있음을 몸으로 체득하고 각자의 마음에서 자각과 책임이 강고해진 것은 특히 중요하다. 이전에는 장난치거나 싸우거나 해서 자칫 방종으로 흘러들던 영사대원은 연성 후에는 다른 사람 같이 태도도 엄정해지고 규율도 잘 지키게 되었다.

특히 우리들이 그 후에도 또한 연성의 고삐를 늦추지 말고 영사대원에게 요청한 것은 소위 완전 영사라는 것이었다. 즉 최선의 노력을 다하고 영사를 아무 사고도 없이 완료한다는 것이다. 이를 위해서는 영사대원은 영사 중 긴장은 물론이지만 더욱이 평상시의 기계 정비, 시운전 등과 필름 점검에도 만전을 기해야 한다. 3월도 가까워진 무렵에 영사대원은 각지의 기계를 들고 나와 한창 테스트를 했다. 이 때문에 보급부의 신카와(新川)분실에서는 스피커의 커다란 소리가 끊임없이 사방의 사람들의 귀에 울렸다.

연일 잔업이 계속되었다. 누구나 과로와 수면 부족으로 몸을 가눌 수가 없었다. 각 지사 보급과로부터 연락 전화가 빈번하다. 출장소 주임들의 출입이 많아진다. 뭔가 전장에 나가려고 하는 때처럼 절박한 공기로 가득하다. 이리하여 만반의 준비는 완료되었다.

3월 2일에 이제 진발식이 구단(九段)의 군인회관에서 열린다. 우리들은 제복을 입고 사기를 선두로 우선 궁성 앞에 앉아 머리를 땅에 대고 성수(聖壽)의 만세를 외친 다음에 호국의 영령이 잠들어 있는 야스쿠니신사를 참배하고, 만난을 무릅쓰고 목적을 관철할 것을 맹세하였다. 아주 엄숙한 가운데 진발식은 진행되고, 니시야마(西山) 소좌한테서 격려의 말을 듣고 용약 장도에 오른 것이다.

2. 실시상황

(イ) 영사횟수 및 관람자수

표(1) 제1차 영사횟수 및 관람자수

	영사횟수	관람자수	공장		광산		수송 관계		방공 관계		산업 단체		정촌		기타 공공단체	
			횟수	관람자수	횟수	관람자수	횟수	관람자수	횟수	관람자수	횟수	관람자수	횟수	관람자수	횟수	관람자수
본사	430	338,910	258	203,140	49	40,200	6	2,800	63	43,570	8	6,400	36	32,700	10	10,100
간사이 지사	235	160,950	199	242,030	14	5,820	8	3,350	3	1,600	8	5,350	2	2,000	1	800
중부 지사	122	100,910	112	91,710	1	800	4	4,000	4	2,600	1	1,800				
규슈 지사	195	147,770	94	61,170	83	74,900	5	4,300	13	7,400						
홋카이도 지사	83	56,880	35	19,280	43	34,600	3	1,500	1	1,000	1	500				
합계	1,065	805,420	698	517,330	190	156,320	26	15,950	84	56,170	18	14,050	38	34,700	11	10,900

표(2) 제2차 영사횟수 및 관람자수

	영사횟수	관람자수	공장		광산		수송 관계		방공 관계		산업 단체		정촌		기타 공공단체	
			횟수	관람자수	횟수	관람자수	횟수	관람자수	횟수	관람자수	횟수	관람자수	횟수	관람자수	횟수	관람자수
본사	282	194,630	26	63,550	26	16,660	5	2,020	17	9,950	15	2,250	56	53,780	47	37,300
간사이 지사	230	134,640	158	83,440	16	8,250	4	1,650	36	31,000	11	6,050	2	1,450	2	2,800
중부 지사	80	55,780	68	46,680	7	5,100			2	2,100					3	1,900
규슈 지사	199	137,823	63	40,100	33	27,600	18	12,750	79	53,823					6	3,550
홋카이도 지사	52	30,243	12	3,863	24	15,930	12	6,950	1	1,200	3	2,300				
합계	843	553,116	417	237,633	106	730,480	39	23,370	135	98,073	29	19,600	58	55,230	58	45,550

1. 제1차 ('치고야 말리라' 주간·3월 4일부터 동월 10일까지) 각 도부현별 세부 성적표는 별표(1)과 같다.

2. 제2차 주간으로 이어 수행한 제2차 이동영사운동은 각 지사 상황에 따라 그 기일은 다소의 변동이 있었다.

본사	3월 11일부터 3월 27일 사이
간사이 지사	3월 11일부터 3월 20일 사이

중부(中部) 지사　　　　　　　　3월 13일부터 3월 31일 사이

규슈 지사　　　　　　　　　　3월 11일부터 3월 20일 사이

홋카이도 지사　　　　　　　　3월 16일부터 3월 30일 사이

영사횟수 및 관람자수는 별표(2)와 같다.

3. 본사 지사 둘 다 완료 직후가 되면 정확한 숫자는 미상이지만 예정 영사
횟수 및 예상 관람자수는 별표(3)와 같다.

표(3) 예정 영사횟수 및 관람자수

	기 간	예정 횟수	예상 관람자수
본사	4월 1일부터 4월 15일까지	130	104,000
간사이 지사	3월 21일부터 3월 31일까지	155	124,000
규슈 지사	3월 21일부터 3월 31일까지	169	135,200
홋카이도 지사	4월 15일부터 5월 10일까지	28	15,200
합계		482	378,400

4. 제1차부터 제3차까지의 종합성적

영사횟수 2,390회

관람자수 1,736,756명

(ㅁ) 강연 수

본 운동에 즈음하여 지방 군관청 등이 강연자를 파견하여

○ '치고야 말리라'의 취지에 대하여

○ 대동아전쟁의 의의 및 현황에 대해

○ 육군기념일에 대해

○ 전의앙양

○ 방공에 관하여

○ 생산증강

등에 관한 귀중한 강연을 해주셔서 한층 의의 있는 모임이 될 수 있었
다. 강연자 및 회장 수를 아래에 기재한다.

군부 파견 강연자 일람

현명(縣名)	인원(人員)	회장(會場)	현명	인원	회장	현명	인원	회장
치바	3	4	후쿠시마	1	2	아오모리	2	7
교토	3	7	나라	6	7	시가	2	7
오카야마	5	7	야마구치	7	15	돗토리	1	7
시마네	2	4	도쿠시마	3	9	고치	3	3
에히메	1	7	가가와	6	7	미에	4	9
아이치	1	2	후쿠이	1	1	홋카이도	11	68

합계: 인원 62, 회장 173

3. 현지 측 감상

본 운동은 대체로 감격을 받았다. 현지 개최자 측의 감상문에서 두세 글
을 발췌 게재하여 참고로 제공한다.

○○○현 모 광산

　이번 영화는 특히 ○○○현 출신 부대의 혁혁한 전과에 더하여 대
동아전쟁의 전첩에 대한 충용한 장병의 노고를 생각하고자 큰 기대를
품고 개회 전부터 수백 명이 몰려들어와, 개회하자 장내가 마치 전장
그 자체와 같이 고요해져서 열심히 화면을 들여다보고 종료해도 곧
자리를 떠나지 않는 모양이었다. 이러한 일은 도회 생활자는 예외로
하고 이 지방처럼 한촌 생활자에게는 어떻게든 큰 양식이 되었을 것
이다. 더욱더 일억일심 총후 완벽의 책무가 중대함을 새롭게 한 바이
다. 영사대원의 진지한 영사 및 영화배급사를 비롯해 군 당국에 심심
한 사의를 표하는 바다. (3월 7일)

아사노(淺野)시멘트주식회사 이토자키(糸崎)공장

이번 순회영사회는 종업원의 시국 인식을 한층 더 심화시키고 직장에서 전장 의식을 발향시키는 효과를 초래할 것으로 확신하고 후의에 대해 만강의 감사를 드리는 바이다. 영화 중 〈산업전사에게 보낸다〉같은 것은 매우 적절했고, 이 영화에 삽입된 야하기(谷萩) 대좌의 강연 중 한 구절 "대동아전쟁을 이겨내기 위한 길은 딱 하나만 있을 뿐이다. 그것은 제군의 생산력 증강에 있다"는 큰 음성이 종업원의 귀에 따갑게 울려 분연히 하고 '치고야 말리라'라는 굳건한 결의를 재촉하는 데 주의하였다. 〈말레이전기〉에 이르러서는 밀림 전투에서의 황군 장병의 신고(辛苦)에 시종 눈물을 머금었는데도 마지막 야마시타(山下), 바시발 두 장군 회견의 장면 같은 것은 실로 통쾌하기 짝이 없다. 이 영화는 적의 탄환이 비처럼 날리는 중 촬영반원의 결사적인 고심도 헤아리며 그저 감사할 수밖에 없으나, 다만 사진이 선명치 못한 것은 대단히 유감스러운 생각이 들었다.

다카마쓰(高松)시 구라시키방직(倉敷紡織) 다가마쓰(高松)공장

결전하 제2회의 육군기념일을 맞이하여 거국 '치고야 말리라' 운동을 위해 당국이 방대한 생필름을 공출하여 제작한 영화 〈치고야 말리라〉는 어제 11일 오후 6시부터 당 공장 기숙사에서 사단법인 영화배급사 및 아사히신문사 공동 주최 하에 개최되었다.

결전하, 이겨서 번영할지 패하여 망할지의 기로에 선 우리 국민이 가지고 있는 모든 것을 바쳐 전지전능을 발휘하도록 오늘날 특히 공장 산업인이 전 능력을 발휘하고 생산 확충 능률 증진에 정진하기 위해서는 눈에서 귀에서 시국인식을 심화하는 자료를 받아들여 한층 더 그 결의를 굳혀야 한다. 이런 때에 '치고야 말리라'의 기백이 남김없이 표현된 이 영화를 보게 되어서 종업원 일동이 "감분흥기(感奮興起)하자, 맡은 자리에서 환호의 날까지"의 결의를 굳혔다.

4. 감사장

 본 운동은 개최자 측으로부터 주최자, 후원자 등에 대해 대단한 감사를 받았다. 지금 당사 앞으로 온 감사장에서 두세 편을 전재한다.

쇼와 18[1943]년 3월 13일
사단법인 영화배급사 보급부 앞
미쓰비스광업주식회사 ○○광업소
'치고야 말리라' 영사회에 관한 건

 근계 첫봄인데 건강하시고 하시는 일이 번영하심을 삼가 축하드립니다. 그런데 지난번에 당 광업소에서 귀사 및 아사히신문사 공동 주최 하에 '치고야 말리라' 영사회가 개최된 것에 참으로 깊이 감사드립니다. 덕분에 종업원 일동이 다대한 감명을 받아 적을 격멸하고 말겠다는 감개는 더욱더 치열해졌으며, 우리 또한 산동(産銅) 전선에서 적과 싸우고 있다는 총후 산업전사로서의 자각을 재촉하는 바가 심대하여 소기의 목적을 달성한 것에 감사해 마지않는 바입니다. 아무래도 당지는 문화적 은혜를 접할 기회가 극히 적어 시국 하 증산의 필요가 한층 긴절해지고 있지만, 위락의 최대 유일한 기관이라고 할 수 있는 영화에서 최근 배급 루트가 규정되고 상영은 거의 전무한 상태라, 밤낮 부지런히 지하 작업에 분투하는 종업원을 생각할 때 일종의 초조함까지 느껴집니다. 사정을 잘 현찰하시고 앞으로도 부디 한층 더 편의를 꾀해주시기를 바랍니다. 답례드릴 겸 이를 잘 부탁드리고 귀사의 생각을 듣고 싶습니다.

쇼와 18[1943]년 3월 11일
이와테현 ○○광업소 산업보국회
영화배급사 보급부 앞

  근계. 첫봄이 되어 더욱더 건강하시고 번영하기를 축하드립니다.
  그런데 이번 3월 9일 귀사 주최로 '치고야 말리라' 이동영사 위문대
를 우리 광산 산업인의 위문을 위해 먼 길인 데다 한기가 아직 혹독한
데도 불구하고 일부러 파견해주셔서 고맙고 감사의 말씀을 드립니다.
아무래도 당 광산은 해발 ○○○미터의 고지에 위치한 완전한 산간벽
지라 이 같은 영화는 항상 소원하고 있으면서도 기회가 전혀 없었는
데, 마침 이번과 같이 전의앙양의 일조가 될 영화를 파견해주셔서 대
단한 호평과 감격 속에 산업인으로서의 사명을 더욱더 두텁게 할 수
있었습니다. 적의 반격의 외침이 높은 와중에 더욱더 기여하시기를
부탁드립니다.(이하 생략)

쇼와 18[1943]년 3월 9일
후쿠시마현 일본제련주식회사
고리야마(郡山)공장장 야마구치 도시히로(山口敏博)
사단법인 영화배급사 보급부 앞

  근계. 앞부분 생략
  그 감격의 장면에 우리들 산업인이 어떻게든 떨쳐 일어나야 한다.
어떠한 고난도 돌파하고 제1선 장병의 마음을 자신의 마음으로 삼고
증산에 매진하도록 각오를 한층 더 새롭게 하였습니다.
  능위(稜威)하에 전원이 하나가 되어 폭악하기 짝이 없는 귀축(鬼
畜)과 같은 미영(米英) 격멸의 신념을 견지하고 직분에 봉공할 진심을
다하여 이번 광영에 보답할 결심입니다.

5. 영사대원 보고서

영화 실시에 종사하는 대원이 일보로 쓴 것들 중에서 두세 편을 옮긴다.

(イ) 영사보고

3월 9일○○대원
아오모리현 ○○방공삼시초

　○○역에서 상하로 요동하는 4.5리의 눈길을 마을에서 보내준 말이
끄는 썰매로 타고 간다. 위아래로 요동이 너무 큰 나머지 우리 둘이서
영사기를 안고 갔다. 중간에 눈보라를 만나 손발이 얼 것 같이 되어
서, 5시 경 회장인 국민학교 분교장에 도착한다. 벌써 관람자는 조금
씩 모여들고 있다. 곧바로 설치한다. 여기는 이제까지 영사회를 한 적
이 한 번도 없다. (후략)

(ロ) 영사보고

3월 12일 ○○대원

　미에현 아사히촌 ○○공장
　영화 내용에 감격해, 오늘의 영사회를 계기로 230억을 목표로 공원
한 사람당 50전씩 저축하기를 노무과장의 발의로 결정하고 곧바로 규
정이 완성된, 실로 의의 있는 영사회였다.

(ハ) 영사보고

○○대원

　영화프로그램

　1. 〈일본뉴스〉 1권

　1. 〈보도부장 강연영화〉 1권

　1. 〈치고야 말리라〉 3권

　1. 〈육군항공전기(陸軍航空戰記)〉 10권

3월 5일, 하루 6회 영사

　이틀에 걸쳐 도합 8회 상영하는 '치고야 말리라' 주간에 관해 당지의 기대도 커서 영사를 담당하는 자도 필사적이었다. 영사기가 망가질지 영사담당자가 쓰러질지 어디까지든 어느 쪽이 항복하는지. 그때까지 영사를 계속해서 끝까지 힘을 내자.

　그리고 드디어 영사회는 끝났다. 생각대로 반향 또한 대단한 것이었다.

---

6. 직원 시찰 보고

　(イ) 개최자에 대한 본 운동이 취지 철저의 정도

　본 운동의 취지는 대체로 잘 철저히 이해되고 있다. 심심의 찬의(贊意)로 환영받았다. 단지 그 가운데는 좋지 않는 것도 상당히 많았다. 도시에서는 철저하지 못한 곳이 특히 많이 보였다.

　(1) 도쿄시에서, 무료 통지를 받았기 때문에 개최했다는 말을 들었다.

　(2) 본 행사를 무료 봉사로 이해하고 '귀사는 본 이동영사에 즈음해 정부로부터 막대한 비용을 받고 있는 거지?'와 같은 질문을 하는 자가 상당히 있었다.

(3) '치고야 말리라'의 뜻을 이해하지 못하는 개최자가 있어서, 공장 안에 본 표어 표시 게재도 없고 육군기념일에 무관심한 듯한 공장이 있었다.

(4) 본 공장은 군수공장이기 때문에 군 기타로부터 무료로 이동영사대를 파견 하는 것은 당연하다는 말을 들었다.

(5) 아사히신문 지방판의 게재가 많고 적음에 따라 취지의 철저 불철저가 있 었다. 이러한 국가적 행사에 대한 신문 선전 방법은 일고를 요한다.

　(ㅁ) 영화에 대한 반향

(1) 새로운 영화를 제공해주어서 대단히 감사하다는 말을 들었다. 그러나 일 반적으로 공장, 광산에는 전기물이 인기가 있던 모양이지만 농촌에서는 그 선정에 약간 융통성이 없었던 것 같다.

(2) 가장 많이 영사한 〈육군항공전기〉는 일반적으로 여공원에게는 인기가 없 고, 중간에 퇴장하는 자를 보는 경우가 대단히 많았다. 특히 모 공장에서 는 ○백여 명의 입장자 중 종료 시에 겨우 36명만 남은 회장도 있었다.

(3) 보도부장 강연 〈산업전사에게 고한다〉는 연출 상 관중을 실소케 하는 부 분이 있었다. 촬영 기술에 일고를 요한다.

(4) 일반적으로 재미있는 극영화를 바라고 있었다.

　(ㅅ) 영사회 개최 방법에 대해

(1) 국민의례는 전반적으로 잘 이루어져 있지만 사회자의 태도, 호령을 잘하 고 못함에 따라 엄숙함이 결여된 것도 있었다.

(2) 강연을 덧붙인 회장은 상당수 있었으나 그 강연이 너무 장시간(1시간 이 상)이거나 요령부득한 것이어서 오히려 영사회가 소기의 목적을 달성하지 못한 것이 있었음은 일고를 요한다.

(3) 개최자 측에서 영사회의 취지를 관람자에게 철저하게 하지 않을 뿐더러 회장에 모습을 나타내지도 않아서 영화대원만으로 사회를 본 회장도 있었 다. 이와 같은 회장에서는 영사 중의 관람 태도, 영사 후의 뒤처리 등 실 로 유감스런 점이 있었다.

(ニ) 관람 태도

(1) 현지 측에서 개시 시간을 엄수하지 않은 데도 상당히 있다.

(2) 관람 태도가 나쁜 것은 지도자의 지도 여하에 따라 좌우되는 것인데, 전 회장 중 약 절반은 유감스럽다. 이런 회장에서는 중간 퇴장자가 대단히 많았다.

(3) 특히 눈에 띤 점은 영사 종료 후의 관람 태도인데 사용한 의자, 긴 의자 기타의 정비 정돈, 퇴장 방법 등에 유감스러운 것이 많았다.

(4) 예정 프로그램 이외에 현지 측에서 소유하거나 차입한 영화의 상영을 강요당한 곳이 있었다.

(5) 영화 중 흡연을 하거나 모자를 벗지 않은 자가 많아 대원이 이에 대해 주의를 주었다.

(ホ) 기계 및 영화에 대해

(1) 영사기계는 35밀리, 16밀리를 사용하는데, 운반, 조작, 인원 등에서는 16밀리가 뛰어나고 영사 효과와 발성 효과에서는 36밀리가 뛰어나다.

(2) 상영영화 전반에 걸쳐 복사 기술이 나쁜데, 특히 16밀리가 그렇다. 앞으로 이동영화 사용 프린트 인화에는 일고를 요한다. 가장 정도가 나쁜 영화는 〈고향의 바람(ふるさとの風)〉.

(ヘ) 회장 설비

(1) 대체로 양호하지만, 주간 영화의 설비는 대부분 불량하다.

(2) 도호쿠 방면에서는 회장 안에 난방 설비가 없고, 있다고 해도 환기에 대해 충분한 고려를 기울이지 않는 회장이 보인다.

(3) 35밀리 영사를 허가하지 않는 회장(학교 등)이 있었기 때문에 급히 변경해야 하는 곳이 있었다.

7. 선전에 대하여

1. 제작물에 대하여

(A) 깃발 126개, 2종류: 1반당 각각 한 개씩(도합 2개)을 휴대하게 하고 스크린 오른쪽에 〈'치고야 말리라' 이동영사운동〉을, 왼쪽에 〈사단법인 영화배급사 이동영사반〉을 게시하도록 했다.

(B) 영사대 포스터 5,000매: 각 영사 단체에 2매씩 사용 방법, 설명서를 첨부한 후에 우송하였다.

(C) 육군기념일 기장(楯) 1,000매: 수량이 부족해서 중점적으로 배포.

(D) 육군성 제작 포스터 40매: 수량이 부족해서 중점적으로 배포. 다만 (B), (C), (D)의 포스터 및 기장은 계원이 시찰할 때에는 별로 눈에 띄지 않았다는 보고가 있었지만, 영사대원 보고에서는 효과가 좋게 사용하고 있었다고 한다. 그러나 어찌되었든 수량 부족인 듯하다.

(E) 완장 250매: 각 영사대원에게 1매씩 착용하도록 하였다.

2. 잡지 선전

(A) 사전에 취지의 보급과 철저한 이해를 기하여 업계잡지의 협력을 구한다는 기사를 게재하였다.

『영화순보』 '치고야 말리라' 영화 주간(부장 원고)

『일본영화』 '치고야 말리라' 이동영사운동

『사보』 '치고야 말리라' 이동영사운동

(B) 업계 잡지 기타 유력 잡지가 이동영사에 수행 시찰하여 각 보고서를 자기 잡지에 게재하도록 함.

잡지명	지방명	관찰목표
映畵旬報	후쿠시마 현	농촌, 광산, 방공 관계 전반
映畵之友	군마 현	농촌 관계 및 광산
映畵評論	도치기 현	산림, 광산 및 방공 관계
映畵技術	니가타 현	포터블 영사기술에 대하여
靑年	이와테 현	청소년 관계
日本映畵	이와테 현	광산, 농촌 관계
報道寫眞	나가노 현	이동영사대의 촬영

8. 조사표

현지 관람자에게 100통, 지도자 앞으로 1통을 배포하여 회답을 구했다.
목하 업무부에서 정리 중.

결론

이상의 보고를 통해, 본 운동은 대체로 완전히 그 사명을 수행하고 소기
의 목적을 달성하였다고 믿을 수 있다. 이는 첫째로 본 운동에 협력해준 육
군 보도부, 아사히신문사 및 각 협찬자의 덕분이다. 특히 본 운동에 사용하
는 생필름을 다량 배급해준 육군의 호의에는 아무리 감사해도 남음이 있다.
또 당사 이사를 비롯해 관계 각 부장 및 간토 지사 분들의 노고도 보통이
아니었다. 여기에 심심한 사의를 표한다.

그리고 본 운동에 종사한 보급부 및 일본이동문화협회의 영사대원의 정
신적(挺身的) 활동은 실로 눈물겨운 것이었다. 그 태도는 대체로 양호하고
큰 사고가 없었던 것도 참으로 다행이었다. 우리들은 문화의 첨병으로서 이
들 영사대원의 헌신적 노고를 잊어서는 안 된다.

일본 전국 1만3천정촌 가운데 영화상설관이 있는 정촌은 겨우 2천에 불과
하고, 나머지 1만1천 정촌이라는 광활한 지역에 영화의 상영시설이 전혀 없
는 것이다. 영화의 참되고 철저한 보급은 앞으로의 개발을 기다리는 바가
크다. 이에 직접 관여하는 것이 바로 이동영사대이기 때문에 그 임무는 중
차대하다. 보급부의 이동영사대도 이 '치고야 말리라' 이동영사운동을 수행
함으로써 다소간 인재 및 기재에 정비된 바가 있다 하더라도 아직 일본 전
국에서 고작 80반밖에 없다. 이래서는 도저히 방대한 지방 정촌에 비해 새
발의 피에 불과하다. 앞으로 계속 이동영사대가 아무리 확대 강화된다고 해
도 결코 충분하다고 할 수 없는 것이다. 많은 분의 한층 더한 협력 편달을
바라는 까닭이다.

영화가 국가목적에 따라 이렇게까지 적극적으로 협력한 것은 지금껏 없었던 일이다. 게다가 그 주된 구체적 업무에는 이동영사대가 그 모든 능력을 들여 종사했다는 것은 실로 획기적인 일이다. 시국이 긴박하면 할수록 이러한 운동을 수행해야 한다고 믿는다. 이번에는 그 최초의 시도라고 할 것이다. 그만큼 그 성과는 여러 가지 점에서 문제가 될 만한 것도 많이 포함한다. 우리들도 실로 필사적인 각오로 이에 종사하였다. 이러한 우리들의 고충이 조금이나마 알려진다면 그것으로 납득해야 한다고 봐야 할 것이다.

〈본사보급부〉

제1차 종합 성적			제2차 종합 성적		
본사	현(縣) 수	17	본사	현(縣) 수	16
	영사횟수	430		영사횟수	282
	관람자수	338,910		관람자수	194,630
간사이 지사	현 수	15	간사이 지사	현 수	15
	영사횟수	235		영사횟수	230
	관람자수	160,950		관람자수	134,640
중부 지사	현 수	6	중부 지사	현 수	5
	영사횟수	122		영사횟수	80
	관람자수	100,910		관람자수	55,780
규슈 지사	현 수	7	규슈 지사	현 수	8
	영사횟수	195		영사횟수	199
	관람자수	147,770		관람자수	137,823
홋카이도 지사	영사횟수	83	홋카이도 지사	영사횟수	52
	관람자수	56,880		관람자수	30,243
합계	영사횟수	1,065	합계	영사횟수	843
	관람자수	805,420		관람자수	553,116

「'撃ちてし止まむ' 週間移動映写運動綜合経過報告: 軍官民協力の輝かしい成果(上)」, 『映画配給社報』第9号, 1943.06.01.
「'撃ちてし止まむ' 週間移動映写運動綜合経過報告(中)」, 『映画配給社報』第10号, 1943. 06.15.
「'撃ちてし止まむ' 週間移動映写運動綜合経過報告(完)」, 『映画配給社報』第11号, 1943. 07.01.

순회영화 소감

스다 시즈오(須田静夫)

지난번에 총독부 정보과의 호의로 나는 문화면에서 황해도 일부 농촌을 볼 기회에 접하였는데, 최근의 반도 농촌이 변화하는 모습에 놀랐다. 농민은 누구나 긍지를 가지고 증산에 힘을 쏟는다는 것이었다.

모 군수와 이야기를 나누었을 때 농번기의 상태에 대해 물어본 적이 있었다. 그때 군수가 말하기를 '농번기 따위는 없다. 매일이 농번기다. 1년 내내 농번기다. 예전에는 농번기라 해서 특별히 일하는 보수로 지주가 점심 향응을 제공하곤 했는데 현재는 그것도 온 군내에서 그만두었다.'라는 말을 들었는데 내가 아는 범위(10년 전)의 기억하고 너무 달라져 감개무량한 마음이 들었다. 점심 향응은 농민들의 유일한 즐거움이며 조선 전도에서 이루어진 극히 일상적 관습인데, 과식의 폐해, 식량 절약과 같은 견지에서 단연코 폐지시킨 지도자도 그러하거니와 이 규약을 굳게 지키는 농민들의 마음가짐에는 더욱더 경복한다.

이렇게 매일을 농번기로 쉴 틈도 없이 증산에 힘을 쏟는 농민들에게는 다소나마 오락을 가질 시간이 반드시 필요하다. 물론 오락은 농민 자체가 가지고 있는 것과 밖으로부터 가지고 오는 것으로 나눌 수 있다.

자신들이 가지고 있는 것(춤, 민요 등)은 그렇다 치고 다른 데서 가지고 오는 것, 영화 즉 이동영사가 있는데, 이러한 것을 충분히 이용 발휘하여 건전한 오락을 통해서만 내일에 대한 증산을 꾀할 수 있는 것이다. 내가 이동영사를 견학한 것은 올해 3월에 조선영화배급사 소속의 것과 이번의 영화계 발협회가 주체가 된 도(道) 영화반, 이 두 번인데 그 일이 얼마나 중대하며 농민에게 얼마나 의의가 있는 활동인지를 통감하였다. 이 일을 책상 위에서만 비판하는 문화인들이 상당히 있는 것은 유감이다.

이동영사반이 벽촌을 방문하면 2리, 3리 떨어진 부락에서 사람들이 아이를 업고 노인의 손을 잡고 걸어서 나온다. 많이 추울 때도 온기가 없는 추운 영사장에서 마지막까지 대단히 열심히 본다. 그리고 기쁨에 가득 차 다시 10시, 11시를 지나 산길을 되돌아가는 모습을 보고 이를 어떤 형태로든 발표해서 도회지의 문화인에게 꼭 보여주고자 생각했다.

거듭 말하겠지만 실제 농산어촌에 대한 문화공작 중 오락은 물론 계몽선전을 겸하고, 게다가 효과적으로 할 수 있는 것은 우선 영화를 그 첫 번째로 들어야 한다. 영화가 지니는 매력과 이용 가치는 농산어촌뿐 아니라 도회에서도 마찬가지겠지만 교통이 불편한 지역이라면 더 더욱 영화를 능가하는 것은 없다. 이에 대해 영화의 가치를 인정하고 일찍부터 이동영사에 힘을 쏟고 있는 우스이(碓井) 황해도지사는 다음과 같이 말한다.

"5월에 개최한 '식량 증산 필성(必成) 대회' 때에는 도(道) 전체에서 모인 지도자에게 세 편의 영화를 보여주었다. 그중 하나는 〈말레이전기〉인데 눈과 귀로부터 야마시타(山下) 장군 이하 장병들의 선전에서 황군이 으뜸가는 까닭을 인식케 하고, 또 하나의 영화 〈싸우는 농촌(戰ふ農村)〉이라는 문화영화로는 내지의 농촌이 얼마나 증산 운동에 정신하고 있는지를 가르치고, 더욱이 〈굳센 전진(逞しき前進)〉이라는 문화영화로는 중소상공업자들이

늠름하게 전업(轉業)으로 매진하는 모습을 교시했는데, 다각적이고도 효과적으로 말하고자 하는 것을 주입하는 수단으로 이만한 것이 없다. 특히 〈말레이전기〉는 대단한 감격을 준 결과, 반드시 부락 농민들에게도 보여주고 싶으니 그렇게 알선해 달라는 주문이 많이 나왔다. 다음으로 영화 내용인데, 뭐라 해도 가장 환영 받는 것은 뉴스영화다. 신문이나 라디오를 충분히 이용할 수 없는 농촌에서는 당연한 말인데, 눈으로 주는 뉴스영화의 감명은 상상 이상인 것이다."

그런데 1대의 영사기와 한 명의 기사가 몇 권의 필름을 가지고 가면 족하니, 그만큼 효과가 있다면 적극적으로 실행하면 좋겠다고 단순하게 생각하는 사람이 있을지도 모른다. 그 영사기 구입이 어렵다는 것은 차치하고도 선결문제는 필름이다. 조선영배(朝鮮映配)의 오카다(岡田) 상무가 어떤 좌담회에서 말하듯이 "관객 동원을 단지 수입에 중점을 두는 등의 경향에서 국민필견작(國民必見作)이라도 이를 중간에 내팽개치고 연극으로 변경하거나 하는 반면, 영화 공개를 절실히 요망 받는 농산어촌과 공장, 광산에 대한 필름 할당은 한 편도 없다. 이래서는 이동영사를 어떻게 활발하게 할 수 있는가."라는 것이다. 원래 일본영화는 도회의 생활자를 고려해서 제작 또는 배급되었던 것인데, 이를 한꺼번에 농산어촌 방면으로 전환하기는 간단히 할 수 있는 일이 아니다. 현하의 급무로서 단행하려면, 역시 당국의 국가적인 견지로부터 꼭 발전을 바랄 길밖에 없는 것이다.

조선에서 현재 활약하고 있는 순회영사 조직을 개략적으로 설명하고 마무리하고자 한다.

금융조합, 전매국 등의 특수한 조직은 별도로 하고, 이전에도 이후에도 동일한 것은 두 가지뿐이다. 그중 하나, 각 도를 단위로 하는 조선영화계발협회는 현재 예산 80만원으로 35밀리와 16밀리반을 동원하여, 조선 민중의 정치지도를 목표로 담당하고 있다. 다른 하나는 조선영화배급사의 그것인데, 이쪽은 건전오락을 주로 극영화를 가지고 순회하고 있다. 이것도 연간

7만원의 조성금을 지출하고 있는데, 둘 다 충분치 않아 식자의 이해 인식과 함께 자본이 더욱 투하되지 않으면 발전을 기하기 어렵다.

반도에는 지금 징병제 실시라는 큰 문제가 내일을 기다리고 있다. 참으로 역사적인 비약이다. 이에 상당한 국시(國是)로서의 마음가짐을 필요로 하는 곡물의 공출이라든가 저축 사상의 보급은 어떻게 하는가. 이만큼 계발지도가 필요한 가을은 없다.

"오락(영화)이라는 매체를 거쳐 부지불식간에 계발해 나가는 방법이 가장 좋다"고 벽촌의 어느 금융조합이사가 말했던 것을 나도 믿고 있다.

〈경성일보 문화부〉

「巡廻映畵所感」, 『金融組合』177号, 1943.08.

일본이동영사연맹 결성되다
연맹을 중심으로 이동영사대의 새 발족

연맹본부로부터

쇼와16[1941]년에 이동영사 사업이 탄생했을 때에는 이미 정보국을 비롯하여 제 관청과 업계 일부에서는 모든 이동영사 기관의 통합을 생각하고 있었는데, 원래 이동영사대 그 자체가 모두 다 제작회사의 업무면의 선전 기관이었거나, 영리회사의 선전대였거나, 또는 신문사의 이용기관이었거나 해서 그 통합의 기운이 보이지 않았습니다. 게다가 이동영사라는 사업에 대한 소극적인 의무수행으로만 치닫고 있고, 지방 영화순회업자의 영리본위의 활동이나 상설관의 부업적인 순회영사는 지구적(地區的) 세력이 확장된 영사대이었거나 해서, 좀처럼 이동영사라는 본질이든 실적이든 참된 목적에 따라 참된 핵심에 접촉할 수 없었던 것입니다.

이동영사 사업의 촉진

그러나 시대의 요구는 드디어 흥행영화가 전동(展動)되고 이동영사가 보다 활발한 움직임으로 촉진되어, 본년 7월에 군관 당국의 이해 있는 지도 하에 제작흥행회사, 각 이동영사 사업 관계 단체의 적극적인 신청이 있어, 바로 관민일체 태세를 정비하고 급속히 그 구체화가 진행되기에 이르렀던 것입니다.

이것이야말로 오랫동안 그 실현이 요망된 이동영사의 전진입니다. 고생이 많고 보상이 극히 적은 사업입니다. 이동영사의 통합에 각 관계 단체가 솔선해서 멸사봉공의 마음을 다하여 목적 달성에 서로 협력한다는 것은 영화계는 물론 일반 사회 생산 부문에도 감사해야 할 성과의 표현입니다.

이동영사연맹의 결성

그 기운에 따라 정보국의 요청으로 여기에 '일본이동영사연맹'이 8월 26일에 결성 창립되었습니다. 그 가맹단체는

제작―사단법인 일본영화사, 쇼치쿠주식회사, 도호영화주식회사, 대일본영화주식회사, 리켄영화주식회사, 아사히영화주식회사, 덴쓰영화주식회사,

배급 및 실시단체―사단법인 영화배급사,

이용 및 실시단체―대일본산업보국회, 농산어촌문화협회,

실시단체―마이니치신문사, 아사히신문사, 요미우리신문사

이며, 이번에는 해군 관계의 이동영사를 수행하고 있습니다. 닛카쓰이동영사대는 참가하지 않았지만 장래 일본이동영사연맹 사업 중에도 현재의 생산 확충면뿐만 아니라 군사 또는 군수반과 같은 육해군 전문의 이동영사 사업도 그 실시대가 실현될 것으로 생각됩니다.

연맹의 사업과 직제

다음으로, 연맹의 사업으로 결정된 것은

1. 이동영사 사업의 총합적 기획 및 운영
2. 도(都), 도(道), 부(府) 연맹 사업의 지도 및 연락 조정
3. 도(都), 도(道), 부(府) 연맹 사업 조성
4. 이동영사 사용 영화의 구입
5. 이동영사 사용 영화의 선정
6. 이동영사 사용 영화 제작의 기획
7. 이동영사 종사 기술원의 교육, 연성
8. 이동영사에 관한 각종 조사 연구
9. 이동영사에 관한 각종 출판물의 간행
10. 기타 본 연맹의 목적을 달성하기 위해 필요한 사업

등입니다. 지금까지 각 이동영사 사업 단체 및 이용 단체가 각각 상호 간의 연락이 긴밀하지 못해서 스스로 발양할 힘을 약화시키는 경향이 있었는데, 이번 연맹 결성 사무 수행으로 종합적 운영을 꾀할 수 있습니다. 이에 따르면 종래 이상으로 각 중요 산업 전사의 사기 앙양에 이동영사 확립이 연맹의 최고의 사명이 된 것입니다. 임원으로는 회장에 정보국 차장 무라타 고로(村田五郎) 씨, 이사장에 영화배급사 사장 우에무라 야스지(植村泰二) 씨, 상무이사에는 영배 상무이사 치바 기치조(千葉吉造) 씨, 이가 료이치(伊賀良一) 씨 두 명, 이사로는 정보국 제4부 검열과 예능의 두 과장에다 가맹단체 대표자, 감사에는 일본영화사 사장 후루노 이노스케(古野伊之助) 씨, 사단법인 대일본영화협회 전무이사 남작 야마카와 다케루(山川健) 씨 두 명으로 각각 내정되었습니다. 그리고 사무 관장으로서 사무국을 설치하고 총무부, 업무부 2부 4과의 설치가 결정되었습니다. 즉 연맹이 상부 중앙

조직이 되고 가맹 각 단체가 하부 실행조직이 되어 각각의 업무 활동을 하는 것입니다.

이동영사와 상설흥행장의 문제

연맹이 성립하고 이동영사 사업이 활발해지면 그 바람에 흥행장이 현재 동원하고 있는 관객층에 큰 영향을 주지 않을까 예상하고 고심하는 분도 있겠지만, 이동영사는 전국의 영사 상설흥행장이 없는 지역에서 하는 것을 원칙으로 하며, 영사횟수도 당분간은 1정촌 1개소 1회라는 평균을 예정하고 있다. 장래 영화흥행장이 있는 정촌 부락에서 영사된다고 해도 흥행장의 한 달 흥행일수가 휴전일(休電日)을 제외한 약 28,9일인 데 비하여, 이동영사는 월 1회이며, 게다가 근로시간과 그 대상이 생산노무자라는 관객의 질의 한계로, 오히려 월 1회의 영사에 따라 흥행장을 찾는 관객층의 동원을 조성하지 않을까 생각됩니다.

게다가 이번에 결정된 이동영사 사업으로서는 장래는 한 달에 1종 정도는 극영화의 개봉작을 이동영사할 계획이었습니다만, 이것도 상기의 이유로 일반흥행장에 대한 악영향은 일단 없을 것으로 생각됩니다. 흥행장 측이 오히려 이동영사가 이루어지는 그 전후를 잘 활용해서 하나의 영화 관상(觀賞)을 현재의 생활 요소로 받아들이는 전기로 만들고, 그리하여 관객동원의 관상심리 선도를 도모하면, 오히려 흥행장 측에서 동원 유치해야 할 관객층의 관객질이 한층 더 적정히 배분되지 않을까 생각됩니다.

이동영사 장래로의 신전(伸展)

좋은 영화를 올바른 영사로, 즉 예전에 자칫 있을 법 했던 상태 나쁜 프린트로 화면 효과도 치졸하였던 영사는 이를 계기로 급속히 시정되어, 기술면에서도 기계의 정비에서도 이번부터는 이동영사용 생필름의 배급도 상당한 양으로 증배되도록 고려되고 있습니다.

지금 전국으로의 이상적인 분포로는

35밀리 300반 대원 600명

16밀리 300반 대원 300명

이상과 같이 계획되고 있습니다.

그리고 전국의 현존 영사기 약 2천대(35밀리 16밀리 각각) 중 동원가능으로 보이는 것은 6백대로 예측되는데 장래 사업의 원활한 진행에 따라 상영 횟수도 1개년에 20만회는 가능해지고, 1반이 1개월 27회의 이동영사를 할 수 있게 됩니다.

그리고 이동영사의 순회 방법이나 신청 방법에 대해서는 연맹 본부에서 제1기, 제2기 사업으로 각각 계획 중에 있어 추후 발표되리라고 생각하지만, 나중에 각 현에도 각각 연맹이 설치되고 가맹 각 단체의 지부와 함께 이용자 측의 신청을 받게 될 것으로 생각합니다.

마치면서

이상으로 일본이동영사연맹의 발족에 즈음해 그 사업의 개략을 말씀드렸습니다만, 요는 연맹은 어디까지나 종합중앙지령의 본부기구이고 가맹 각 이동영사단체는 그 실행조직으로, 모두 다 내용을 확충하고 재조직하에 이동영사 본래의 사명 달성을 목표로 새로 발족한 것입니다.

「日本移動映写聯盟の結成なる 聯盟を中心に移動映写隊の新発足」, 『映画配給社報』 第17号, 1943.10.01.

전시하의 이동영사

오키 다쓰오(大木達夫)

총도 사용을 잘못하면 자신을 해롭게 한다. 상태가 안 좋으면 도움이 되지 않는다. 영화도 마찬가지다. 간혹 등장하는 영화무용론에도 그만한 논거가 있다. 그러나 영화무용론의 본질이 실은 영화공포증에 지나지 않는다는 것을 볼 때, 나는 새삼 영화가 지니는 위대한 영향력을 떠올리고 질 개선과 적절한 처리, 활용에 대해 중대한 관심을 가질 수밖에 없다. 질 개선에 대한 논의는 다른 날로 양보하고, 이동영사의 현실과 활용에 대해 전시하 국민운동의 입장에서 한 마디 하고 싶다.

그러하나 이동영사의 본질이 영화를 영사하는 것인 이상, 결과의 성패는 주로 영화 내용의 좋고 나쁨에 달렸고, 기본인 영화 제작에 대해 지도력이 없는 자가 아무리 교묘한 운영을 시도해 봐도 그 이동영사는 필경 하나의 광금술(鑛金術)에 지나지 않는다는 현실을 감히 무시하려는 것이 아니다. 영화에 의한 국민운동의 직접적인 책임자로서 나는 자신의 손에 확실히 영화 제작의 수단을 가지고 운동 목적에 딱 맞아떨어진 올바른 국민운동영화를 만들어낼 수 없는 자신의 빈약한 실력에 대해 유감의 뜻을 금하기 어렵다. 영리기업인 상설관 영사사업을 상설관이 없는 지역으로 확대하기 위한 영사라면, 상영영화가 상설관용의 것과 똑같아도 아무런 지장이 없지만 특정한 목적에 따라 국민을 지도 계발하려고 하는 한 그 영화가 영리 목적이나 예술지상주의에 치우친 것만으로는 큰 불편을 느끼게 된다.

상설관의 관객 수효는 다 합치면 1년에 4억명에 가깝다. 이는 유아를 뺀 전인구의 몇 배가 되어 영화가 얼마나 잘 보급되어 있는지를 입증하는 수단으로 이용된다. 그러나 반면 우리 주위에는 이 몇 년 동안 상설관 입구를 들어간 적이 없다는 자도 의외로 많다. 상설관 분포 현상을 보면 본토의 20,977정촌 중 상설관이 있는 지역은 쇼와 17[1942]년말 조사에서는 겨우 10,762정촌에 불과하였고 나머지의 반에 좀 못 미치는 10,215정촌이 그 설비를 갖추지 않았을 뿐만 아니라, 그때 전국에 2,223관 있던 상설관이 이번에 전체의 12%에 가까운 258관이 정비되어 본년 10월말에는 총수 1,965관으로 축소되었다. 상설관의 관객은 대체로 도시부에 집중되어서, 보는 자는 몇 번이나 보지만 그 외의 사람들은 거의 들르지도 않는다는 말이다.

이리하여 국가와 국민운동단체가 반드시 보여주고 싶은 상대의 분포와 수량 및 영화로 지도하면 비교적 쉽게 움직일 수 있는 대상이 저절로 분명해지고 그 수효가 극히 많은데다가 중요한 상대라는 사실이 이동영사 사업을 민간 기업가의 자기중심적인 판단이나 국민운동 단체의 한계가 있는 예산, 그리고 영배(映配)의 소위 본사에만 일임해두어서는 안 된다는 인식을 양성하였고, 정부는 적극적으로 장려, 조성함과 동시에 민간 유력자에게도 물심양면의 철저한 협력을 요청해야 한다는 의견을 낳았다. 이번에 정보국이 일본이동영사연맹의 결성 지도에 나선 것도 여기에 목적이 있을 것이다.

관청과 국민운동단체가 실시하는 이동영사는 그 당초부터 영리를 떠나 관람요금을 일절 받지 않고 상영영화의 질적 충실화에도 끊임없는 노력을 기울여 영배도 여기에 잘 협력하였기 때문에 그 추세는 날로 강해지고 일체의 영리적인 것을 그 분야에서 축출하는 중이다. 정부도 생각을 돌려 국민운동조성 방책을 한 걸음 더 진전시켜 대정익찬회에 상당한 고액의 국민운동영화 제작비를 지급해야 한다. 그렇게 하면 대정익찬회는 산하 여러 단체와 힘을 합쳐 기존의 각 영화제작회사에 주문하여 회사의 기존 설비와 사람과 경험을 충분히 활용하면서 각사의 특색에서 생기는 변화도 살리고 자기의 창의도 불어넣어, 생경하지 않고 훌륭하며 친근감 있는 국민지도 영화를 만들어낼 것이다.

요새 한창 고도화되고 있는 기업정비와 노무징용은 공장, 광산의 요원으로 급격히 증가하여 산업보국운동에 의한 이동영사를 무료로 보는 자의 수효가 날로 증대한다. 지금대로의 경영이념으로 밀고 나가는 한, 도시의 인구 감소와 더불어 이것이 상설관 입장자 수효를 깎아내리고, 제2, 제3의 상설관 정비조차 피할 수 없게 되지 않을까. 상설관이 다른 의의 있는 갱생 방책을 찾아낸다고 해도 기존 영화제작회사의 입장을 유의해야 하고, 봉사적인 네가[필름]을 제공받는 국민운동 이동영사만이 번창하여 상설관의 번영을 삼켜버린다면 제작회사는 도대체 어떻게 될 것인가.

정보국이 일체의 영화제작사업을 독점하려 하지 않는 한 영화제작사업을 진흥하기 위해 지도 연성과 함께 적절한 보호, 장려의 따스함이 크게 업자를 감싸 안아야 한다. 조성금을 내는 것도 하나의 방법이겠지만 감격이 따르지 않는 금전 혜택으로는 결코 진실된 조성이 앙양되지 않기 때문에 앞으로 이동영사가 상당히 발전할 추세에 있다면 이동영사의 영화 제공 방식을 제작회사에 충분한 감격을 부여하는 형식으로 조정해야 한다.

이동영사는 지금 어떤 모습이며 장래 어떻게 성장할 것인가. 도회인, 특히 지식계급 및 중류 이상 계층에 속하는 사람들은 이동영사에 대해 거의 무관심이며 지식도 희소하기 때문에, 순서가 반대지만 독자의 인식을 심화시키기 위해 적기 공습하의 이동영사 활동을 상정해보자. 대정 12[1923]년 여름, 간토대지진이 일어났을 때 불안에 떠는 도쿄, 요코하마 양 시민, 육속으로 집에서 쫓겨난 피난민의 무리, 친척 지기의 안부를 걱정하는 전국민에 대하여 아직 라디오반송에 의한 실감적인 보도 선전이 이루어지지 않았기 때문에 한때는 여러 수상한 유언이 날리고 우려해야 할 사태까지 발생하였다. 몇 년이 지나 2.26 사건이 일어났을 때(쇼와 11[1936]년)에는 사건의 중대함에도 불구하고 세상이 어떻게 될지 암중모색하는 국민에 대해 라디오방송이 계속해서 올바른 판단을 지도하였기 때문에 신문지의 활동과 더불어 사태를 극히 평정한 가운데 추이케 한 것이 기억에 새롭다. 지금, 가령 적기의 대편대가 본토를 반복해서 공습하고 주요 도시가 진재 직후의 도쿄나 돗토리와 같은 참화를 입었다고 치자. 물론 신문사는 그 명예를 걸고 신문지의 정기 발행에 힘쏟을 것이며 라디오방송 기타의 시설도 조직적으로 활동을 일으킬 것이다. 그때 활자뿐만 아니라, 소리뿐만 아니라, 국민 앞에 수상이 나타나 사령관이 말을 몰아 부지런한 황군의 분전이 현현하면, 국민지도와 전단(戰團) 배치는 얼마나 강화될 것인가. 그러나 텔레비전이 보급되어 있지 않은 오늘날, 이를 할 수 있는 것은 오로지 발성영사뿐이며, 비록 파괴를 면하여도 관중을 상설관까지 원거리 동원할 수 없는 비상사태 속에서 일체를 이동영사의 경쾌한 움직임에 맡겨야 한다. 제비처럼 날쌔게 날려, 초조 속에서 국민 재기의 총진군 나팔을 부르는 자는 실로 이 이동영사인 것이다.

그때 필름은 어떻게 하는가? 정보국이 준비한다. 기계와 기사는 '영배'가 준비한다. 지도자는 조직과 관중의 동원이 가능한가? 대정익찬회에 맡기자. 이런 문제 끝에, 전기가 나가버리면 어떻게 하느냐 라는 짓궂은 조소가 나올지도 모르겠지만, 그러나 과학이 진보한 오늘날에는 전기가 없어도 영화는 비치는 것이다. '영배'는 일찍 홈라이트라고 불리는 휴대용 광원을 정비하고 전기가 없는 오키나와 여러 섬에서 이동영사에 의한 도민(島民)의 사기앙양에 절대적인 실적을 올렸다. 그리고 대정익찬회도 이 기계를 활용하여 전기가 없는 마을, 있어도 전력이 약해서 토키의 소리가 충분히 나지 않는 부락으로 이동영사대를 파견하고자 한다.

국민운동 추진에 이동영사를 채택하는 목적은 대체로 두 가지로 나눠 생각할 수 있다. 하나는 영화로 건전한 위락을 제공하면서 영화 그 자체의 내용과 영향력으로 직접 법적으로 국민을 지도 계발하는 경우이며, 두 번째는 영화의 직접적 지도력에는 별로 기대를 걸지 않고 영화의 매력으로 국민의 주의력을 집중시켜 외부로부터의 영향을 받아들이기 쉽게 해놓고 영화에 의해 위락를 제공하는 한편 강연 기타의 방법으로 지도 계발의 실적을 올리는 경우이다. 양자의 한계는 반드시 언제나 명확한 것은 아니다. 전자를 선택하면 이동은 기계와 기사로만 되고 강사의 파견이 생략될 수 있기 때문에 운영에는 대단히 안성맞춤이다. 관중도 내심 강연을 그다지 고마워하지 않지만, 영화제작자와 국민운동 담당자가 그 이념에서 반드시 일치하는 것이 아니고, 영화 대부분이 국민운동의 순수한 각도에서 제작되어 있지 않는 현재로서는 걸핏하면 후자가 채용되기 쉬운 것도 어쩔 수 없는 일이다.

대정익찬회 본부가 파견하는 이동영사대는 '영배'가 제공하는 기사가 국민복, 각반을 휘감아 치장하고, 대정익찬회 이동영사반이라고 붓으로 쓴 흰 완장을 차고, 익찬회 직원을 따른다. 정거장에 도착하면 개최지 지부의 임직원과 익장(翼壯) 단원이 마중하러 나와서 꽤 혼잡스럽다. 행동에 빈틈없는 익장 단원이 금방 영사기를 운반해 간다. 영사장은 국민학교인 경우가 많은데, 국민학교에는 반드시 어진영의 봉안소가 있다. 교문을 들어서면 일행은 그대로 곧장 봉안소 앞으로 나가 호령 하나에 공손하게 최경례를 한 다음 영사장에 들어간다. 영사장에는 일찍부터 아이들이 몰려와서 시작되기를 애타게 기다린다. 그래도 어른들은 시간이 촉박하기 전에는 다 오지 않는다. 그때까지 아이들에게 종이연극을 보여주는 것도 생각하는 중이다. 엄숙한 국민의례 후에 주최자 측의 인사와 강연이 있고, 순간 전등이 꺼지고 영사가 시작된다. 마지막에는 영사장 전체를 흔드는 '성수 만세' 소리가 터져 나오고, 돌아가는 길에는 공습시를 상정한 피난 훈련이 수행된다. 모든 사람들이 앞사람의 어깨를 잡으면서 암흑 속을 질서정연하게 퇴거한다.

이러한 까닭으로 이동영사에 종사하는 자는 무엇보다 먼저 자기 자신이 단체 사업의 뜻에 따라 완전히 '올바른 일본인'이 되는 것과 함께 자신의 할 일이 '일본의 이동영사'이며 조국의 흥망이 두 어깨에 달려 있는 것을 확인하고 기계적으로 비치는 영화의 한 토막 한 토막에도 황국신민으로서의 열정을 침투시킬 정도로 순진한 지도자적 인격을 가지지 않으면 안 된다. 이동영사대원은 상설관이라는 성곽에 숨어들어가는 것이 아니라 직접 민중 생활 속으로 헤쳐 들어가기 때문에 영사 시간 외의 일거수일투족도 항상 국민의 주목을 받고 그것이 국민의 계발지도에 영향을 미치는 바가 매우 심대하며 그 연성에는 온갖 희생을 아껴서는 안 된다고 생각한다.

대정익찬회 본부는 작년 말 대동아전쟁 개전 1주년을 계기로 하는 미영격멸 전장 정신 앙양의 국민운동을 일으킨 이후 오늘날까지 약 8천회의 이동영사를 실시했다. 애써 상설관이 있는 정촌을 피해서 상설관 영업을 압박하지 않도록 힘을 쓰고 있다. 그러나 산하 단체 중에 산업보국회가 하는 이동영사는 공장과 광산을 선택하기 때문에 아무래도 상설관과 부딪치기 쉽고 '영배'가 국민운동의 진의를 이해하고 새로운 우수한 영화를 제공하면 할수록 상설관과의 알력은 격화된다. 그러나 이를 피하기 위해 이동영사가 재탕 영화를 가지고 다니는 것은 원래의 사명에 비추어 참을 수 없는 일이다. 이 문제를 해결하려면 상설관용 영화와 이동영사용 영화가 그 제작을 처음부터 별개로 하는 것이 바람직하다. 하지만 전시하 물자부족인 현재 당분간은 실현 불가능하고 서로 양보하며 불편을 참을 수밖에 없다. 그러나 포기하는 것은 언제라도 할 수 있으니 어떻게든 적절한 길을 찾아내도록 모처럼 노력을 계속하고 있다.

재래 이동영사에는 35밀리(기사 2명)와 16밀리(기사 1명)를 혼용하여 어디서 실시하든지 중앙이나 지방의 대도시에서 기계와 남성기사를 파견하였지만 1억 전투배치 정신에 비춰보아 이 점에는 큰 수정을 할 필요가 있다. 즉 이동 목적지를 갑을병정 네 가지로 분할하고 대체로 다음 요령으로 운영하는 것도 하나의 방책일 것이다.

갑, 영사기를 자비로 설비할 수 있는 공장, 광산, 학교, 병원 등
을, 이동 가능한 영사기를 정비한 공장, 광산, 학교, 병원 등이 많이 있는 정촌
병, 갑을의 조건에 맞지 않지만, 전력이 충분히 있는 정촌
정, 전력이 없거나 또는 전력이 약한 지방

갑 범주에 속하는 공장, 광산, 학교, 병원 등에는 자비로 영사기와 여성영사기사를 정비(整備)시키고, '영배'가 기술지도원과 기계정비원을 정기적으로 순회시켜, 기술지도와 기계수선 조정의 책임을 지고 그 뒤에서 진중히 연락을 서로 취하면서 영화배급원이 영화를 들고 순회한다. 이로 인해 저렴한 요금으로도 확실한 영화배급과 영사가 가능할 뿐 아니라 남성 노동력을 대량으로 절약할 수 있고, 나아가 여성기사는 평소 간단한 공장 노동에도 종사할 수 있는 것이다. 이는 나 한 사람의 실현 불가능한 공상이 아니다. '영배' 모씨의 조사에 따르면 사회 표면에서 가려져 있는 영사기의 수는 이러한 수요를 충당하는 데 충분할 정도로 많다고 한다.

이 경우 이것이 과연 이동영사인지 어떤지 라는 의문에 봉착하게 되지만, 상설관의 영리기업과는 전혀 그 본질을 달리 하고 국민운동적인 이동영사의 정신을 체현하고 있기 때문에 이동영사에 준하는 것으로 봐도 지장이 없을 것이고, 혹은 당국과 상의한 후에 신규 이념에 기초한 '영배'의 활동을 촉구하는 것도 또한 한 방법일 것이다. 요는 영화에 의한 국민운동의 수행이니, 특별히 이동영사를 고집할 필요는 없다.

을의 범주에 속하는 정촌은 영사기와 기사를 소유하고 있는 가까운 공장,

광산, 병원, 학교 등에 연락해놓고 필요할 때 거기서 영사장으로 출장한다. 영사기는 의뢰하는 쪽에서 운반하고 제공자에게 공정한 사례금을 지불하는 것이 타당할 것이다.

병의 범주에 속하는 정촌에는 이제까지와 마찬가지로, 정의 범주에는 홈 라이트를 동행시킨다. 그러나 재래 그대로의 이동 형식을 채택하는 병과 정 지역에서도 그때마다 멀리 떨어진 거점에서 이동하여, 아껴야할 결전 수송을 방해하거나 중요한 기계와 인원이 이동하는 기차 속에서 귀중한 시간을 낭비하지 않도록 각지의 요소마다 예를 들어 도부현청 또는 특수한 지방사 무소에 기계와 기사를 상비하는 것이 바람직하다.

이상 이동영사의 현실을 소개하면서 생각나는 대로 적었다. 요컨대 내가 말하려는 뼈대는 이동영사가 국민운동 추진상 매우 귀중한 무기이기 때문에 그 건전한 발달을 옹호하기 위해 관민일치의 노력을 기울여야 한다는 것과 이동영사의 능력을 최고도로 활용하기 위한 핵심이 결코 운영기술의 말절이 아니라, 관계자 일동의 올바른 황국신민다운 정신연마와 좋은 영화 제작에 있다는 것이다.

「戰時下の移動映寫」,『文化映畵』3(7) 1943.10.

이동영사와 농촌문화

후루세 덴조(古瀨傳蔵) [5]

대중에 대한 오락으로 가장 큰 매력을 지니는 것은 뭐니뭐니 해도 영화가 제1위다. 그리고 영화가 선전계몽 수단으로 최대 효과를 발휘하고 있는 것은 설명할 것도 없다. 이러한 의미에서 나는 농촌문화는 우선 영화로부터라는 점을 강조하는 사람 중 하나다.

최근 대동아전쟁이 더욱더 결전적인 양상을 띠는 것과 함께 한편으로 전력 증강 수단으로 이동영사반 파견에 관한 요구가 비약적으로 증가하고 있는 것은 영화의 효과를 유력하게 만든다. 무릇 대중을 대상으로 하는 오락과 선전 계몽은 어디까지나 일원적인 것이며 결코 각기 다른 것이면 안 된

---

5   후루세 덴조(1887~1959): 일본 나가노현 출생으로, 나가노현 내 소학교, 농학교 교원을 거쳐 1922년 요미우리신문의 농정기자가 되었다. 이후 20년 간에 걸쳐 잡지 『농정연구(農政研究)』를 펴내고 경영했는데, 이 잡지는 『농촌문화(農村文化)』(1941), 『현대농업(現代農業)』(1960)으로 개제되며 사단법인 농산어촌문화협회의 기반 잡지가 되었다. 1940년에는 사단법인 농산어촌문화협회를 설립해, 상임이사가 되었다. 패전 후인 1947년, 언론계의 공직추방으로 지정되어 농문협 부회장직을 사임했다.

다. 물론 전쟁 전의 평화 시대에서는 상당히 개별적인 존재도 있었지만 그 여부는 그렇다 치고 현재의 결전하에서는 단연코 있을 수 없는 일이다. 즉 국가 목적에 맞지 않는 것은 절대로 존재가 허용되지 않기 때문이다.

무릇 국책 수행에는 2단계의 행정(行程)을 필요로 한다. 즉 첫째는 널리 대중에게 알리는 것, 둘째 이에 협력하도록 하는 것. 종래 수행되어온 방법은 강습, 강연, 문서 교육 등이었지만 이 종류의 방법은 어떤 층이나 계급, 직역으로 한정되기 때문에 일반 대중에 침투하기에는 상당한 노력과 시간을 필요로 하였을 뿐만 아니라 대부분이 대중에게까지 침투하지 못하였다. 따라서 일부 관계자는 정부의 의도를 이해하고 있어도 대다수 국민은 무관심했던 원인 중 하나는 그 취지를 보급 선전할 수단이 잘못되었기 때문이다. 아무리 중대한 국책이고 긴급한 일이라도 알려주지 않으면 협력할 수 없다. 특히 문서 교육에서 그 효과가 미미했던 것은 조금이라도 농촌지도에 대해 관심을 가지고 있는 자라면 숙지하는 바다.

현재 농산어촌에서 자주 개최되고 있는 강습이라든가 강연회에 몇백 내지 천몇백의 대중이 참집하는 일이 드물지 않다. 그러나 그 대중이 무엇을 목적으로 모였는지를 잘 검토하면 얻을 점이 많이 있다.

즉 당일의 중심인 농림성이라든가 현청이라든가 혹은 농업단체에서 파견된 강사의 이야기를 배청하는 것은 둘째이고, 첫째 목적은 당일에 영화가 있거나 로쿄쿠(浪曲), 만자이(慢才) 등의 여흥이 있기 때문에 대중이 모인 사실을 발견하게 될 것이다.

실제로 본년 3월부터 4월경 쌀의 공출독려에 농림성의 관리나 귀족원과 중의원의 국회의원 각자가 각자 지방을 분담하여 출장하였을 때에 각 반들이 모두 영사반과 동시에 출장을 가서, 파견원이 30분 내지 1시간 정도의 독려강연을 한 후에 2시간 내외의 〈하와이 말레이해전(ハワイ·マレー沖海戰)〉 등의 전쟁영화를 공개하였다. 그런데 공출 성적이 별로 좋지 않던 정촌에서 그 다음날 아침 집집마다 경쟁적으로 짐수레가 장사진을 이루고 공

출이 이루어졌다. 이 광경을 목격한 중의원 의원 왈, 우리가 30분이나 1시간 설교와 같은 이야기를 하는 것보다 전쟁영화를 보여주고 제1선의 뭍에서 바다에서 하늘에서 이렇게 싸우고 있다는 심각한 영화를 보는 것이 무엇보다도 유효하다. 어떤 보고회의 석상에서 진지하게 말한 적이 있다.

이는 단지 영화뿐만 아니다. 국책을 한 소절의 로쿄쿠로 엮어내서 공연하면 장시간의 강연보다 훨씬 효과적이다. 그쪽이 취지가 관철된다는 것은 오늘날까지 농촌 대중 지도의 역할을 담당하고 있는 사람들은 충분히 알고 있는 사실이다.

사실은 무엇보다 확실한 증거이다. 도호쿠 지방으로 출장한 이동영사반의 실화를 소개해두겠다. 여기 술파는 가게까지 3리, 두부가게까지 5리를 가야하는 산촌에서는 발성영화를 처음 봤다는 사람들이 상당히 많다. 변사 없이 영사막에서 소리가 나는 것이 신통하기 짝이 없다. 그래서 영사막 뒤쪽이나 앞에 다가가서 영사막을 만져보는데, 그 정체를 알 수 없어 '변사야, 얼굴을 보여주라'고 요구한 적도 있다. 그리고 그날 밤의 프로가 11시에 일단 다 끝나도 관중들이 그 자리를 뜨지 않는다. 그러다가 청년회 등의 대표자가 '수고 많으셨습니다만, 한 번 더 영사해주지 않으시렵니까?'라고 말을 꺼낸다. 마을에 주재하는 순사까지, 마을 사람들이 열심히 부탁하고 있으니 폐를 끼칠 것 같지만 한 번 더 부탁한다고 조언하는 식으로 결국 일부 내지는 전부를 다시 영사한다. 그것이 끝나면 12시를 넘기지만 그때부터 2, 3리의 길을 아무렇지도 않게 아이를 업거나 혹은 노부모를 짐수레에 태워서 산언덕을 넘어 모시고 가는 모습은 무어라고 말하기 어렵게 감격스럽다.

더욱이 이 영사회가 중심이 되어 사전에 몇 달 며칠에 영사가 있으니까…라며, 그것을 유일한 낙으로 농사일에 힘을 쏟아 능률을 증진시킨다. 끝나면 그것이 격려가 되어 한층 더 능률을 올린다. 이러한 영사회 광경은 도회지에서 이 영화관에서 무엇을, 저 영화관에서는 무엇을 하루에 2, 3회나 보러 다니는 사람들은 물론이고, 막 개봉된 영화를 꼭 본다는 사람들에게는 전혀 상상이 안 되는 존재이다. 1년에 한 번은 고사하고 3, 4년에 한 번밖에 [영화를] 보지 못한다는 사람들에게는 극히 큰 매력과 감격이 있다.

이는 강연보다도 문서에 의한 교육보다도 대중 교육에는 곧 100% 효과다. '농촌의 문화운동은 우선 영화로부터'라고 주장하는 것은 바로 그 점에 있는 것이다.

그런데 예전의 이동영사에 관한 기구가 완전히 무질서해서 각자 멋대로 수행되었던 것은 영화 사업에 대한 당국의 큰 실책이었다고 할 수 있다. 특히 영화업자의 태도는 완전히 영리본위에서 반걸음도 벗어나지 못한다. 즉 상설관 중심의 영업이며, 농산어촌이라든가 공장, 광산의 산업전사를 위한 이동영사라는 것에 전혀 아무런 생각을 하지 않았다.

이에 대해 우리들은 이미 20년 전부터 이러한 불합리한 영화정책에 대해 기회가 있을 때마다 개선을 역설해왔다. 그러나 당국에서도 업자 쪽에서도 전혀 문제 삼지 않았다. 특히 불가해하게 생각하는 것은 영업회사가 이동용으로 제작한 영화의 복제품을 구입하려고 해도 2개년 동안은 판매하지 않는다는 점이다. 설사 판매하더라도 상설관 소재지로부터 몇 리 이내에서 영사할 수 없다. 왜냐하면 영업 방해가 되기 때문이다. 이와 같이 극히 노골적인 이익본위에서 나온 제한이었다.

영화는 건전오락의 선구자이며 계몽선전의 공적 기제이며 대중교육의 무기라고 공식적으로 불리고 있음에도 불구하고, 철두철미 이익본위였던 것은 우리 농산어촌의 문화 사업에 전념하는 자의 입장에서 보면, 실로 불쾌하기 짝이 없으며, 묵과하고 있던 정부 당국에 대해서도 극도의 불쾌한 심리 상태에서 벗어날 수 없었다.

이 때문에 지방을 순회하고 있던 소위 활동사진업자는 상설관에서 오랫동안 쓰던 상처투성이 영화를 가지고 순회하고 있었다. 돗토리역 근처에서 영사회 개최의 요구가 있었을 때에도 무성영사를 해달라는 것이 조건이었다. 발성영화로 해달라는 요구였더라면 당연한 일이고 아무 이상한 데도 없었는데, 일부러 무성으로 해달라는 주문에 의심을 느끼고 그쪽에 이유를 조회한 바, 소위 발성영화라는 것은 화면에 미세한 상처가 나서, 비가 오는 것 같고 게다가 소리가 명료치 못하여 재미없으니까 무성으로 해달라, 그것이 화면도 명료하고 설명자가 있는 게 알기 쉽다는 말이었다.

이 이야기는 짓궂은 실례이다. 상설관 외의 농산어촌에서 순회업자의 영화를 봤던 사람들 쪽에서 보면 발성영화라는 것은 그렇게 선명치도 명료치도 않다고 굳게 생각하고 있던 결과였다. 새로운 발성영화가 농산어촌에는 전혀 들어와 있지 않았던 것은 그 사실을 바로 웅변하는 것이 아니면 무엇이겠는가.

그래서 농산어촌문화협회에서 파견한 이동영사반이 새로운 것을 가지고 간 곳에서, 발성영화는 많이 개량되었다, 언제부터 이렇게 화면이 선명해지고 소리가 명료해졌느냐, 하는 질문이 있었다. 그리고 이렇다면 발성영화가 제일이라며 대환영과 감사를 받은 것은 최근의 사실이다.

이상과 같은 사실을 재료로 지나사변 이후 특히 활발히 이용하게 된 이동영사에 대해 필름의 적정한 배급 방법을 정보국에 대해 재삼재사 요망하였는데, 우선 상설관의 기구를 정비한 후에 순차적으로 이동영사에 대해서도 고려하겠다는 대답이라서 결국 몇 년 동안은 꿈꾸는 사이에 지나가 오늘에 이르렀다.

그러나 시대의 요구는 위대한 힘이 되어 나타나 고려하겠다는 말만으로는 통하지 못하게 되어, 지난 8월 중순에 정보국이 연맹의 주심이 되어 이동영사를 중심으로 하는 기구 정비를 위해 이동영사연맹이라는 것을 설립하게 되었다.

9월에 정식으로 성립을 보게 된 것은 우리가 오랫동안 요망해온 주장이 실현하게 된 것이라 참으로 경축할 만한 일이다. 농산어촌 및 공장, 광산의 산업전사에 대한 문화운동으로 큰 결실이었다.

그러나 이 기구가 정보국이 입안한 계획대로 진행해야 할 일인지 아닌지에 대해서는 아직 일말의 불안이 없지 않다. 당국의 설명에 따르면, 전국 1만2천의 정촌에 매월 한 번씩 1년에 12번 실시한다는 것인데, 그렇게 말해도 용이하게는 실행이 안되지 않을까 한다. 실제로 아직 전기가 없는 마을, 소위 무전촌(無電村)이 전국에 2천여 개나 있다고 한다. 과연 그렇다면 이들 마을에서는 실시하지 못한다. 그리고 도후쿠, 홋카이도와 같이 겨울에 적설이 많은 지방은 3개월 동안은 절대로 불가능한 지방도 있고, 농번기에는 농촌 쪽에서도 오히려 폐가 되는 마을도 상당 수 있다. 이러한 표면적인 것만을 생각해봐도 이미 1만2천 마을들 중에서 상당한 마을이 어쩔 수 없이 제외된다. 그리고 정촌이 부담하는 경비로 봐도 아직 결정적이지는 않지만, 한 번에 30엔으로 치면 1년에 12번 360엔의 지출이 불가능한 마을도 전혀 없다고 할 수 없는 사실을 이해해두어야 한다. 이런 사정에서 보아도 한 달 한 번의 계획이 기껏해야 1년에 몇 번이라도 실시된다면 대성공이며, 혹은 한 달에 1회는 고사하고 1년에 1회 정도가 되지 않을까 애태우고 있다. 만약 이것이 단순한 기우라면 더 이상 기쁜 일이 없다. 나는 이왕이면 이동영사연맹의 당사자에 대해 처음부터 괜히 큰 계획을 실행하는 것보다 우선 가능한 범위 안에서 1년에 한 번씩이라도 전국 농산어촌에 골고루 실시해주는 것을 희망해 마지않는다.

그리고 우리 농촌의 문화운동에 정신하고 있는 자의 입장에서 보면 지금 이동영사연맹에 요망하고 싶은 것은 영화제작할 때도 한층 더 고려해주었으면 하는 것이다. 상설관 중심으로 돈을 벌어들일 영화뿐만 아니라 농림국책영화를 윤택하게 배급하도록 힘을 쏟아주었으면 한다. 특히 현재 농산어촌민에 부과된 국가로서의 지상명령은 식량 및 중요 군수 농림수산물의 증산과 공출에 있기 때문이다. 그 지도적인 것, 즉 농업과학영화와 같은 종류의 것을 많이 제공해주었으면 한다. 단순히 웃기고, 울리고, 기쁘게 하고, 재미있었다고 하는 것만으로는 이동영사의 사명에 어긋나지 않을까. 오늘날의 결전하에서는 무목적의 단순히 향락적이고 소비적인 것의 존재를 허용하지 않을 것이다.

그리고 농산어촌의 이동영사에는 목탄의 증산 공출 격려라든가 짚으로 만든 제품의 증산이라든가 쌀 공출이라든가 하는 특수한 사명을 가지고 있는 경우가 많기 때문에 그 특수사명에 따라갈 수 있게 해야 한다. 따라서 연맹에 유리한 프로만으로 일률적으로 이동하는 것은 불가능한 경우가 있다. 때문에 지구적으로 주최자 쪽과 협의한 다음에 만전한 방책을 세우는 것이 긴요하다. 이 점도 미리 고려에 넣어주었으면 한다.

요컨대 이동영사의 사명은 극히 중대한데, 그 기획과 영화의 내용, 기사의 인격 등의 조건이 완비되지 않으면 때때로 유해무익한 결과에 빠지기 쉽다. 농산어촌 쪽의 기대가 극히 큰 만큼 그 영향도 크기 때문에, 무엇이든 된다, 하룻밤에 영화를 보여주는 것으로 족하다는 게 아니다. 세간에서는 흔히, 농촌에서는 무엇이든 된다, 영화이기만 하면 오래되거나 새롭거나 해도 된다, 내용 여하라는 것도 도회만큼 고려할 필요가 없다고, 마치 농산어촌을 영화의 쓰레기장처럼 생각하고 있는 것 같지만, 이는 종래의 영리적 흥행에서 탈각하지 못하는 옛 관념을 지닌 사람들의 자기중심적인 방언이며, 농민을 인간 취급하지 않는 도회 사람들의 형편주의인 것이다.

농촌의 문화사업은 극히 광범위하며, 영화사업 하나가 아니다. 의식주를 비롯하여 보건위생, 공동시설, 오락, 교육, 연성, 경제, 정치, 군사 원호, 농업생산 등 모든 면에 관련하여 있다. 그러나 그 내용이 어떤 종류의 것이라도 그 종합적인 결과에, 요컨대 농촌의 명랑화에 있다. 즉 명랑한 농촌을 만들어 농산어촌민으로 하여금 일하기 좋고, 살기 좋고, 생활하기 좋은 환경을 부여하고, 그리고 전시하에서 농촌, 농민, 농업에 부과된 증산, 식량 확보로 마지막까지 이겨낼 수 있는 것으로 만든다.

농산어촌민은 자신이 만든 쌀보리, 채소조차도 뜻대로 배불리 먹을 수 없다. 땀과 기름으로 만들어낸 것을 한 알이라도 많이 공출하고 자신들은 저질 쌀이나 형편없는 채소로 죽을 먹고 있는 심정을 진실로 마음으로부터 감사해야 한다. 이 사람들에 대해 1, 2년 전 오래된 영화라든가 화면도 소리도 선명치 못한 영화로 때우려는 것은 마음이 있는 자라면 조용히 생각해봐야 하는 일이다. 농민도 인간이다. 쌀과 채소를 공출해줄 때만 농민님 취급을 하고 감사의 영사회에서는 짐승 취급이라고 할까, 원숭이 취급하는 심리를 나로서는 이해할 수 없다. 새삼 말할 것도 아니지만 전쟁 완수에는 무기도 탄약도 필요하다. 의복도 필요하다. 비행기도 군함도 필요하다. 하지만 그 것을 살려서 쓰는 사람의 목숨을 유지하는 것은 식량이다. 전쟁의 마지막 결정을 내리는 것은 식량이라고 해도 결코 과언이 아니다. 따라서 이 귀중 하고 희생적인 일에 종사하고 있는 농민으로 하여금 안심하여 일하고 기쁘 게 일할 수 있는 환경을 주는 것은 지도자로서도 소비자 쪽에서도 충분히 생각해야 하는 문제라고 믿는다.

이동영사와 농촌문화라는 표제에 대해 내용이 너무나 의견과 같은 말로 끝났지만, '농촌문화는 우선 영화로부터'를 주장하고 있는 입장에서 이동영 사가 농촌문화에 미치는 영향이 심대한 사실에 비추어, 당사자들이 한때의 연회 같은 식이 아니라 진지하게 그 방책을 강구 수립해주었으면 하는 바람 때문에, 농촌을 위해 농민의 입장에서 감히 비판의 말을 개진한 바이다.

〈필자 사단법인 농산어촌문화협회의 상임이사〉

「移動映寫と農村文化」, 「戰時下の移動映寫」, 『文化映畵』 3(7) 1943.10.

영화 보편의 이념
이동영사의 한계에 대하여

니시무라 마사미(西村正美)

　'제작한 영화를, 한 사람이라도 많은 사람들에게'라는 생각은 지금 새삼 영화의 보편 이념으로 드는 것과는 질적으로 다른 원시적인 의식이다.

　영화를 더 한층 주지 보급, 보편화 하려면 어떻게 해야 하는지 생각하고, 오늘 이 이념을 반성 강화하기 위해서는, 그것이 강력한 당위성을 지니고, 나아가 소위 애로를 타개하기 위한 기초가 될 성질을 갖추어야 비로소 그 가치가 있다고 할 수 있다.

　말할 것도 없이 오늘날 영화 보편 이념이라 하면 결전 체제하 다대한 임무를 담당하는 영화를 소기의 대상에게 유효적절하게 제공하기 위해 어떻게 해야 하는지의 기획, 그 신념을 가리키는 것이어야 한다.

　오늘날 영화의 담당 임무는 그것이 시사영화인지 문화영화인지 극영화인지에 따라 대별되는데, 그 각각의 사이에도 각기 교류가 있는 것은 이미 우리들이 아는 바이다. 거기에서 취급되는 주제는 모두 국민 각층에 널리 깊이 침투해서 내일의 생활 양식이 되어야 하기 때문에, 그 배급 상영은 일부 대도시에 편재하고 다른 지역을 거들떠보지도 않는 종래의 배급 상영 방식으로는 그 사명의 절반도 달성했다고 할 수 없다.

이는 뉴스영화, 인정 문화영화의 상영 지정이 주로 상설흥행장을 대상으로 발포되었을 때를 분기점으로 다소 구체적으로 일반의 고찰 대상으로 떠오른 것인데, 영화의 존재 방식을 오직 화려한 면에서만 감득해온 사람들은, 돌연 빙산과 같은 비흥행 영화 부문의 양상과 사실을 바로 볼 수가 없었다. 그것이 이 몇 년 동안 점차 올바르게 인식되어 그 가치는 분명해지고, 더 한층 적정화를 위한 재편성이 추진되어가게 되었다.

이동영사대 재편성의 요망—어느 요양소의 경우

이번 여름에 탄생한 일본이동영사연맹의 발표에 따라 그 경과를 개설하면, 올해 7월 군관당국의 지도 하에, 제작, 흥행회사, 각 이동영사 사업 관계 단체의 협력을 얻어 정보국의 요청에 따라 8월 26일에 결성 창립된 것이 일본이동영사연맹이다.

그 가맹단체는 제작 및 흥행회사로서, 사단법인 일본영화사(社團法人 日本映画社), 도호영화주식회사(東寶映画株式會社), 쇼치쿠주식회사(松竹株式會社), 대일본영화주식회사(大日本映画株式會社), 리켄과학영화주식회사(理研科學映画株式會社), 아사히영화주식회사(朝日映画株式會社), 주식회사 덴쓰영화사(株式會社電通映画社).

배급 및 실시단체로서 사단법인 영화배급사(社團法人 映画配給社).

이용 및 실시단체로서 대일본산업보국회(大日本産業保國會), 농산어촌문화협회(農山漁村文化協會).

실시단체로서 마이니치신문사(毎日新聞社), 아사히신문사(朝日新聞社), 요미우리신문사(讀賣新聞社).

이상 13개사 및 단체. 본년에 새로 설치된 해군 관계의 이동영사대를 비롯해 특정한 관계처에 이 종류의 사업을 시행하는 크고 작은 이동문화오락 공급기관 기타는 현재 이 연맹의 틀 밖에 놓여 있다.

이에 대해서는 나중에 조금 상세히 다루기로 하고, 다음으로 일본이동영사연맹의 사업과 직제를 보자.

사업면에서 결정된 바는,

1. 이동영사 사업의 종합적 기획 및 운영
2. 도도부현(都道府縣) 연맹 사업의 지도 및 연락 조정
3. 도도부현(都道府縣) 연맹 사업의 조성
4. 이동영사 사용 영화의 구입
5. 이동영사 사용 영화의 선정
6. 이동영사 사용 영화 제작의 기획
7. 이동영사 종사 기술원의 교육, 연성
8. 이동영사에 관한 각종 조사 연구
9. 이동영사에 관한 각종 출판물의 간행
10. 기타 본 연맹의 목적을 달성하기 위해 필요한 사업

등이다.

지금까지 영사활동 단체와 그 이용 단체는 전혀 상호 연락 없이 각각 이동영사대를 파견한 결과, 그중 몇 개가 소기의 목적을 달성했다고 해도 실상은 적잖이 중복되고 언어도단의 감이 없지 않았다.

한편, '아직 〈말레이전기〉는 우리에게 돌아오지 않았는데 언제 오느냐'며 기다리는 사람들이 다수 있는데, 여기서는 2, 3일 전에 이동영사대가 방문해 상영한 영화를, 다시 '보지 않으면 안 되는' 사람들이 있다는 것은 어찌된 일인가. 내가 들은 보고에 잘못이 없다면 모(某) 상이군인요양소에 연이어 위문 차 방문한 이동영사대는 이전에 방문한 이동영사대와 똑같은 영화를 지참하고 요양소 사람들을 위문하였다. 상이용사들은 모처럼 와주었다

며 자유롭지 못한 몸으로 영사가 끝날 때까지 조용히 봐주었다.

이것이 만약 만들어진 이야기이며 진실이 아닌 데가 있다고 해도, 금후에도 종래와 같이 통제도 없고 연락도 없이 이동영사가 실행된다면 실제로 일어날 사태다.

눈 깊다 위문영화 때문에 외출한다. 초인(楚人)[6]

깊은 눈 속을, 자유롭지 않은 몸을 지팡이에 의지해 영화회에 가려고 산을 내려가는 사람의 모습이 떠오른다. 상영 영화의 선택, 영사효과에 만전을 기해야 한다고 생각한다.

무등촌(無燈村)에도 영사대를―운반가능 전원기의 현상

『농촌문화(農村文化)』지상에서 나리타 세이지(成田清次)씨는 다음과 같이 말한다.[7]

현재 홋카이도는 널리 전기가 보급되었다고 해도 교통편이 없는 벽지에는 무등촌도 많다. 이 2, 3년 대정익찬회와 농산어촌문화협회 등에서 이동영사반을 파견하고, 증산에 정신하는 농산어촌 사람들의 노고를 위로해주는데, 이들 무등촌 사람들은 이 은전을 입을 기회가 주어지지 않는다. 젊은이는 도회에 나간 김에라도 볼 수 있지만, 노유부녀 중에는 아직 토키를 본 적이 없는 이도 많아 어떻게 해줄 수 없느냐고 한다.

삿포로에는 영화배급사의 이동영사반이나 순회영사업자도 있지만, 토키일 경우 '무등촌에서는 좀'이라며 고개를 갸우뚱거린다. 무성영화라도 보통 5, 60엔부터 80엔 정도 내야 한다. 불법업자가 45엔 정도로 순회하고 있다는 말도 들었는데, 필자도 재작년 이후 무등촌의 발성영사 시설로 분주하고

6　[원주] 니가타현 가시와자키(栢崎) 상이군인니가타요양소 松の花句會 발행 句集 『松の花』 제2집에 따름.
7　[원주] 사단법인 농산어촌문화협회 발행, 동지 쇼와 18년 10월호 40페이지 동씨 소론 중 2.

있지만, 무명의 젊은이에게는 자금이 모아지지 않아 아직 실현을 보지 못하였다. 추수 후에는 순회할 수 있도록 하려고 힘쓰고 있다. 무등촌에서 모든 부자유함을 극복하고 증산에 정신하는 이들 농산어촌민이야말로 특히 위문할 필요가 있다고 생각하기 때문이다. 원래라면 대정익찬회와 농산어촌문화협회, 혹은 국고 보조를 받고 있다는 영화배급사 등이 무등촌 전문의 영사시설을 한 반 정도는 보유해야 하는 게 아닐까.

램프에 대한 우리들의 감회는 메이지 시대에 태어난 자들의 회고에 그치는 일이 많지만, 현실로 배전(配電)이 없는 것이 얼마나 불편하고 생활 문화의 진전에 지장을 초래하는지는 새삼 말할 것도 없다.

만주영화협회의 이동영사대가 16밀리 발성영사기와 일체불가분의 시설로 전원을 발동발전기(홈라이트)에 의지해서 이를 가져가 배전 설비의 유무와 상관없이 요소요소에서 영사회를 개최하고 있는 것은 이미 누누이 보고되는 바와 같다. 만주, 중화(中華)의 외지에 머물지 않고 내지에서도 이 준비가 이뤄져야 한다는 것은 전술한 바와 같다.

내 친구는 예전에 중지파견군에 따라 제1선의 방호에 종사하여 그동안의 풍부한 그 체험을 활용하고 스스로 영사를 해온 것이지만 사용한 16밀리 발성영사기에 대해

1. 감기 릴의 암(지주)의 고정이 충분치 않기 때문에 영사 중에 감기 기능이 정지할 일이 있다는 점
2. 조리개(aperture)의 여는 폭이 적기 때문에 필름을 감을 경우에 감기가 어려운 점
3. 조리개(aperture)와 렌즈 폴더 사이가 좁기 때문에 조리개를 꺼내도 충분히 게이트 청소를 할 수 없음을 유감으로 생각하고
4. 램프 하우스의 냉각, 재생 영사는 충분하다고 적어서 보냈다.

또한 영사 전원으로서의 발동발전기에 대해서

1. 도모노(友野)철공소·명전사(明電社)제 단기통 엔진, 직류 1.5킬로
2. 야시마(八州)전기제(35밀리 올폰 영사기, 50와트-로얄 무성 건전지 수
   동식 영사기 똑같음—와 연동)

을 들었고 게다가 몇 군데 기술적 개량을 현지 적산(敵産)의 이 종류 소형
단기통 교류발전기(Electric Plant)와 비교하여 요망하고 있다.

35밀리 영사기는 잠시 제쳐놓고 16밀리 영사기 전원기를 보고 말할 수 있
는 것은

1. 중량이 너무 과한 것
2. 케이스의 구별이 너무 많은 것
3. 고장이 빈번한 것

등일 것이다.

친구는 이들 영사시설에 대한 귀중한 의견과 함께 각 경비대를 돌며 정말
환영받았고, 영화교육에 종사한 이후 가장 기뻤다고도 덧붙여 적었다.

일어학교의 아이들에게 아동영화를 보여주고 싶어서 중화문자 자막이 든
일본 소개 영화 축사(縮寫)의 유무를 문의해온 것도 그때였다.

비가 오는 듯한 옛 영화 진지의 봄. (麻打)[8]

하도 오래 쓴 영화 필름이라도 이 작자는 만주의 전야(戰野)에 있는 몸이라 풍요를 느끼면서 감상하고 있다. 조금이라도 좋은 영화를 조금이라도 잘 영사하기 위한 노력은, 우선 전지의 장병 위문에, 상설영화관 바깥에 남겨진 무전촌에, 배전 설비가 있으면서도 영화를 접할 일이 거의 없는 농산어촌의 근로인 위락에 쏟아야 한다.

이동영사의 장래로의 신전(伸展)에 대해 일본이동영사연맹 본부는 다음과 같이 포부를 말했다.

좋은 영화를 올바른 영사로. 즉 종래 자칫 있을 법한 상태 나쁜 프린트로 화면 효과도 졸렬했던 영사는 이 기회에 조급히 시정되어 기술면에서도 기계 정비에서도 이번부터는 이동영사용 생필름의 배급도 상당한 양을 증배시키도록 고려되고 있다.

35밀리 300반 대원 600명

16밀리 300반 대원 300명

이것이 제1차 목표이며, 전국의 현존 영사기 약 2천대(35밀리 16밀리 각각) 중 동원 가능한 것으로 600대를 미리 예상하고 있다고 한다.

16밀리 영사기의 경우 1반에 1명으로 족하고 35밀리 영사기에는 1반에 2명이 필요하다면 이를 모두 16밀리 영화로 환산하면 300명의 영사기사가 새로이 영사기와 함께 편성될 수 있다는 것이다. 필름 제조 재료 문제와 에멀션(유화액) 미립자화만 해결된다면, 지연성(遲燃性), 간이성(簡易性), 경량인 16밀리 영화가 전국적으로 채택되는 것은 의심의 여지가 없다.

---

8 [원주] 도미야스 후세(富安風生) 씨 추천 句, 마이니치신문 쇼와 18년 6월 10일.

그러나 16밀리 1반 1명의 편성을 무리 없이 수행하려면 적어도

1. 영사기, 증폭기, 확성기의 3가지 케이스를 2케이스 정도로 하고
2. 총중량을 현재의 3분의 1 이상 줄이는 것

이상의 점에 노력을 쏟아야 할 것이다. 각각 무거운 케이스에 더하여 35
밀리의 2.5분의 1이라 해도 뉴스, 문화영화, 극영화에 걸쳐 한 프로를 이루
는 필름을 가지고 장거리의 악로를 강행하는 것은 체구가 강건한 자에게도
결코 편한 일이 아니기 때문이다. 비록 그것이 개최지 사람들의 응원으로
수행된다고 해도 그것으로 충분하다고 생각해서는 안 된다.

연맹 사업 중 7번째에 올라 있는 '이동영사 종사 기술원의 교육 연성'이
이동영사 사업의 최종 결과의 성부를 가리는 것임은 누누이 보도되고 있다.
실로 국민학교 영화교육에서 교사의 입장에 해당하는 것이 이동영사대의
영사기수인 것이다. 영사장에 모인 관중의 질에 따라 영사 전후에 관상지도
와 단체훈련도 담당함으로써, 비로소 그 성과는 만전을 기대할 수 있다. 이
책무를 충분히 수행하려면, 정신적·육체적으로 약간의 여유가 주어져야 한
다.

다행히 최근에는 각 제조회사에서도 이 점을 해결하는 데 신경을 써서 16
밀리 발성영사기의 기술적 개량 경량화 2개 케이스 수용으로 점차 수행되어
왔다. 이번 가을 시작품의 완성 발표를 봤다. 일본광관공업주식회사의 E형
(광원 개량의 점에서 벨 엔 하우엘의 필름아크에 비견할 만한 비치용 F형의
아크 채용도 특히 주목된다) 등도 이러한 성과의 하나이다. 나아가 실무등
촌에서 이동영사가 실행될 경우 전원기의 1 내지 2케이스가 이에 추가된다.

전원인 발동발전기의 한 표준을 광음전원기주식회사 제작의 600W 가반
식 공랭 가솔린 발동발전기로 보면,

발동기 형식: AC2형 단기통 2층정(투 사이클)식,

기통 내경 × 통정(筒程): 57 × 57밀리

회전수: 매분 3,000, 출력 2마력

발전기 형식: 직결 직류 방적(防滴) 통풍형

용량: 600W, 정격·연속

파수: 주파수 50C/S, 전압, 전류 각종

중량: 45내지 87kg

이에 부속품 및 예비품을 수납하는 케이스 1개가 부속하게 된다. 이는 거의 16밀리 영사기 2대를 가지고 가는 것과 같다. 이 때문에 만주영화협회에서는 적어도 3명이 여기에 종사하게 하고 있는 것도 당연한 일이다.

영사기, 전원기의 경량화·정밀화는 인원의 문제에 있어도 급속히 실현되는 게 바람직하다.

무엇보다 사용하는 영화가 있어야 한다—도회판 지방판 제작의 시사

연맹사업 중에는 이동영사 사용 영화 제작의 기획이 올려져 있다. 당연하고 필요불가결한 것은 이 사용 영화의 기획, 제작이라는 것은 오늘날까지—비록 이동영사가 극영화에서 육성된 많은 제작자 흥행관계자에게는 새로운 관념이긴 하지만, 2차적으로 생각되어온 것은 본말전도가 심한 일이었다.

우리나라에서 아동을 대상으로 한 영화교육 운동을 아는 자에게는 이만큼 명료하기 짝이 없는 문제는 없다. 영화에 한정되지 않고 연극도 음악도 중앙에서 지방으로 공급되지만, 대부분이 얼마 전까지 같은 잘못을 범하고 있었다. 이 일반적 사상(事象)에 대해서는 스가와라 효지(菅原兵治, 농촌교육연구가) 씨와 기타 사람들이 기회가 있을 때마다 향토와 그 문화의 입장에서 계속해서 비판했고, 작금 점차 도시에 사는 우리들에게도 명백히 파악된 일이다. 문제는, 영화로 좁혀서 말하여도, 지방으로 운반된 문화와 위락이 중앙도시의 것 그대로였거나 그 남겨진 것이어서는 안 된다는 점이다.

적성 사상, 미영적(米英的) 문화 박멸이 주장되는 오늘날, 오히려 전통적 일본 문화의 흐름이 혼탁 없이 흐르고 있는 지방문화의 재건, 도시로의 공급이 필요하다. 위락 혜택을 못 받는 지방인에게 선사되는 영화가 오래 사용한 도시의 상습 영화 관객용으로 잔박(殘薄)하게 만들어진 것이라면 어떻게 하는가? '비가 오는 듯한 오래된 영화'가 있어도 진실한 사람을 움직이는 상태의 것이라면 사람들은 만족한다. 그러한 것에 익숙해진 우리가 도시적 분위기에서 위락이 되지도 않고 '국민지능의 계배(啓培)'도 되지 않는 어중간한 사이비영화를 가지고 돌아다니는 어리석음은 더 말할 나위가 없다.

사용영화의 선정, 구입이 중요하면서도 곤란한 것은 말할 것도 없다. 해외로 보내는 영화와 마찬가지로 이 사업의 취지 목적에 걸맞은 것이 없으면 오히려 중지해야 한다. 없어도 하지 않을 수는 없다는 사고 방식은, 불발탄이지만 쏘지 않을 수 없다는 말과 같다. 이리하여 소기의 효과를 충분히 상정해야 할 포탄을 만들고, 시간과 장소, 그리고 사람들에 즉응해 영사대가 지참하는 영화가 '만들어져야만 한다.'

35밀리판에서도 작금은 휴대용 영사기의 필름 용량을 염두에 두고 권수를 늘려도 한 릴을 800 내지 700피트로 억제하자는 배려가 이루어졌다. 더구나 이 배려가 영화의 내용 표현에 미쳐서 비로소 이 문제의 핵심에 이르렀다고 해야 한다. 그중 하나의 현상으로 사단법인 일본영화사는 제작 중인 정보국 감수 영화를 촬영이 시작되기에 앞서 도회판 지방판으로 분류, 대상을 보다 명확히 예정하고 제작하기에 이르렀다. 계발 선전을 목적으로 하는 이 종류의 영화에서는 이러한 태도가 가장 필요하다는 것은 말할 것도 없다.

아마도 스스로 제작한 영화가 도시의 상설흥행장에서 어떻게 취급되고 대접받고 있는가, 더구나 영화 보기에 익숙하지 않은 지방 사람들이 이것을 시큰둥하게 느끼고 있지 않은가 하며 자진해서 자료의 취급 방법과 새로운 표현의 근거를 탐구해온 제작자들의 총의로부터 이것이 나온 것이다.

나는 이를 새로운 일본영화기술을 확립하고자 하는 첫걸음으로 본다.

이처럼 사용할 영화의 풍부한 공급은 한 걸음 한 걸음 기초부터 쌓아올려야 하는 지난한 사업이다. 진실로, 영화를 통해 필요한 것을 이동영사로 온 국민에게 침투시키려면 해결되어야 할 명제이다. 이와 함께 이번에 일본이 동영사연맹에 가맹하지 않았던 이러한 종류의 크고 작은 사업단체 내지 특수한 존재자, 관공서 외곽단체도 그것이 예상처럼 단일하고 강력한 것이 아니었다고 해도 연맹 결성의 목적에 비추어 이와 긴밀히 연락하고 협동하지 않으면 안 될 것이다.

연맹은 장래 각 부현(府縣)에도 연맹 지부를 설치하고 가맹 각 단체의 지부와 함께 영사대 파견에 대응한다고 하지만, 연맹 자체와 가맹 단체의 연락 조정은 지부에서는 물론 각 부현에서도 충분히 긴밀하게 일체가 되어 수행하지 않으면 명실공히 성립되지 않을지도 모른다. 이 점에 대해서도 재단법인 대일본영화교육회의 1부현 1지부 단위가 장래의 조직으로 참조될 것이다.

나는 최근 우연히 16밀리 발성영사기와 연예를 가지고 토목 건축 관련 현장에 위락을 공급하기 위해 이 종류의 이동반을 알게 되었다. 그 대상 대부분이 반도 출신자로 일본어를 충분히 이해하지 못하는데다가, 무성영화로는 성이 차지 않아서 프로그램 편성에 고민하는 중이라고 들었다. 게다가 지금까지 반도어[조선어] 발성영화를 사용한 적이 없다는 것이다. 통틀어 그것만으로 프로그램을 편성하는 것도 생각해볼만 하지만, 예외라면 할 수 있겠으나 여기에도 제작자—여기서는 조선영화주식회사—가 해야 할 일이 남아 있다. 연맹은 이런 종류의 특이한 존재에 대해서도 선처하여 이를 육성하고, 실시하는 자 또한 자기의 좁은 범위에 머무르지 말고 나서서 교시를 구해야 한다.

비흥행영화 배급의 이원화—지방문화의 중심으로서의 국민학교

이동영사 사업의 통제, 확충 강화는 어디까지나 상설영사장의 편재와 부족을 보충하는 데 그 목적이 있다. 상설영사장이 그 지방의 문화의 중심으로서의 자격을 지녀야 하는 것은 도시든 지방이든 불문한다. 이래야 하는 것이 왜곡되어 있음을 바로잡는 일이 중요하고, 이 중심이어야 할 장이 없는 지방에 이를 설치하는 것이 필요하다.

이 종류의 연극의 면에서는, '위락이 되고 내일의 양식이 될 연극은 이동하는 것이어서는 안 된다'며 자신들 스스로가 연극을 만들려는 노력이 행해졌다. 영화는 불행하게도 직접 보는 자를 육체적으로 엮어 넣을 수 없기 때문에 더 한층 이동하는 시설에 신경을 써야 한다. 그 특장만을 알고 빠진 부분을 모르는 것은 위험하다. 나는 이동영사대 사람들의 노고와 감동을 엮은 보고를 읽고 누구이 감동하지만 1년 전, 2년 전에 가본 곳을 다시 방문한 이동영사대의 감회에 대해서는 아직 들어본 적이 없다. 이 사실로 생각할 수 있는 문제는 한두 개로 그치지 않는다. 사람과 사람 사이의 마음의 흐름, 거기서 생겨나는 따스함과 친근함, 감응 교류의 유무를 우선 생각할 수 있다. 국민학교의 영화교육이 이동영사대라는 형식으로 수행된 경우 아동의 수용 방식을 아울러 생각해보는 것이다.

이 점에서 예컨대 그것이 무성 16밀리 영사기라도 이를 소유하는 전국 국민학교의 강당이 그 학교를 졸업한 자들에게도 또한 공부하는 곳이자 함께 즐기는 곳이 되는 게 바람직하다. 대도시 번화가의 철근콘크리트건축의 위용은 없지만, 먼지가 쌓인 몇 그루의 나무를 심은 살풍경한 일반 도회의 교사와 달리 부지도 넓고 계절마다의 풍취가 풍부하고 질박한 농산어촌의 소학교야말로 참으로 향토인의 문화를 키우는 데 걸맞다. 전국 국민학교 중 영사설비를 보유한 것은 전체의 4분의 1, 그중 10분의 1 이상이 이미 16밀리 발성영사기를 소유하고 발성과 무성, 양 영화를 이용할 수 있다.

적절한 영화를 윤택하게 배급할 수만 있다면 영화교육 담당교사의 지도하에 청년학교 익찬, 장년단 등의 청장년이 국민학교를 중심으로 영화로써 향토인에 대한 문화 위락의 수여(授與)를 할 수 있다.

주로 중등학교의 영화교육을 담당한 영화교육중앙회와 국민학교를 대상으로 한 전일본영화교육연구회의 통합으로 생겨난 대일본영화교육회의 부현 지부 설치도 종래의 기초 위에 1개월 몇 개 부현의 비율로 실현되고 있다. 이미 제1회 프로그램 배급도 실행될 정도로 진전되었다. 문부성 선정 검정— 국민학교용 영화 배급은 여기가 일원적으로 수행하게 되었기 때문에 제2회 이후에 차차 반출되어 갈 때 이를 위한 영화 제작 기획의 진척, 실시와 함께 점차 이 도정을 거치는 교육영화의 반포, 배급이 한층 더 적극적으로 이루어질 것이다.

그러나 자재 면에서 봐도 당분간 이 프로그램 배급은 1년에 몇 회로 그칠 것이기 때문에 이것으로 충분하지 않다. 이에 대해서는 대일본영화교육회에서도 하부 조직으로 일본 16밀리 영화협회 가맹의 16밀리 영화업 회사를 해체 단일화해서 재편성하고, 그 각각 소장영화를 새 시설에 위탁 형식으로 계승하여, 이를 활용하도록 제공하게 될 것이니 약간의 보충이 이루어지는 셈이다.

학교, 교육단체에 대해서는 대일본영화교육회가, 기타 부문에 대해서는 일본이동영사연맹이 이 종류 영화의 배포 배급을 수행하는 것은 우리나라에서의 학교 사회 교화 육성을 위한 영화운동사에서도 참으로 당연한 귀결이다. 흥행용 극영화의 제작, 배급에서 생겨난 영화배급사가 일부 유식자들의 진의에 반하여 그동안 비흥행영화의 재편성에 보여준 과오와 냉담은, 참으로 영화 보편의 이념이 없는 자가 왕왕 범한 바에 지나지 않는다. 게다가 그러한 일부 비상식에도 불구하고 새 일본의 시간은 점차 그 요망하는 길을 개척해온 것이다.

우리는 이 두 가지를 통하여 비(非)흥행 영화 본래의 사명이 이러한 시국 하에서 한층 더 깊이 인식되고, 그것이 충분히 달성되기를 간절히 바라는 데 머물지 말고, 더욱더 그 발전을 위해 직접적이든 간접적이든 불문하고 협력 원조해야 할 것이다.

그 방향 및 대상은 그 소론에서 단편적으로 다루어온 제작, 배급, 상영 각 부문에 관해서 각기의 입장에서 이뤄져야 하고 그 하나하나가 거의 앞으로 그 조직이 성립하고 기술적 해결이 달성되는 것들뿐이다. 참으로 이러한 일이 있었구나 하고 되돌아보듯 다기다단(多岐多端)한 것이 있다.

  그 관련된 개개의 완성은 떳떳한 영화 보편의 이념이 항상 우리의 가슴속에 있어, 비로소 달성될 것이다.

「映画普遍の理念」, 『文化映畵』 3(7), 1943.10.

국민운동과 이동영사

나이토 가즈오(内藤一夫)

자화자찬인 감이 없지 않으나 이동영사가 순회 흥행적 성격을 떨쳐버리고 계획적으로 조직적으로, 즉 이동영사운동의 형태를 갖추고 움직이기 시작한 것은 대정익찬운동의 뒷받침에 의지하는 바가 실로 다대하다고 할 수 있다. 돌이켜보면, 이동영사라는 것은 오늘날 크게 표면에 밀려 나온 것이다.

쇼와 15[1940]년 10월 12일에 대정익찬회가 탄생했다. 그리고 얼마 되지 않아 익찬회에서도 가끔 이동영사운동에 의한 익찬운동 전개 기획이 있어 이것이 아사히신문사의 기원 2천6백년 기념사업의 의의 있는 한 사업으로 제휴하게 되어, 쇼와 15년 12월 24일에 '일본이동문화협회'가 설립된 것이다.

당시 일본이동문화협회의 목적 사업은 다음과 같았다.

목적

본회는 농산어촌 및 공장 광산 등의 문화향상을 기하고 건전한 오락을 제공하여 그 지도 및 위안 기타 대정익찬운동에 협력하는 것을 목적으로 한다.

사업

1. 농산어촌 및 공장, 광산 종업원의 문화지도 및 위안에 관한 조사 연구
2. 순회영사대의 파견
3. 연극, 연예, 종이연극 기타 오락의 제공 지도
4. 영사, 연예장의 설치
5. 제2조의 수행에 필요한 영화 제작
6. 기술자 양성
7. 기타 본회의 목적 달성에 필요한 각종 사업

이상의 '사업 및 목적'에서 보듯이 '일본이동문화협회'는 단순히 순회영사대 파견뿐만 아니라 현재의 이동연극, 연예, 예능 일반을 구사함으로써 대정익찬운동에 협력할 의도를 가지고 있던 것이다. 그러나 이 너무나 방대한 의도는 실현되지 않았다라기보다는, '이동영사'라는 것이 그렇게 쉽게 이것이나 저것이나 백화점적 존재로 혹은 부업으로 할 수 있는 것이 아니어서, 실제로 우선 첫 사업으로 수행된 16밀리 이동영사는 나중에 '일본이동문화협회'가 나아갈 목표를 분명히 확정해 갔다.

즉 동회는 창립과 동시에 아사히신문사의 경(輕)영사대를 중심으로 오늘날에 보면 참으로 미미한 십여명의 16밀리 발성(광음)영사기에 의한 이동영사대를 편성하여 활동을 시작하도록 태세를 갖춘 것이었지만, 우선 문제가된 것은 영사 내용이며 이 편성도 당시로서는 겨우 다른 순회영화에 비교하여 약간 풍부한 프로그램을 가진 것에 불과했다. 이래 가지고는 익찬회의 무기로 즉시 채용하기에는 너무나 빈약한 것이었다. 따라서 익찬회는 이 소수의 영사대를 충족하도록 진력했던 것이다. 이는 다름이 아니라 영화 프로그램 내용의 충실화와, 종래 흥행 순회 기업적 존재로 영사대원은 단지 영사만 하면 된다거나, 혹은 신문사의 판매망 획득을 위한 봉사적 존재로서 영사만 하면 된다는 식의 관념에 기초했던 영사대원의 재출발—연성이 수행

된 것이다.

이를 좀더 구체적으로 기술하면 '영화프로의 내용 충실화'로 영화상설관과 마찬가지로 1 일본뉴스(당시는 이 뉴스를 익찬회판으로 매월 편집하였다) 1 문화영화 1 극영화라는 원칙으로 상영시간 2시간 반 내외로 하고 종래 엉망이었던 순회흥행적 영화 프로그램을 극복한 것이다. 한 마디로 극복했다고 하나, 여기에는 오늘날에 말하는 바 애로가 연연히 놓여 있었다. 즉 일본뉴스, 문화영화, 극영화는 모두 35밀리판이었고 16밀리판의 축사(縮寫)를 하는 데 있어 각 영화회사가 축사 판권을 어떻게 취급하느냐 하는 문제였던 것이다. 이 이동문화협회에 의해 감행되는 이동영사운동이 영리를 목적으로 하지 않는 익찬운동 전개를 위해 존재한다는 점을 각 영화회사는 이해하게 되었고, 이는 자진해서 익찬회에 무상 제공하는 형태로 나타났다. 그러나 그렇다 해도 종래의 관계도 있어서 각사가 대행 교섭 기관으로 만든 당시의 대일본영화사업연합회로 하여금 여러 조건을 부여하였다. 이들 조건은 당시로서는 전혀 무리가 아닌 조건뿐이었다. 그 기본이 되는 것은 결국 각 영화회사가 영리회사라는 점에 있었던 것이다.

그러나 이 일은 어쨌든 해결되었다. 그리고 다음 문제인 '영사대원의 질적 향상'을 목적으로 한 연성 방침이 확립된 제1회 이동영사대원 연성 강습회가 익찬회의 강력한 지지하에서 개최되었다. 이때 대원은 모두 35명이었다. 더 한층 충족을 목표로 제2회 연성강습회가 일본청년관에서 13일 동안 25명에게 실시되었으며, 얼마 지나지 않아 제3회 강습회를 오사카 이코마야마 수련도장에서 14일 동안 21명으로 수행했다. 이 내용을 개관하면 다음과 같다.

제3회 강습행 일과표

오전 5시반 기상, 세면, 조례, 점호, 국기계양, 황궁요배 국가봉창, 전진훈 낭독, 체조, 청소

오전 7시 조식

오전 8시 집단훈련

오전 9시 강의 또는 훈련

정오 점심

오후 1시반 강의 또는 훈련

오후 5시 저녁, 목욕

오후 7시 기술훈련 또는 좌담회

오후 8시반 집단훈련, 점호

오후 9시반 소등, 취침

비고―

1. 교습생 전원은 8명 1반으로 하고 각 반장을 둔다.

1. 취사 및 작업당번은 하루마다 교체하여 2명씩.

1. 그외 당번반으로 하루마다 한 반씩 교체하면서 충당한다.

1. 집단훈련에는 '근로작업의 이론과 실제', '가무극의 실습', '기상관계 연구', '각종 신호', '결삭방법', '천막치기', '야영' 등을 함.

이상과 같은 요령으로 일본이동문화협회가 명실공히 아사히신문사를 떠나 영화배급사로 이행될 때까지 제5회의 영사대원 연성강습회가 수행된 것이다. 이 강습연성회는 전술한 '영화 프로그램의 내용 충실화'에 비교하여 그후 실제로 이동영사를 각반 각층에 실시함에 있어 자칫 '영화 프로그램의 내용 충실화'가 따르지 않는 경우에도 충분히 이를 극복하고 영화회가 좋은 성과를 거두도록 하는 중요한 요소를 이들 영사대원에게 터득하게 한 것이다.

이 두 가지 목표가 해결됨으로써 익찬회는 조직적·계획적인 이동영사에 의한 익찬운동, 즉 단적으로 말하면 일본에서 처음으로 이동영사운동을 전개한 것이다.

익찬회에서는 어떻게 해서 조직적이고 계획적인 '이동영화회'를 개최했는가? 익찬회는 도쿄에 본부를 두고 각 부현에 지부를 두고 군(郡) 지부, 정촌

지부로 이루어진 것이다. 다른 어떠한 운동을 전개할 경우에도 거의 똑같이 익찬회는 정부 지시에 따른 국민운동의 일환에 기초하여 영화상설관이 없는 정촌을 목표로 각 도부현에 실시횟수를 할당하여 일정한 기간 내에 며칠마다 개최되도록 개최 순회일정을 본부로 송부하게 된다. 이 순회일정에 따라 영사반의 수효, 영화 프로그램의 내용을 결정하고 규정 시일에 따라 이동영사를 개최하는 것이다. 이때 단순히 이동영사가 영화에 의한 오락 위안만을 제공하면 충분하다고 보는 종래의 그것과 다르기 때문에 운동 주지에 따르도록 단편영화를 삽입하고 동시에 익찬회 각 도부현부 임직원으로 하여금 동 영화회의 의의와 국민운동에 대해 2, 30분의 인사를 하도록 하였다. 이리하여 익찬회는 쇼와 16[1941]년 11월부터 17[1942]년 1월에 걸쳐 테스트라고 할 '부작지(不作地, 흉작지) 위문 격려 이동영화회'를 홋카이도, 아오모리, 이와테현 등 세 지역에 걸쳐 70군데에서 70회를 개회했다. 그러나 이것이 이동영사의 진면목을 발휘한 것은 아니다. 이동영사가 운동으로 그 힘을 발휘한 것은 쇼와 17[1942]년 4월에 실시된 익찬선거 계몽운동의 일환으로 개최된 '익찬선거 관찰 이동영화회'였다.

이것의 개최 기일은 3월부터 4월의 고시 직전까지인데 각 도부현 전반에 4천 군데를 목표로 동 영화회를 위해 일부러 익찬회가 제작한 '관철하자 익찬선거' 16밀리판 1백본을 영화 프로로 편입하여 당당한 진영을 갖춘 것이다. 그 결과 조사 카드를 배포하고 반향을 조사한 바, 우수한 결과 보고를 얻었다. 그 관객 동원수효는 적게 봐도 2천8백만명이라는 다수였다.

이어서 '대동아전쟁 완수 이동영화회'를 5월부터 6월 동안 3천개 정촌에 걸쳐 개최, 이 영화프로 속에 〈끝까지 싸우자 대동아전(戰ひ拔こう大東亞戰)〉을 편입시켜 2천1백만명을 동원하였고 7월부터 9월까지 '식량증산 격려 이동영화회'를 5천개 정촌에서 개최, 2천5백만명을 동원 프로에 〈식량증산의 길(食糧增産の道)〉을 추가하였다. 10월에는 1천 정촌에서 '군사 원호 강화 이동영화회' 및 '목탄증산 영화회'를 1천 정촌에서 실시, 이것 또한 7백만

명을 동원하였다. 이리하여 쇼와 17년도 대동아전쟁을 맞이하여 1주년인 기하여 대국민운동을 전개하게 되어 더욱 이동영사의 총력 발휘를 감행하도록 12월부터 쇼와 18[1943]년 5월까지 백개반의 이동영사반을 동원, 전국 9천회의 '미영 격멸 전장 정신 앙양 이동영화회'를 실시한 것이다. 그 관객동원 수효는 6천3백만명이라는 방대한 수효를 웃돌았다.

이 영화회를 위해 종래에 사용했던 영화 프로를 일소하고 전장 정신 앙양을 더욱더 횡일(橫溢)하도록 각 영사대는 일본뉴스, 문화영화 외에 다음과 같은 필름을 휴대하였다.

〈대소봉재(大詔奉載)〉 (익찬회 제작), 〈말레이전기(マレー戦記)〉, 〈하늘의 신병(空の神兵)〉, 〈육군항공전기(陸軍航航空戦記)〉, 〈하와이·말레이 해전(ハワイ·マレー沖海戦)〉, 〈날개의 개가(翼の凱歌)〉, 〈오무라 마스지로(大村益次郎)〉, 〈모자초(母子草)〉, 〈기관차 C57호(機關車C57號)〉, 〈하늘의 소년병(空の少年兵)〉 등이다.

그동안 쇼와 18년 1월에 아사히신문사를 후원사로 삼아왔던 '일본이동문화협회'는 이제 시기가 무르익어 동사로부터 영화배급사 경영으로 되었고, 나아가 육군성의 '치고야 말리라' 이동영사운동에서 이동영사라는 것에 대한 세상의 평가가 높아져서 영화배급사가 주체가 되어 정보국 지도하에 쇼와 18년 9월 '일본이동영사연맹'이 되었다.

이상 일본의 이동영사의 역사를 대단히 조잡하나마 적어봤다. 모두에서도 말했듯이 이동영사가 마치 익찬회만을 중심으로 움직여온 듯 생각되지만 약술한 몇몇 영화회가 익찬회, 일본이동문화협회에 의해 전개되었던 사실은 곧 묻힐 수 없는 사실로 오늘날에 존재하고 있는 것이다.

따라서 이동영사가 이동영사로서 그 역사를 쌓기 시작한 제1기는 적어도 쇼와 16년부터 쇼와 18년 8월에 이르는 기간이며 제2기는 9월 이후 영화배급사 이동영사대(일본이동문화협회, 영배 보급개발과) 및 각 신문사, 산업보국회, 산업조합 기타가 모두 하나로 뭉친 '일본이동영사연맹'의 활동에 의해 축적되었다고 해야 할 것이다.

*

이상의 소위 제1기의 이동영사운동에서 각 관계자의 노력은 결코 그 시기만으로 이루어진 것이 아니라 하나로 뭉쳐 거두어 올린 성과이다. 특히 그 전위부대로서의 영사대원 제군의 노력이야말로 바로 '문화전사'로서의 완벽함을 발휘한 것이다.

당시의 '일본이동문화협회 강령'
(이 강령은 현 중의원 의원, 당시의 대정익찬회 선전부 부부장, 혼료 신지로(本領信治郎) 씨의 기초임)

1. 우리는 황민으로 황국에 살고 후방의 문화병사다운 사명을 다해야 함.
1. 우리는 전 일본에 골고루 문화의 광명을 비치고 동포를 경애하는 적성을 바쳐야 함.
1. 우리는 명리에 치우치지 않고 문화에 종사하여 오로지 정신봉공(挺身奉公), 신도(臣道)실천을 생각해야 함.

위의 각항을 명심하고 피가 나는 문화 계몽전이었다. 1반 1명의 영사대원은 16밀리 토키 트렁크 4개, 총중량 23관[약 86kg]을 휴대하고 많은 경우 1개월, 나아가 2개월을 순회일정대로 순회 개최한다.

산을 넘고 골짜기를 건너 개최지에 도착하자마자 곧바로 정촌지부 책임자에게 인사하고 영사장에 가서 우선 전력을 조사한다. 표준 10볼트이어야 하는 전력이 촌락에서는 평균 8, 90볼트, 적은 곳에서는 65볼트 정도밖에 없다. 이들 조정이 끝나면 영사기의 시운전이다. 시운전에 충분한 음량이 확보될 때까지는 대원은 밥도 못 먹는다. 마을 사람들이 들에서 집으로 돌아가 저녁을 먹고 영사장에 모이는 것은 8시, 이리하여 영사가 시작된다. 대체로 앞자리에서는 떠들썩한 아이들도 조용해진다. 도회 상설관에서 보는 관객과 달리 여기의 소박한 관객들은 솔직히 울고 웃고 기뻐하고 분노한다. 그 일희일우가 대원의 신고를, 피로를 씻어준다. 영사가 끝나고 뒷마무리가 끝나는 것이 대체로 12시 전, 그리고 나서 좌담회도 한다. 좌담회가 끝나 숙소가 따로 있으면 숙소까지 1리, 2리의 길을 갈 때도 있고 아니면 마을 관공서의 소환실 등에 갈 때도 있다. 모두 빈약한 숙소가 많다. 이 숙소의 어두운 전등 밑에서 그날의 보고서를 작성하고 진지한 반성을 하고 비로소 이불 속에 들어가면 오전 1시! 이미 내일의 정해진 일정이 기다리고 있다.

이들 영사대원에 대한 개최지 쪽의 답례는 대단한데, 다음에 그중 하나를 적는다.

'〈전략〉정교한 기계와 엄선된 우수한 재료와 게다가 경비도 도외시하고 봉사하는 모습에는 주최자는 물론 일반 참관 촌민 모두 감사 감격이 끊이지 않는 데가 있다.

불행하게도 당일은 저녁부터 곧 비가 오려고 하는 기미가 있어 나쁜 날씨 때문에 영사장을 결정하는 데 주최자와 무라타 씨(영사대원)가 숙의한 후에 일반 참관자에게는 충분한 만족을 주지 못하겠지만 기계의 귀중함을 고려해 결국 실내로 결정. 불편을 무릅쓰고 겨우 고생 궁리하여 준비를 완료. 정해진 시각 전에 벌써 관중들이 영사장에 넘치는 성황이 되니 개회하였는데 뜻밖에 전압이 약하여 화면이 흐릴 뿐 아니라 스피커 발성이 전혀 안 되는 상황에 관객 일동의 실망이 이를 데가 없다. 그러나 날씨 때문에 어찌 할 수 없고 주최자 일동도 할 수 없이 안 되겠다고 각오할 정도였다.

그런데 무라타 씨가 모처럼 참집한 다수의 열성적인 관중, 특히 초대한 출정군인의 유가족 분들을 이런 상태로 돌아가시게 하는 것을 견디지 못해 주최자 일동의 협력을 얻으면 바로 영사장을 옥외로 이동하여 1시간 후에 안전하게 그 목적을 달성하겠다고 그 결연한 결의를 보여주었기에 일동도 그 열의에 감동하여 그렇다면 비가 오기 시작할 때까지 영사회를 계속한다는 약속하에 즉시 변경작업에 착수하였다.

귀찮아하는 얼굴의 전기공을 독려하여 일에 익숙지 못한 작업원을 지시하며 어둠 속에 저녁을 먹을 틈도 없이 땀범벅이 되어 활동하는 무라타 씨의 모습에 감사할 뿐이었다. 관중도 이에 협조하여 깔개를 까는 등 상하가 일단이 되어 활동이 개시되었다.

이는 하나의 참상이지만 동시에 진심이 깃든 반향이기도 한다. 전술한 '익찬선거 관철 이동영화회' 때, 개최지로부터 왔던 영화회 반향조사카드는 다음과 같은 양식이었다.

그 결과 투표 수는 영사장 수의 약 4분의 1로, (1)의 질문에는 99%가 '효과 있음'이며 (2)의 질문에는 '시국물 및 이에 따른 오락물'을 요구하는 소리가 많았고 (3)의 질문에는 대해서는 여러 가지가 있었지만 평균하면 '1년에 5회' 정도의 개최를 바라고 있었다.

이 하나의 사례만으로 모두를 결정하기 어렵지만 적어도 이동영화회가 단순히 안이한 위안 오락을 제공하면 족한 것이 아니라 익찬회가 이동영사에 대해 취한 태도—국민운동과 연결될 때만 이동영사가 보다 잘 그 성과를 발휘하고 그리고 그때에는 '시국물'이든 '오락물'이든 나아가 영사가 사상전의 무기로 탄환으로 가치를 부여받은 것을 보게 된다.

이상의 개관이 이동영사의 장래에 무엇을 시사하고 있느냐 하면 끈덕지다고 느끼겠지만, 영화가 '싸우는 영화'이기 위해서는 도회에 편재한 영화관의 영화 상영뿐만 아니라 이동영사의 활발한 힘에 의해야 하고 나아가 이 이동영사는 국민운동의 선에 따라 조직적 계획적으로 개최되어야만 비로소 그 의의를 가지게 되는 것이라고 믿는다. 그리고 만약 영화작품 자체가 탄환일 수 없다면 단지 영화관에 입장료를 내고 시간을 낭비하는 무감동한 관객과 달리 생산면에서 필름의 한 토막 한 토막을 본능적으로 음미하는, 보다 많은 관객층이 가장 지순하고 공평한 비판을 내리는 것을 제작자는 알게 되리라고 본다. 제작자가 그 소리를 무서워한다면 영화는 '싸우는 영화'가 되지 못할 것이다.

다행히 이 점을 당국도 업자도 의식한 결과 '일본이동영사연맹'은 힘차게 발족하였다고 할 수 있다. 우리는 이동영사가 더욱더 본래의 길을, 본연의 모습을 현현하면서 발전하기를 바라며 또한 발전시키려는 의욕을 가지고 있는 것이다.

(뒤)

익찬회선거관철영화회반향조사
1 이번 영화회는 이번 운동에 효과가 있었습니까.
2 앞으로의 영화회에서 어떤 영화를 바랍니까.
3 1년간 몇 번정도 영화회가 개최되었으면 합니까.
4 관객수
주소씨명

(겉)

우표

도쿄시 고지마치구 가스미게세키 3-1
대정익찬회선전부
선거관철교육계

「國民運動と移動映寫」, 『文化映畵』 3(7) 1943.10.

제2부

조선영화계발협회
인계서

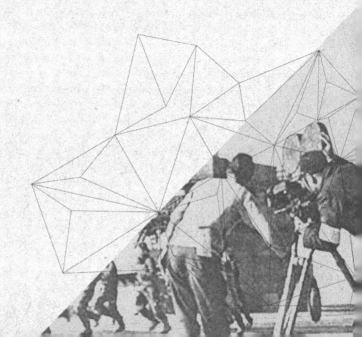

인 계 서
사단법인 조선영화계발협회

1. 수지현계표 (쇼와 20[1945]년도)
2. 연혁
3. 이동영사 정비 확충 요강
4. 정관
5. 기구도
6. 사원 명부
7. 역원 명부
8. 직제
9. 사무분장 규정
10. 도지부 규약 준칙
11. 회원 규정
12. 출장영사 규정
13. 비품 목록 (영화 및 영사기는 본부 검열실 및 사무용 물건은 조지야 (丁字屋)에 격납)
14. 반도측 직원 명부
15. 제4회 정기총회 의안
16. 각 지부 영화비 예산
17. 재산목록
18. 사업 확충 자금 기채(起債)
19. 여비 규정
20. 처무 규정

21. 물품 회계 규정

22. 조선인 직원 봉급조(調)

23. 일본인 역·직원 해직조(調)

24. 쇼와 19[1944]년도 영화 이용조(調)

25. 일본이동영사연맹 계약서

26. 인계문서 및 부책

수지 현계표

쇼와 20[1945]년 9월 3일 현재

세입합계   282,739원 86전
지출합계   273,505원 62전
잔금   9,234원 24전

쇼와 20[1945]년 9월 3일 현재 현계표
사단법인 조선영화계발협회

세입의 부

과 목			예산액	수입누계액	예산에 대한 증액	예산에 대한 감액
관	항	목				
1.회비	회비		109,000	75,100		33,900
2.보조금	국가보조금		160,000	35,000		125,000
3.사업수입			79,700	9,864.38		69,835.62
	1.영화대차료		29,000	6,044.38		22,955.62
	2.출장영사료		45,700	3,820		41,880
	3.환등화 반포료		5,000			5,000
4.기부금			10,000			10,000
5.조성금			250,000	143,304.80		106,695.20
	1.문화조성금		150,000	50,000		100,000
	2.특별조성금		100,000	93,304		6,695.20
6.전년도 이월			17,000	17,031.95	31.95	
7.과년도 이월			10,000	2,012		7,988
8.잡수입			3,000	426.73		2,573.27
합계			638,700	282,739.86	31.95	355,992.09

쇼와 20[1945]년 9월 4일 현재 현계표
사단법인 조선영화계발협회
지출의 부

과 목			예산액	지출누계액	예산에 대한 증액	예산에 대한 감액
관	항	목				
1.신제비 (神祭費)			100			100
	1.신찬폐백료 (神饌幣帛料)[1]		100			100
2.회의비			3,000	2,973.14		26.86
	1.제회의비		3,000	2,973.14		26.86
		1.비용 변상	600	488.80		26.86 [2]
		2.제비용	2,400	2,484.34		(바용보상□□유용) 48.34
3.사무비			168,060	151,884.82		16,175.18
	1.급여		141,520	135,857.51		5,662.49
		1.보수	15,900	15,900		
		2.봉급 급료	47,190	47,190		
		3.제급	78,430	72,767.51		5,662.49
	2.사무소비		26,540	16,027.31		10,512.69
		1.건물임대비	15,000	8,414		6,586
		2.수요비	10,340	6,598.13		3,741.87
		3.수선비	200	17.14		182.86
		4.잡비	1,000	998.04		1.96
4.사업비			388,750	90,554.76		300,105.24
	1.계발비		162,740	71,118.25		91,621.75
		1.수요비	6,840	2,539.47		4,300.53
		2.영화비	151,900	66,622.58		85,277.42
		3.수선비	2,000	1,931		69
		4.잡비	2,000	25.20		1,974.80
	2.교육비		94,680	7,210.40		87,469.60
		1.수요비	3,580	10.40		3,569.60
		2.영화비	81,800	7,200		74,600
		3.연구회비	3,300			3,300
		4.환등화비	5,000			5,000
		5.잡비	1,000			1,000

과 목			예산액	지출누계액	예산에 대한 증액	예산에 대한 감액
관	항	목				
	3.이동영사비		47,830	5,111.11		42,718.89
		1.수요비	39,830	324.96		39,505.04
		2.수선비	7,000	4,561.15		2,438.85
		3.잡비	1,000	225		775
	4.지도장려비		83,500	7,115		78,295
		1.기술원 양성소비	25,000			25,000
		2.영재(映材) 연구소비	50,000	2,400		47,600
		3.표창비	1,000	1,910		1,910−예비비에서 유용 1,000
		4.기관지 배부비	6,500	2,500		4,000
		5.잡비	1,000	305		695
5.사채비 (社債費)			16,590			16,590
		1.원금상환	9,300			9,300
		2.이자	7,280			7,280
		3.제비용	10			10
6.잡지출			32,200	28,092.90		4,107.10
	1.급여금		22,490	22,470		20
	2.잡비		9,710	5,622.90		4,087.10
		1.과년도지출	10			10
		2.접대비	2,000	1,561.06		438.94
		3.교제비	2,000	1,810		190
		4.잡비	5,700	2,251.84		3,448.16
7.예비비			30,000			30,000
합계			638,700	273,505.62		365,194.38

---

1 신도의 제사에서 신에게 봉헌하는 것들에 드는 비용.
2 원문 그대로. 계산상 111원 20전을 잘못 기재한 것으로 보인다.

사단법인 조선영화계발협회의 조직 및 경과

시세의 전진에 따라 영화의 사명은 대중의 계발지도에 가장 강력한 무기로 활용되어, 특히 우리 조선에서는 지역적 특수사정에 비추어 한층 영화의 긴요함을 통감케 한다. 쇼와 16[1941]년 4월에 조선총독부를 주체로 하여 각 도(道) 지사 및 조선금융조합연합회장으로 회원을 조직해 조선영화계발협회라는 명칭 하에 반도의 유일한 민중계발지도기관으로서 사업을 시작하기에 이르렀다. 이후 본회의 사업이 한층 더 중요성을 더하여 더욱 활발한 활동을 요청받기에 이르렀다. 쇼와 17[1942]년 1월에 드디어 공익사단법인이 되어 그 허가 및 등기를 완료한 것이다.

나아가 공인단체로서 비약적 진전을 이루어 쇼와 18[1943]년도에 이르러서는 국가보조금으로 2만원을 지급받고, 이에 따라 종래 조선총독부 정보과장, 각 도지사 및 조선금융조합회장만으로 조직해온 회원은, 각 관공서, 공공단체, 기타 이에 준하는 전선(全鮮)의 대표적인 단체 약 40개를 끌어안아 반도에서 가장 큰 대중계발 선전기관으로서 사명을 다하고 있다.

이동영사 정비 확충 요강
조선에서 이동영사의 보편적 정비 확충 요강

1. 취지

대동아전쟁이 심각한 결전 단계에 접어든 오늘날, 반도동포에 대해 조선 통리(統理) 이념의 투철을 기함과 동시에 더욱 전의앙양을 도모할 필요성이 오늘만큼 급한 때는 없다. 이에 즈음하여 영화를 활용하여 반도 민중의 필승의 기백을 진기(振起)하고, 그리하여 전력 증강에 이바지하기 위해 농산어촌, 공장, 광산의 생산전사에게 영화에 의한 계발선전을 실시함과 동시에 아울러 다음 세대의 조선을 담당해야 할 학생 아동에 대한 영화교육 지도도 함께 실시하고자 한다.

2. 방침

따라서 총독부의 계발선전 방침과 표리일체가 되어 긴밀한 연락을 꾀하고 본 사업의 목적을 달성하기 위해 전선(全鮮)을 일원적 조직 하에 두기로 한다. 즉 중앙에서는 사단법인 조선영화계발협회를 중심축으로 정비 확충하고, 지방에서는 도(道)를 한 단위로 삼아 도계발협회를 설치, (현재 설치 완료) 이를 순영(巡映) 실행 주체로 하여, 중앙단체 지휘 지도하에 정연한 조직 활동으로 대중에 대한 계발선전, 학교에 대한 영화교육을 실시한다.

3. 조직

(1) 중앙기관

(イ) 현재의 사단법인 조선영화계발협회를 주축으로 조선영화배급사 이

동영사를 합병, 현재의 회원은 그대로 존속시키며 더 많은 수를 포함한다.

영화교육의 부문에서는 대일본영화교육회와 연계하여 교육영화의 배급을 받는다. 현재의 조선교육회 내의 영화연맹을 여기에 흡수 합병한다.

(ㅁ) 기관의 명칭

변경 없이 종전대로 사단법인 조선영화계발협회라고 칭한다.

(ㅅ) 조직

정보과장을 회장, 군관민 각 관계기관을 망라. 고문(顧問), 참여(參與), 참사(參事)를 두고 이를 강력한 기관으로 만든다. 조직도는 별표와 같다.

(ㅈ) 재원

국고 보조금	15만원
도비(道費) 보조금	3만원
회(원)비	1만원
기타 조성금	17만 6천원
기부금	9만원
사업수입	1만원
잡수입	4천원
합계	48만원 [3]

---

3   원문 그대로. 재원 세목의 실제 총합은 47만원이다.

(ホ) 사업

영화계발 부문

(1) 이동사업의 종합적 기획 및 운영

(2) 도협회(지부)의 사업의 연락 통제

(3) 이동영사용 영화(생필름을 포함)의 구입, 선정, 대여

(4) 도협회에 대한 조성

(5) 이동영화 사용 영화 제작의 기획

(6) 이동영화 사업 기술원의 □□, 연성, 표창

(7) 이동영화에 관한 조사, 연구 및 사업 휘보의 간행

영사교육 부문

(1) 영화교육의 종합적 기획 및 운영

(2) 영화교육에 관한 도협회의 통제 지도 및 조성

(3) 교육영화의 선정 구입 대여

(4) 환등화 및 환등기구의 배급

(5) 교육교재영화 제작 기획

(6) 영화교육에 관한 강습회, 연구회 등의 개최 및 그에 대한 조성

(7) 영화교육의 이론 및 실제에 관한 연구 조사 및 그에 대한 조성

(8) 영화교육 공로자의 표창

(2) 지방기관

(イ) 도(道) 단위의 도계발협회를 설치하고 중앙의 지부인 성격을 부여하여, 그 조직은 도의 실정에 즉응하여 되도록 강력한 기관이 되도록 함.
영화교육 부문에서도 중앙에 준하여 2부 조직으로 하고 영화교육의 실업을 행함.

(ㅁ) 기관의 명칭

도영화계발협회로서 규약 중 사단법인 조선영화계발협회의 지부로서의 규정 1조를 삽입함.

(ㅅ) 조직

도지사를 회장으로 하고, 부회장은 내무 경찰 양(兩) 부장, 이사는 관계 과장, 민간 방면의 관계자를 포함함.

(ㄹ) 재원

중앙의 협회를 통하여 보조할 일이 있어야 함.
국가보조금, 도(道) 보조금, 사업수입, 회비로 함

(朿) 사업

관내의 통합적 순영의 실시, 계획, 지도 감독으로 함.

(ㅅ) 타기관의 순영□

가입회원 기타의 순영은 모두 협회에 연락한 후에 실시하도록 조치하기로 함.
이에 따른 종합적 계획에 기반하여 정연한 순영을 실시함.

4. 운영

(1) 이동영사에 관한 사업계획 및 학교교육 순영기획 등 중요한 사항은 모두 영화협의회 (가까운 장래에 설립을 예정) 중의 이동영사부회, 영화교육부회에서 이를 협의 결정함.

(2) 사업실시방법

① 이동영사종류

정기 순회영사, 수시 순회영사, 특수 순회영사, 학교 순회영사로 함.

정기 순회영사는 주로 각 도협회(지부) 순영반을 동원하여 정기적으로 행하는 것이며 1도에 4반, 13도에 52반으로 실시함(35밀리). (16밀리 유성(有聲)으로 실시할 경우도 있음)

수시 순회영사는 각 도지부 및 가입회원에서 정기 이외에 행하는 순회영사이며 영화는 수시로 대여하는 형식으로 행한다. (16밀리도 함)

특수 순영은 행사에 병행 혹은 관련하여 행하는 것. (영화 대여는 그때마다 정한다. 16밀리도 병용)

학교 순영은 다음 세대의 조선을 짊어지고 일어설 청소년 학동의 계몽지도를 특히 중시한다는 의미이며, 제1차적으로 국민학교에 대해 정기 순회영사를 행하는 것임.

그러나 이는 교육효과라는 점도 고려하여 협회 내 교육 부문에서 전행(專行)하게끔 함.

소요 영화는 대일본영화교육회와 연계한다. 이로부터 배급을 받을 16밀리 유성, 무성 및 청년지도교육 35밀리로 한다.

그리고 쇼와 19[1944]년도 제1차에는 유전(有電) 지구에서 실시함.

무전(無電) 지구의 학교에 대해서는 16밀리 무성으로 민간사업을 활용함.

② 영화

종래 이동영사용 생필름은 흥업관에서 사용한 오래된 것 아니면 관공서 단체 등의 소장품으로 실시 사용하였지만, 앞으로는 흥업관 개봉과 동시 혹은 전후하여 우수국민영화로 실시함.

그리고 이동영사 전문의 지도영화 제작 기획도 행함.

(위 생필름은 목하 교섭 중인데 수량은 한 달 7만척이며 극(영화) 4본, 문

화영화 4본, 일본뉴스 30본으로 함.)

그리고 현재의 계발협회 및 영배(映配) 소장 필름도 함께 사용함.

③ 순회영사 실시방법

중앙에서 영화를 지부에 대여하고, 지부는 이것으로 실시함.

기타 가입회원에 대하여도 현행대로 대여를 실시함.

(이동영화실시사업도표는 별표)

이동영사에 사용하는 영화를 영화사로부터 차입할 경우에도 모두 협회를 통해 이를 행함.

5. 예산

별표와 같음

6. 다른 기관과의 관련

(1) 이동영사를 전선(全鮮) 일련의 조직 체제 아래 일원 종합적이게끔 하기
위해 군관민을 모두 관련시킴. (군대의 가입도 고려)

(2) 영화사와의 관계

조선 내에서 제작하는 영화는 전부 1개 내지 2개씩 협회에 납입하도록 함.

이동영사용 영화도 제작을 기획함.

배급부에서는 이동영사용 할당 생필름으로 영화협의회, 이동영사부회에서 결정한 영화를 프린트하여 납입하기로 함.

그리하여 배급부 보급과의 관객동원과 더불어, 앞으로의 영화를 '[관객이]]

보아주는 영화'로부터 '[관객에게] 보여주는 영화'의 성격으로까지 추진함.

(3) 무전(無電) 지구

무전 지구는 전선(全鮮)의 6할에 이르려고 한다. 이에 대해서는 발전기 순회자동차 등의 활용을 고려하는 것과 더불어 민간 16밀리 무성을 활용하는 방침으로 함.

아울러 환등 이용도 고려할 것.

(4) 흥업 부문과의 관계

순영을 실시하는 데 있어 흥업 부문과의 연락을 고려해 불필요한 마찰을 피하도록 함과 동시에 흥업 부문에서도 흥업 부문과의 이해충돌이 순회영사 때문인 듯 여기는 방식을 일소할 것.

흥업과 이동이 서로 도와서, 조선에서 영화교육 지도의 완벽을 기한다.

(5) 수리 및 보급

현재의 지정 수리공장, 기타.

정관
사단법인 조선영화계발협회

제1장 명칭

제1조 본 협회는 사단법인 조선영화계발협회라고 칭함.

제2조 본 협회는 사무소를 경성부 중구 남대문통 2정목 123번지에 둠.

제2장 목적 및 사업

제3조 본 협회는 국민의 사기앙양 및 생산력의 증강에 이바지하기 위해 조선에서 영화에 의한 계발선전 사업 및 학교에 대한 영화교육 사업의 종합적 운영을 도모함으로써, 조선 통리에 기여함과 더불어 국민문화의 향상 및 국민교육의 진전에 이바지하는 것을 목적으로 함.

제4조 본 협회는 전조의 목적을 달성하기 위해 다음 사업을 행함.

1. 이동영사 사업 및 영화교육 사업의 종합적 기획 및 운영
2. 도협회 사업의 통제 지도 및 조성, 가입회원의 이동영사 통제 연락
3. 영화의 구입 차입 및 대여, 제작 기획
4. 이동영사 종사 기술원의 교육 연성 표창 및 영화교육 공로자의 표창
5. 이동영사 및 영화교육의 조사 연구, 강습회, 연구회의 개최 및 그 조성
6. 환등화 및 환등기구의 배급, 환등화의 제작 기획 및 제작 알선
7. 이동영사, 영화교육에 관한 인쇄물 간행 및 배포
8. 기타 필요로 인정한 사항

제3장 회원

제5조   본 협회의 회원은 아래 2종으로 함
  1. 제1종 회원
  2. 제2종 회원
  제1종 회원은 각 도계발협회 대표로 함.
  제2종 회원은 각 도협회 이외의 가입 관청 대표자, 공공단체 또는 이에 준하는 단체로 함.
  본 협회에 가입 또는 탈퇴하려고 하는 자는 이사회의 승인을 얻을 것을 요함.

제4장 역원 및 직원

제6조   본 협회에 다음 역원을 둠.
  1. 총재   1명
  2. 회장   1명
  3. 부회장   1명
  4. 이사   약간명
  5. 감사   2명

제7조   총재는 조선총독부 정무총감을 추대함.

제8조   회장은 조선총독 관방 정보과장의 직에 있는 자로 충당함.
  부회장은 조선총독부 관계 관리의 직에 있는 자에게 회장이 이를 위촉함.
  이사 및 감사는 회장이 이를 선임 또는 촉탁함.

제9조   회장은 본회를 대표하고 회무(會務)를 통리함.
  부회장은 회장을 보좌하고 회장에게 사고가 있을 때는 그 직무를 대리함.

회장 및 부회장은 그 재임 중에는 이사로 간주함.

제10조 이사는 이사회를 구성하고 회무 집행에 필요한 사항을 의정(議定)함.

이사 중 1명을 전무이사로 하고 약간명을 상무이사로 함.

전무이사는 회장의 지휘를 받아 회무를 담당함.

상무이사는 회장 및 전무이사의 지휘를 받아 회무를 처리함.

제11조 감사의 직무는 민법 제59조가 정하는 바에 따름.

제12조 역원(회장 및 부회장을 제함)의 임기는 2년으로 함. 단, 중임하여
도 무방하다.

관직 또는 특정한 직무에 있어 역원이 되는 자의 임기는 그 재직 기
간으로 함.

보결로 취임한 역원의 임기는 전임자의 잔임 기간으로 함.

역원은 임기를 만료한 후라 해도 후임자가 취임할 때까지 그 직무를
수행하기로 함.

제13조 역원이면서 그 의무를 위반하거나 체면을 더럽히는 것과 같은 행
위가 있을 때에는 이사회의 의결을 거쳐 회장이 이를 해임 또는 해직시
킬 수 있음.

제14조 역원은 이를 유급으로 할 수 있음.

제15조 본 협회에 필요한 직원을 두고 회장이 이를 임명 면직함.

직원의 급여는 회장이 따로 이를 정함.

제5장 고문, 평의원 및 참여

제16조 본 협회에 고문, 평의원 및 참여를 둘 수 있음.

제17조 고문 및 평의원은 회장이 이를 위촉함.

고문은 회장의 자문에 응함.

회장이 필요하다고 인정할 때에는 평의원회를 초집(招集)함.

참여는 회장의 명을 받아 회무에 참여함.

참여 중 약간명을 상임참여로 함.

제6장 회의

제19조 회의를 나누어 이사회 및 총회로 하고 회장이 이를 초집함.

제20조 이사회는 회무 집행 상의 중요사항 및 총회에 부쳐야 할 사항 등을 심의함.

제21조 회장은 매년 1회 총회를 초집함.

총회의 초집은 적어도 개최일로부터 10일 이전에 회의의 목적이 되는 사항을 제시하는 문서로 이를 통지함.

제22조 전조 제1항 외에 회장이 필요하다고 인정할 때 및 회원의 3분의 1 이상의 요구가 있을 때에는 임시총회를 초집할 수 있음.

제23조 총회는 회원 총수 2분의 1 이상이 출석하지 않으면 개회할 수 없음.

총회의 의사는 출석 회원의 과반수로 이를 의결하고 찬부 동수일 때에는 의장이 결정하는 바에 따름.

총회에 출석하지 못하는 회원은 서면으로 표결을 할 수 있음.

제24조 총회에 부쳐 토의해야 할 사항은 다음과 같음.

1. 정관의 변경
2. 예산의 의결 및 결산의 승인
3. 사업계획 및 회무의 보고
4. 자산의 관리 처분
5. 기타 회장이 필요하다고 인정하는 사항

제7장 지부

제25조 본 협회는 각 도에 지부를 둠.

지부에 관한 규정을 따로 이를 정함.

제8장 자산 및 회계

제26조 본 협회의 자산은 아래 각 호의 수입으로 이를 충당함.

1. 회비
2. 보조금
3. 사업 수입 및 기타 잡수입
4. 기부금

제27조 본 협회의 회계연도는 매년 4월 1일에 시작하여 이듬해 3월 31일
로 끝남.

제28조 결산은 연도 종료 후에 조속히 조정하고 감사의 의견을 붙여 이사
회 및 총회의 승인을 받도록 함.

제9장 부칙

제29조 본 정관 외에 본 협회에 관한 규정은 회장이 따로 이를 정함

제30조 본 협회는 이사회 및 총회 각 4분의 3 이상의 동의를 얻고, 또한
주무관청의 허가를 얻지 못하면 이를 해산할 수 없음.

제31조 본 정관은 쇼와 19[1944] 7월 1일부터 이를 실시함.

기구 정비 확충 후의 운영조직도
사단법인 조선영화계발협회

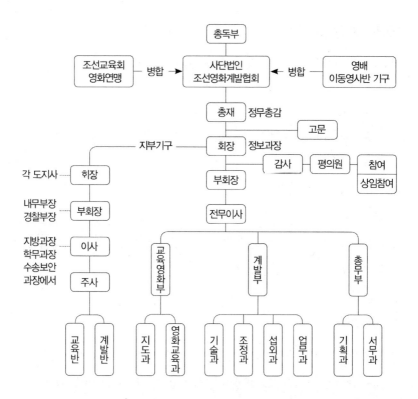

총독부

조선교육회 영화연맹 ──병합──▶ 사단법인 조선영화계발협회 ◀──병합── 영배 이동영사반 기구

총재 / 정무총감

고문

지부기구 ─── 회장 / 정보과장

감사 ─ 평의원 ─ 참여 / 상임참여

각 도지사 ···· 회장

부회장

내무부장 경찰부장 ···· 부회장

전무이사

지방과장 학무과장 수송보안 과장에서 ···· 이사

주사

교육반 / 계발반

교육영화부 — 지도과 / 영화교육과

계발부 — 기술과 / 조정과 / 섭외과 / 업무과

총무부 — 기획과 / 서무과

사원명부

쇼와 20[1945]년 7월 1일 현재

경기도지사	生田淸三郞	충청북도지사	島川源
충청남도지사	增永弘	전라북도지사	草本源基
전라남도지사	八木信雄	경상북도지사	金大羽[4]
경상남도지사	信原聖	강원도지사	孫永穆
황해도지사	岸勇一	평안북도지사	山地之
평안남도지사	古川兼秀	함경북도지사	渡部肆郞
함경남도지사	筒井竹雄	조선전업(電業)주식회사장	久保田豊
조선금융조합연합회장	富永文一	일본광업주식회사지사장	長澤慶郞
국민총력인천부연맹이사장	池田淸義	울릉도사	大竹作次郞
조선해륙운수주식회사장	荻原三朗	경성부윤	生田淸三郞
국민총력조선연맹사무국총장	韓相龍	경성일보 영화부장	斎藤四方太郞
조선화물자동차 통제주식회사장	林茂樹	대일본부인회 조선본부부장	藤江一
경춘철도주식회사장	鹽川濟吉	조선총독부 체신국장	伊藤泰吉
진주부윤	堀米知雄	조선총독부 재무국장	水田直昌
조선석탄주식회사장	石田千太郞	매일신보사사장	金川聖[5]
일본적십자사 상무부총장	佐木忠右衛門	조선광업진흥주식회사장	荻原彦三
경성전매 국장	小島保吉	고바야시(小林)광업 주식회사장	小林采男
동아교통공사 지사장	佐藤作部	제주도사	小野虎市
조선총독부 교통국장	小林利一		

4　원문에는 김태우(金太羽)라고 되어 있으나, 김대우(金大羽, 1900~1976)가 맞다.
5　이성근(李聖根, 1886 ~ ?)의 창씨명.

역·직원 명부

역·직명	소속	씨명	비고
총재	정무총감	遠藤柳作	
회장 (이사)	정보과장	阿部達一	
부회장 (이사)	정보과 사무관	村上正二	
부회장 (이사)	정보과 조사관	諸留寬	
고문	경무국장	西廣忠雄	
고문	학무국장	武永憲樹	
고문	조선군 보도부장	長屋尚作	
고문	조선연맹 사무국차장	甘糟重太郎	
고문	해군무관 부(府)무관	松本一郎	
이사	조영(朝映) 배급부장	岡田順一	
이시	보안과상	八木信雄	
이사	국민교육과장	山村仁□	
이사	흥행협회 전무	未定	
이사	경기도지사	瀨戶道一	
이사	금융연맹 회장	富永文一	
이사	본 협회 전무이사	前田東水	
이사	본 협회 상무이사 (계발부장)	梁村喜智城	
이사	본 협회 상무이사 (총무부장)	高島金次	
감사	충청북도지사	增永弘[6]	
감사	조선전업사장	久保田豊	
평의원	조선연맹 총무부장	伊藤憲郎	
평의원	조선군 보도부	後藤中佐	
평의원	조선군 보도부	林中尉	
평의원	해군 무관부(府)	坂口大佐	
평의원	해군 무관부(府)	土井中佐	
평의원	보안과 사무관	德田正明	
평의원	전문교육과 사무관	藤井宏	
평의원	교학관	石本淸四郎	
평의원	교통국 정비과장	稻川正一	
평의원	금융연맹 보급과장	藤井實	
평의원	경성일보 보급부장	鈴木忠□	

역·직명	소속	씨명	비고
평의원	매일신보 보급부장	松永茂	
평의원	각 도 지방과장		
평의원	충북 지방과장		
평의원	충남 지방과장		
평의원	전북 지방과장		
평의원	전남 지방과장		
평의원	경북 지방과장		
평의원	경남 지방과장		
평의원	황해 지방과장		
평의원	평남 지방과장		
평의원	평북 지방과장		
평의원	강원 지방과장		
평의원	함남 지방과장		
평의원	함북 지방과장		
참여	총독부 통역관	池田国雄	
참여	총독부 도쿄(東京) 파견원	小石備	
참여	조선교육회 주사	稲□□平	
상무참여	조선총독부 촉	□高武夫	

6 박재홍(朴在弘, 1892~1977)의 창씨명. 박재홍은 충북지사와 충남지사 등을 역임하면서 황민화운동, 전시 식량 증산과 공출 촉구에 앞장선 인물이다. 1944년 8월 17일부터 1945년 6월 16일까지 충청북도지사를 지냈다.

직제
사단법인 조선영화계발협회

제1조 본 협회의 사무는 회장의 통리 하에 전무이사가 이를 관리함.

　　　사무이사에게 사고가 있을 때에는 회장이 지명한 상무이사가 그 직무를 대리함.

제2조 본 협회에 다음 3부를 둠.

　　　총무부

　　　계발부

　　　영화교육부

제3조 부(部)에 과(科)를 두고 부(部) 업무를 분장케 함.

　　　회장이 필요하다고 인정할 때는 비서실을 둘 수 있음.

제4조 부 및 과의 사무의 분장은 회장이 별도로 이를 정함.

제5조 본 협회의 사무를 집행하기 위해 다음 전임역원을 둠.

상무이사	3명
참여	약간명
부참여	약간명
서기	약간명
기수	약간명

제6조 부장은 상무이사로 이에 충당함.

　　　회장이 필요하다고 인정할 때는 참사(參事)로 이에 충당할 수 있음.

　　　부장은 회장 및 상무이사의 지도를 받아 부 업무를 관리하고 부하직원을 지휘 감독함.

제7조   부장에게 사고가 있을 때는 회장이 지명한 과장이 그 직무를 대리
함.

제8조   과장은 참사 부참사로 이를 충당함.

회장이 필요하다고 인정할 때는 서기로 이를 충당할 수 있음.

과장은 상위직의 명령을 받아 과 업무를 관리하고 부하직원을 지도
감독함.

제9조   서기는 상위직의 명령을 받아 서무에 종사함.

제10조   기수는 상위직의 명령을 받아 영사사무 및 기술에 종사함.

촉탁은 특정한 사무를 담당하기로 함.

제11조   본 협회에 촉탁 약간명을 둘 수 있음.

부칙

본 직제는 쇼와 19[1944]년 7월 1일부터 이를 시행함.

사무분장 규정
사단법인 조선영화계발협회

제1조   조선영화계발협회 총무부에 서무과, 기획과를 둠.

제2조   서무과에서는 다음 사무를 관장함.

　　1. 인사에 관한 사항

　　2. 기밀에 관한 사항

　　3. 문서의 수발, 편찬, 보관에 관한 사항

　　4. 회계에 관한 사항

　　5. 다른 부(部)와 과(科)에 속하지 않는 사항

기획과에서는 다음 사무를 관장함.

　　1. 업무의 기획에 관한 사항

　　2. 중요회의 및 중요의안의 입안에 관한 사항

　　3. 예산 편성 및 경리 감리에 관한 사항

　　4. 조사 및 통계에 관한 사항

　　5. 지부 사업의 사찰 지도에 관한 사항

　　6. 의안심사 앙재에 관한 사항

　　7. 주무관청과의 사무연락에 관한 사항

제3조   계발부에 업무과, 섭외과, 정비과, 기술과를 둠.

　　업무과에서는 다음 사무를 관장함.

　　1. 영화계발사업의 연락 지도에 관한 사항

　　2. 계발영화의 선정에 관한 사항

　　3. 계발영화의 프로그램 편성 및 배급에 관한 사항

　　4. 계발영화의 위탁 배급에 관한 사항

5. 영화의 수시 대여에 관한 사항
섭외과에서는 다음 사무를 관장함.
  1. 특별 출장영사에 관한 사항
  2. 이동 연극 연예의 연락에 관한 사항
  3. 순회영화의 소개 보급에 관한 사항
  4. 기관지의 편집 및 자료 수집에 관한 사항
정비과에서는 다음 사무를 관장함.
  1. 자재에 관한 사항
  2. 영화 및 기구 수리에 관한 사항
  3. 영화의 수검에 관한 사항
  4. 영화의 출납 점검에 관한 사항
  5. 영화의 전(轉)발송에 관한 사항
기술과에서는 다음 사무를 관장함.
  1. 영사기술에 관한 사항
  2. 기술원의 양성에 관한 사항
  3. 영사기술자협회에 관한 사항
제4조 영화교육부에 영화교육과, 지도과를 둠.
  영화교육과에서는 다음 사무를 관장함.
  1. 교재 및 교육영화의 선정에 관한 사항
  2. 교재 및 교육영화의 배급에 관한 사항
  3. 대일본영화교육회의 연락에 관한 사항
  4. 환등의 보급에 관한 사항
  5. 무전(無電)지구 영사에 관한 사항
지도과에서는 다음 사무를 관장함.
  1. 영화교육의 연구 조사 및 지도에 관한 사항
  2. 연구회 강습회에 관한 사항

3. 영화교육 자료에 관한 사항

부칙

이 규정은 쇼와 19[1944]년 7월 1일부터 이를 실시함.

【예】 도(道) 영화예능계발협회 규약 (준칙)

제1장 총칙

제1조   본 협회는 (   )도 영화예능계발협회라고 칭함.

제2조   본 협회는 사무소를 (   )도청 내에 둠.

제2장 목적 및 사업

제3조   본 협회는 사단법인 조선영화계발협회의 취지 강령에 기초하여 영화에 의한 계발선전 및 학교에서의 영화교육 사업 및 예능에 의한 계발선전의 종합 운영을 도모하고, 그리하여 도치(道治)에 기여함과 함께 국민문화의 향상 진전에 이바지하기를 목적으로 함.

제4조   본 협회는 전조의 목적을 달성하기 위해 다음 사업을 함.
    1. 영화의 구입 차입
    2. 계발지도 이동영사
    3. 이동 연극 연예의 기획 및 실시
    4. 학교에 대한 정기 이동영사
    5. 광산 공장의 직역 종사자에 대한 이동연극 □□
    6. 군인 □□□에 대한 위문영사
    7. 기타 필요하다고 인정하는 사항

제3장 회원

제5조   본 협회의 회원은 본 협회에 가입한 단체 및 개인으로 함.

제6조   회원의 가입 및 탈퇴는 본인의 신청에 의해 평의원회의 자문을 거
       쳐 회장이 이를 결정함.

제4장 역원 및 직원

제7조   본 협회에 다음 역원을 둠.

회장	
부회장	2명
이사	약간명
간사	약간명
평의원	약간명
고문	약간명

제8조   회장에는 (   )도지사를 추대함.

       회장은 본 협회를 대표해 회무를 총리(總理)하고 회의의 의장이 됨.

제9조   부회장은 (   )도 내무부장 및 동 경찰부장의 직에 있는 자로 이를
       충당함.

       부회장은 회장을 보좌하고 회장에게 사고가 있을 때는 회장이 지명한
       부회장이 그 직무를 대리함.

제10조[7]   이사는 이사회를 구성하고 회무 집행에 관한 중요사항을 의정함.

       이사는 2명을 상무이사로 하고 (   )도 지방과 및 동 학무과장의 직에
       있는 자로 이에 충당함.

       (필요에 따라 보안과장을 상무이사로 하고 지방과장을 상무이사로 할
       수 있음.)

---

7   원문에는 '10조'가 없으나 인쇄상의 오류로 보임.

상무이사는 회장의 지휘를 받아 회무를 장리함.

제11조　간사는 (　)도 관계 과 사무 담임, 도청 또는 도시학(道視學)의 직에 있는 자에게 회장이 이를 위촉함.

간사는 상위직의 명령을 받아 회무를 처리함.

제12조　평의원은 회원대표자 및 본회 관계자 중에서 회장이 이를 선임함.

평의원은 평의원회를 총재하여 회장의 자문에 응함.

제13조　고문은 군□ 관□ 보조기관 및 학식경험이 있는 자 중에서 회장이 위촉한 자로 이에 충당함.

제14조　본 협회에 다음 직원을 두고 회장이 이를 임명함.

직원은 가능한 한 관계하는 과의 관직에 있는 자에게 회장이 이를 촉탁함.

1. 주사
2. 촉탁 약간명
3. 서기 약간명
4. 기수 약간명
5. 고원 약간명

제5장 회의

제15조　평의원회는 회장이 이를 초집함.

제16조　평의원회에 자문할 사항은 다음과 같음.

1. 규약의 변경
2. 예산 및 결산
3. 자산의 관리 및 처분
4. 회원의 가입 및 탈퇴

5. 회무 집행 상 중요사항

6. 기타 회장이 필요하다고 인정한 사항

제6장 회계

제17조 본 협회의 경비는 다음 각호의 수입으로 이를 충당함.

1. 회원조성금

2. 보조금

3. 기부금

4. 기타 잡수입

제18조 본 협회의 회계연도는 매년 4월 1일에 시작하고 이듬해 3월 31일
로 끝남.

부칙

본 규약의 실시에 관해 필요한 규정은 회장이 별도로 이를 정함.

본 규약은 쇼와 19[1944]년 7월 1일부터 시행함.

회원 규정

제1조   본 협회의 회원이 되려는 자는 입회신청서를(별지 양식)에 따라 회비 1년치를 첨부하여 신청해야 함.

다만 10월 이후 이듬해 3월까지 입회하는 자는 그 연도의 회비를 반액으로 함.

제2조   회비는 다음과 같다.

제1종 회원 연액 금 1만원

제2종 회원 연액 금 5천원

기납한 회비는 어떤 사유가 있어도 반환하지 않음.

제3조   회원은 매년 4월 말일까지 그 연도의 회비를 납부해야 함.

제4조   회원은 영화를 정기 또는 수시로 배급받는 것 외에 기관지 및 배급 영화에 관한 자료의 배포를 받고 본회 주최의 각종 연구회 강습회에 그 대표가 참가할 수 있도록 함.

제5조   회원이며 회비를 납부하지 않을 때는 제4조의 특전을 정지할 경우가 있음.

부칙

제6조   본 규정은 쇼와 19[1944]년 7월 1일부터 실시함.

입회신청

귀회 제(   )종 회원으로 입회코자 하여 좌기 사항을 기재하여 쇼와 (   )년도 회비 금 (   )원을 첨부하여 이를 신청합니다.

쇼와 년 월 일
      소재지
      단체명
      대표자직 씨명   도장

사단법인 조선영화계발협회장 귀하

기

1. 영화 이용목적
2. 정기배급(또는 수시)을 받을 영화 종목
    16밀리 발성영화   조(組)씩 연(年) 회(回)
    16밀리 무성영화   조(組)씩 연(年) 회(回)
    35밀리 발성영화   조(組)씩 연(年) 회(回)
3. 영사지 및 영사회장
4. 영화 수송방법 선(線) 역(驛) 하역(배달 포함)
5. 전화국명 및 번호
6. 영화계 주임직 씨명
7. 기술원직 성함(인원수 영사면허번호)
8. 소유영사기(기계명, 형명, 35밀리와 16밀리의 구별, 발성과 무성의 구별, 대수, 구입연도)
9. 영화비 예산(연액) 및 그 출처
10. 주간(晝間) 전력선 유무

출장영사 규정

제1조 출장영사는 본 규정에 따라 이를 행함.

제2조 출장영사를 원하는 자는 예정기일 전에 상당한 기간을 두고 출장
영사 신청서(양식 제1호)를 제출해야 함.

　　단, 관람료를 징수하는 경우에는 출장영사를 하지 않는 것을 원칙으
로 함.

제3조 전조의 신청이 있을 때 즉시 그 가부를 결정하고 이를 신청자에게
통지함.

제4조 출장영사료는 1회에 20원으로 함.

　　단, 영사기 운반에 드는 직원 출장 여비는 신청자가 이를 부담해야 함.

제5조 영화대여료는 영화 대여규정 제8조에 따라 이를 징수함.

제6조 회원의 신청 및 공익상 특별히 필요하다고 인정한 경우에는 전조
의 요금을 감액 또는 징수하지 않을 경우가 있음.

부칙

본 규정은 쇼와 19[1944]년 7월 1일부터 이를 실시함.

출장영사 신청서

 귀 협회 출장영사 규정에 따라 이번에 다음과 같이 영사가 이루어지도록 신청합니다.

쇼와   년   월   일
씨명(소재지 단체 씨명)   인

사단법인 조선영화계발협회 귀하

기

영사월일	제1 희망	
	제2 희망	
영사시간	오전/오후 시 분부터	
영사회장		
영화유무		
영사목적		
비고	원칙상 관람료를 징수할 수 없음. 영화대여료는 별도로 이를 징수함.	

영화대여규정

제1조　영화대여는 본 규정에 따라 이를 행함.

제2조　대여할 영화의 제목, 권수, 영사 소요 시간 등을 일간 『동맹통신 (예능판)』에 게재하여 그때마다 이를 통보함.

제3조　본 규정에 따른 영화대여는 아래 2가지로 함.

1. 정기대여
2. 수시대여

제4조　정기대여는 1기를 1개월로 하고 배급영화는 35밀리 발성판 일본뉴스, 문화영화 및 극영화 등 도합 약 15권으로 함. 다만 경우에 따라 16 밀리 영화를 사용함.

제5조　정기대여 영화는 본 협회가 정하는 일정에 따라 송부함. 송부일정은 미리 이를 통지함.

제6조　대여신청에 대해서는 수시대여를 하고 전항 대여를 원할 경우에는 별기 양식 제1호에 따라 신청해야 함.

제7조　제1종 회원에 대한 정기대여 및 연간 백 권으로 한정함. 수시대여는 이를 무료로 함.

제8조　영화대여료는 다음과 같다.

1. 35밀리 일본뉴스 및 영화는 1권에 1일 5원
2. 35밀리 극영화, 문화영화 및 만화는 1권에 1일 3원
3. 16밀리 뉴스영화는 1권에 1일 2원 50전
4. 16밀리 극영화 문화영화 및 만화는 1권 100척으로 치고 1권에 1일 2원

연속하여 장기로 대여하면 할인하는 경우가 있음.

회원에 대한 대여료는 반액으로 함.

제9조   대여료는 영화가 도착한 때부터 발송까지의 일수로 계산함.

제10조   영화 수송의 여러 비용은 피대여자의 부담으로 함.

제11조   영화 사용 후에 즉시 본 협회로 반환 혹은 본 협회가 지정한 자에게 송부해야 함. 정당한 이유 없이 발송 또는 반환을 지연한 경우에는 1권에 1일 5원의 비율로 연체료를 징수하기로 함.

제12조   영화대여를 받았을 때에는 영사 종료 후 1주 내에 별기 양식 1호에 따라 그 개요를 보고해야 함.

제13조   대여를 받은 영화의 분실 및 훼손에 따른 손해는 [피대여자]가 이를 변상해야 함.

(다만 그 손해가 피대여자의 책임으로 돌아가지 않을 사유에 따른 경우는 이를 적용하지 않음.)

부기

본 규정은 쇼와 19[1944]년 7월 1일부터 이를 실시함.

영화대여 신청서

쇼와　년　월　일

주소(단체명)
대표자 직함 씨명　　　　　　　인

조선영화계발협회장 귀하

　귀 협회 영화대여 규정에 기초하여 다음과 같이 영화회를 개최하려는 바, 영화대여가
이루어지도록 이를 신청합니다.

기

1. 차용기간 (쇼와　년　월　일부터 쇼와　년　월　일까지)
2. 개최목적
3. 영화 수송 방법
4. 강연자 직함 씨명
5. 강연 내용
6. 영화계 주임 직함 씨명
7. 사용 영사기명
8. 기술원 직·씨명　　　　　　　　(면허　종　제　호)
9. 기술자 조수 직·씨명
10. 영화 종목 16밀리 35밀리 (귀 협회의 편성에 따른 것)
11. 실시계획 예정표 (별지와 같음)

실시계획 예정표

시행월일	개최 도부읍면 명	장소	관람자 예정 수	비고
월　일				
월　일				
월　일				

(양식 제2호)

영화회 실시 개황 보고 건

쇼와   년   월   일

주소(단체명)
대표자 직함 씨명   인

조선영화계발협회장 귀하

　○○에 차용에 관계된 귀 협회 영화에 의한 영사회 실시 개요는 다음과 같으므로
이를 보고합니다.

기

계발선전(학교 순회) 영화회 실기 개황 □□

실시월일	주최자	개최지 도부읍면 명	영사 횟수	관람자수	편성 프로그램

비고
1. 강연자 직함 씨명
2. 강연 내용
3. 기술원 직함 씨명
4. 기술조수 직함 씨명
5. 사용 영사기명
6. 일반 감상

비품대장

쇼와 20[1945]년 8월 25일
교육과

영사기 가미가제   제1대

필름 되감기판   1개

자루(袋)   10개

원형 케이스   8개

릴   8개

16밀리 발성판 목록

영화명	권수
모모타로의 바다독수리(桃太郎の海鷲)	5
〃	5
언제나 전장에 있다(常に戰場に在り)	4
〃	4
싸우는 잠수함(戰ふ潛水艦)	1
〃	1
결전의 대공(決戰の大空)	10
〃	10
마짱의 낙하산부대(マ―坊の落下傘部隊)	1
〃	1
대륙신전장(大陸新戰場)	9
〃	9
망아지(仔馬)	1
〃	1
분기하는 타이(起ち上るタイ)	6
〃	6
난인탐방기(蘭印探訪記)	4

영화명	권수
〃	4
소바의 옛마을(蕎麦の古さと)	1
〃	1
하늘의 신병(空の神兵)	7
〃	7
산에서 싸우다(山に戦ふ)	2
〃	2
농민극장(農民劇場)	2
마짱의 남해분전기(マ―坊の南海奮戦記)	1
굉침(轟沈)	8
〃	8
〃	8
〃	8
〃	8
〃	8
학원에서 대공으로(学園から大空へ)	3
〃	3
〃	3
〃	3
〃	3
〃	3
〃	3
학도출진(学徒出陣)	2
〃	2
〃	2
〃	2
〃	2

16밀리 무성영화 목록

영화명	권수	영화명	권수	영화명	권수
육군낙하산부대 (陸軍落下傘部隊)	1	공습과 방공 (空襲と防空)	2	다이마이시네그라프14 (大毎シネグラフ(14))	1
〃	1	하와이 제도 (ハワイ諸島)	1	아버지의 노래시계 (お父さんの歌時計)	3
하늘의 신병 (空の神兵)	3	상상의 만주 벌판 (想え満州の野)	1	히노마루 작문 (日の丸綴方)	3
〃	3	그 후의 이태리 (その後の伊太利)	1	아 피의 운명 (アア血の伝令)	3
말레이전기 (マレー戦記)	4	포경선 (捕鯨船)	1	거국적으로 (国を挙げろ)	2
〃	4	교육 빛나는 명명식 (教育輝く命名式)	1	어머니를 알다 (母を知る)	4
영화월보 제6호 (映画月報第6号)	1	면양 (緬羊)	1	위엄의 빛 (御□威の光)	4
〃	1	꽃에서 열매로 (花から果実へ)	1	은사의 담배 (恩賜の煙草)	2
날개의 교실 (翼の教室)	2	전자□□ (電磁□□)	1	빛나는 인생 (輝く人生)	4
〃	2	빛 (光)	1	□의 행방 (□の行方)	5
날아오르는 정열 (舞上がる情熱)	5	물과 발전소 (水と発電所)	1	소가 형제 (曾我兄弟)	2
〃	5	우리의 피리 연주 (我等の管奏)	2	마을은 쾌청 (村は秋晴れ)	3
영화월보 제7호 (映画月報第7号)	1	단일기계 (単一機械)	1	노기 장군 (乃木将軍)	2
〃	1	철의 정련 (鐵の精錬)	1	와케노 키요마루 (和気清麻呂)	2
영화월보 제8호 (映画月報第8号)	1	소화 (消化)	1	그 일전 (此の一戦)	1
〃	1	압축호프와 압축공기 (圧縮ポンプと圧縮空気)	1	전쟁과 소녀 (戦争と少女)	3
버마 전기 (ビルマ戦記)	3	면이 나올 때까지 (綿の出来る迄)	1	고토쿠구락부 (ゴトク倶楽部)	4
〃	3	바닷물은 왜 짠가 (海の水はなぜからい)	1	니노미야 킨지로 (二宮金次郎)	2
모모타로의 바다독수리 (桃太郎の海鷲)	3	국기 히노마루 (国旗日の丸)	1	온정의 꽃 (温情の花)	3

영화명	권수	영화명	권수	영화명	권수
〃	3	도고 원사와 미카사 (東郷元帥と三笠)	1	동료비행기여 안녕 (僚機よさらば)	3
영화월보 제9호 (映画月報第9号)	1	어린이의 작법 (子供の作法)	1	소년전선 (少年戦線)	5
〃	1	배추흰나비 (もんしろ蝶)	1	눈온 뒤에 갬 (雪晴れ)	3
영화월보 제10호 (映画月報第10号)	1	벌의 일생 (蜂の一生)	1	육군소년항공병 (陸軍少年航空兵)	2
〃	1	유리의 세공 (硝子[8]の細工)	1	일본뉴스 홍콩함락 (日本ニュース香港陥落)	1
기지의 건설 (基地の建設)	2	나무에서 종이로 (木から紙へ)	1	해양소년단 (海洋少年団)	1
〃	2	닭 이야기 (鶏の話)	1	원기 2600년 (紀元二千六百年)	1
동양의 개가 (東洋の凱歌)	4	치아 위생 (歯の衛生)	1	신체조의 요령 (新体操の要領)	1
〃	4	렌즈 (レンズ)	1	고갱이 (ずい)	1
영화월보 제11호 (映画月報第11号)	1	매미의 일생 (蝉の一生)	1	소년비가 (少年悲歌)	4
〃	1	필리핀 제도 (フィリピン諸島)	1	충효론 (忠孝論)	1
영화월보 제12호 (映画月報第12号)	1	아기새와 귀신 (小鳥と鬼)	1	쇼와의 모모타로 (昭和の桃太郎)	1
〃	1	파나마운하 (パナマ運河)	1	□의 이리 (□の狼)	1
마쨩의 낙하산부대 (マ一坊の落下傘部隊)	1	런던 (ロンドン)	1	동물방첩전 (動物防諜戦)	1
〃	1	도쿄에서 아오모리까지 (東京から青森まで)	1	모스케의 항아리 (茂助の壷)	1
결전의 대공으로 (決戦の大空へ)	5	긴키지방 남부 (近畿地方南部)	1	일본 제일의 모모타로 (日本一の桃太郎)	1
〃	5	홋카이도 이야기 (北海道の話)	1	신 원숭이와 개의 싸움 (新猿蟹合戦)	1
국민개영 (国民皆泳)	2	간토지방 (関東地方)	1	오야마 총동원 (お山総動員)	1
가을의 산야 (秋の山野)	1	이세 참배 (お伊勢参り)	1	벤케이와 우시와카 (弁慶と牛若)	1
대공에서 춤추다 (大空に舞ふ)	1	덴마크 체조 (デンマーク体操)	1	무적 독수리 (無敵荒鷲)	1

---

8   원문에는 '消子'라고 되어 있으나 '硝子(유리)'의 오식으로 보임.

영화명	권수	영화명	권수	영화명	권수
타누기치의 이야기 (タヌ吉のお話)	1	모기의 일생 (蚊の一生)	1	진실한 소식 (誠の報)	1
과학의 눈 (科学の眼)	1	나치스를 보라 (ナチスを見よ)	1	황금의 낚시 (黄金の釣)	1
9	2	성냥 공업 (マッチ工業)	1	동물곡예 (動物曲芸)	1
일본의 호수 (日本の湖)	2	증기기관 (蒸気機関)	1	개구리와 낙하산 (カエルとパラシュート)	1
수확 (収穫)	2	제비 이야기 (つばめの話)	1	카치카치산 (カチカチ山)	1
아기곰형제 (兄弟こぐま)	1	토라 짱의 일기 (虎ちゃんの日記)	4	천공여행 (天空旅行)	1
건축 이야기 (建築の話)	1	히노마루 마차 (日の丸馬車)	4	개구리는 개구리 (蛙は蛙)	1
집단근로작업 (集団勤労作業)	1	황은 (皇恩)	3	원숭이와 게의 싸움 (猿蟹合戦)	1
다다요시는 돌아왔다 (忠吉は帰った)	1	노구치 히데요 (野口英世)	3	원숭이와 풍어 (お猿の大漁)	1
쇼카서당 (松下村塾)	7	새의 둥지 (鳥の巣)	1	타짱의 괴물퇴치 (ターチャンの怪物退治)	1
소년돌격대 (少年突撃兵)	5	돌 이야기 (石の話)	1	카미나리 고로키치 (雷ゴロ吉)	1
두 개의 세계 (二つの世界)	1	덴마크 (デンマーク)	1	숲의 동물원 (森の動物園)	1
위문대 (いもんぶくろ)	5	분기하는 타이 (起ち上るタイ)	4	카치카치산 (カチカチ山)	1
북국소년 (北国少年)	1	일본뉴스 제12호 (日本ニュース第12号)	1	봄 (春)	1
위문대 (いもんぶくろ)	5	도토리 (どんぐり)	1	무궤도 3인승 (無軌道三人乗り)	1
활강연습 (滑降訓練)	1	분기하는 타이 (起ち上るタイ)	4	천국의 사람 (天国の人)	1
어린이반상회일기 (子供隣組日記)	2	일본뉴스 제12호 (日本ニュース第12号)	1	쇼와의 모모타로 (昭和の桃太郎)	1
일억반공진 (一億防空陣)	2	도토리 (どんぐり)	1	집오리의 아이 (あひるの子)	1
일본뉴스 제8호 (日本ニュース第8号)	1	숯을 굽는 사람들 (炭焼く人々)	2	데부짱의 교통계 (デブチャンの交通係)	1
일본뉴스 제10호 (日本ニュース第10号)	1	시력을 보호하라 (視力を護れ)	1	낙지의 뼈 (蛸の骨)	1

9　영화명이 비어있음.

영화명	권수	영화명	권수	영화명	권수
어린이반상회일기 (子供隣組日記)	2	말의 습성 (馬の習性)	1	운은 하늘에 있다 (運は天にあり)	1
일억반공진 (一億防空陣)	2	자연의 정치 (自然の精緻)	1	전파 (ゼンパ)	1
일본뉴스 제8호 (日本ニュース第8号)	1	베이징성 (北京城)	1	동물 올림픽 (動物オリンピック)	3
일본뉴스 제10호 (日本ニュース第10号)	1	숯을 굽는 사람들 (炭焼く人々)	2	육상선수폼 (陸上選手フォーム)	1
산의 학원 (山の学園)	1	시력을 보호하라 (視力を護れ)	1	아사히뉴스제12호 (朝日ニュース第12号)	1
약동하는 건강 (躍る健康)	1	말의 습성 (馬の習性)	1	난징함락 (南京陥落)	1
몽고풍속 (蒙古風俗)	1	벌판의 하루 (野辺の一日)	1	지나사변 10집 (支那事変10輯)	1
셀룰로이드 이야기 (セルロイドの話)	2	당나귀 (ろば)	1	아사히뉴스 5호 (朝日ニュース5号)	1
어떤 날의 갯벌 (或る日の干潟)	2	아이와 병사 (子供と兵隊)	3	난징함락 입성식 (南京陥落入城式)	1
만주개척청소년전용대 (満州開拓青少年戦勇隊)	2	바람 속의 아이 (風の中の子供)	5	지나사변 3집 (支那事変3輯)	1
화가 아버지 (エカキノ父サン)	1	빛나는 소년일본 (輝け少年日本)	4	지나사변 6집 (支那事変6輯)	1
물 (水)	1	일본의 아이 (みくにの子供)	4	아사히뉴스 4호 (朝日ニュース4号)	1
조선지방 (朝鮮地方)	1	비굴한 나팔 (三太のラッパ)	4	아사히뉴스 1호 (朝日ニュース1号)	1
건강의 길 (健康の道)	1	믿음직한 간페이군 (たのもしきカンペイ君)	4	아사히뉴스 4호 (朝日ニュース4号)	1
북국소년 (北国少年)	1	우리들의 아우 (僕等の弟)	4	친구 (ともだち)	3
낚시 (魚つり)	1	군신 니시즈미 대위 (軍神西住大尉)	4	후로이안카이엘소대 フロイアンカイエルの小隊	2
사하라 사막 (サワラ砂漠)	1	호국의 정화 (護国の精華)	2	불인 풍경 (仏印風景)	1
야스쿠니신사와 소국민 (靖国神社と小国民)	1	새벽의 비상선 (暁の非常線)	3	백흑 (白墨)	3
일본도 (日本刀)	1	야마오카 철주 (山岡鐵舟)	4	흑조가 요동하는 태평양 (黒潮躍る太平洋)	2
광산 이야기 (金山の話)	1	소년무사도 (少年武士道)	4	캥거루의 생일 (カンガルーの誕生日)	1

영화명	권수	영화명	권수	영화명	권수
멕시코 (メキシコ)	1	오오타카 겐고 (大高源吾)	3	길가의 돌 (路傍の石)	6
짚 (わら)	1	참마음 (まごころ)	3	영광의 집 (榮光の家)	4
하와이 대공습 (ハワイ大空襲)	1	황국의 초석 (皇国の礎)	2		

공용(供用) 비품 조서

품명	수량
책상 양쪽 서랍	1
책상 한쪽 서랍	11
보통 책상	27
서류 캐비닛(녹색)	3
서류 캐비닛(큰 것)	3
서류 캐비닛(작은 것)	1
책상용 문서정리함	10
책상용 다용 캐비닛	1
책상용 미결함	8
긴 의자(조지야[丁字屋]에서 구입)	9
타이프라이터	3
타이프라이터용 책상	4
타이프라이터용 의자	1
타이프라이터용 문서정리함	1
응접용 원탁	2
모자걸이	1
회전의자(1호)	1
회전의자(2호)	27
대형회전의자	4
중형회전의자	4
응접용 의자(큰 것)	1
응접용 의자(중간 것)	4
응접용 의자(작은 것)	2
보통 의자	3

품명	수량
등받이 의자	3
안락의자	4
테이블(25척×4척)	1
칸막이	2
금고	1
필름 수납 캐비닛(대,중,소)	7
책상 달린 캐비닛	2
책꽂이	3
영화목록판	5
등사판	2
전기시계	1
벽시계	1
전기난로	9
스토프	2
직원명함걸이	2
우편함	1
넘버링	1
주판 (1급)	4
주판 (2급)	5
원의자	5
접이식의자	1
고무도장함	9
등사판	1
벼루함	5
필기봉	1
호치키스	1
구멍 펀치	1
방독면	10
유리제 일정칠판(작은 것)	1
유리제 일정칠판(큰 것)	2
일장기 액자	1
벼루	6

공용(供用) 소모품 조서

품명	수량
미농 괘지	158책
양면 괘지	83책
봉투	대 □□ 중 1,550 소 1,900매
물품영수권	90책
영수서	96책
지출결의서	45책
세입결의서	46책
납입고지서	18책
구입 및 지출결의서	19책
미농 백지	1,100매
신분증명서	200매
기안용지	42책
여비지출 결의서	47책
타이프용 편지지	170책
마분지	1,000매
여행목적 증명서	1,800매
정관	80매
연성출석표	250매
필기용 카본지	300매
필기용 카본지(적색)	30매
타이프용 카본지	100매
타이프용 원지	100매
금전출납부	1책
원고용지	20책
각 도별 괘지	18책
물품요구서	42책
이동영사반 일정표	7책
협회명이 든 엽서	300매
침 핀	19상자
호치키스 핀	13상자
압핀	2상자

품명	수량
클립	24상자
등사용 견포	4매
밑받침	10개
풀	14개
인명부	1책
모형진열대	9봉지
로쿠타베	600본
타이프 잉크	3본
바트	18개
인주	5개
가위	5자루
가치도키	9본
적색 잉크	6본
인주함	4개
수정액	2개
펜촉	9상자
표지	174세트
흡수기	100개
잉크용기	6개
연필	4본
펜자루	2본
반죽고무	1개
적색연필	63본
휘장	128개

영사용 기계 기구 및 부품, 소모품 목록 (쇼와 20[1945]년 8월 20일 현재)

품명	수량	비고
발동기 직결 발전기	1대	
철판 보관상자	1대	
휴대용영사기 (35밀리용)	9세트	별지와 같음①. 3세트는 영화사 몫, 1세트는 본부 몫.
휴대용영사기 (17.5밀리용)	6대	별지와 같음②
영사막	19매	
흑색암막	19매	
공구류 (모노밴드 외)	약간	
전기 테스터	2개	
부분품 및 소모품류	별지와 같음	별지와 같음③
마이크로폰	5개	
전화기 (실내용)	5개	
전류계	1개	
작업복	2착	

별지①

35밀리 영사기 표					
소속	종류	영사기	증폭기	변압기	비고
협회	데부라이(デブライ)	2대	1대	1대	진공관 2A3(2개) 진공관 5v3(1개) 둘 다 없음
	오카모토(岡本)	2대	없음	없음	증폭기 변압기 둘 다 없음
	와다(和田)	2대	1대	1대	
	롤라(ローラー)	2대	1대	1대	
	신쿄(新響)	2대	1대	1대	
	롤라(ローラー)	2대	1대	1대	진공관 2A3(2개) 없음
영화사	롤라(ローラー)	2대	1대	1대	진공관 2A3(2개) 없음
	신쿄(新響)	2대	1대		사용불능
본부	올폰(オールフォン)	2대	1대	1대	

별지②

17.5밀리 영사기 표						
영사기	6대	증폭기	6대	변압기	3대	비고

별지③

부품 및 소모품류					
품명	수량	적요	품명	수량	적요
전구100v, 750w	34	35밀리용	광전관	16	
전구100v, 400w	39	35밀리용	진공관	20	
전구100v, 500w	30	35밀리용	파일럿 램프	15	
전구 30v, 500w	7	35밀리용	필름 시멘트	24	
전구 75v, 750w	3	16밀리용	집광렌즈	12	
전구 75v, 500w	1	16밀리용	반사경	11	
전구22.5v, 300w	10	16밀리용	모터 카본 브러시	61	
익사이터 램프 27v 1A	94	35밀리용	랙스 손잡이	2	
익사이터 램프 10v 7.5A	129	35밀리용	권심(卷芯)	11	
익사이터 램프 10v 5A	133	35밀리용	가죽 벨트	41척	

품명	수량	적요	품명	수량	적요
실드선[shield wire]	105촌		파이로트 소켓	10	
코드류	5척		4개 캠 십자바퀴 세트	3세트	
진공관 소켓	24		소켓	10	
입력선	3본		램프 소켓	6	
엠파이어 튜브	2권		안내 롤러	4	
스프로킷[sprocket]	10		저항 27v 1A	1	
대나무 브러시	51본		아다칭프라그	3극 1 ☐ 15	
콘센트	7		크로스용 메탈 받침	4	
시계 용수철	14		인터용 메탈 받침	8	
프렌밍 롤러	7		캠	2	
어파처 플레이트	16		게트 정지 용수철	5	
텐션 롤러	20		셔터 기어	5	16밀리용

품명	수량	적요	품명	수량	적요
십자바퀴	1		바디 고정 볼트너트 포함	2	17.5밀리용
익사이터 소켓	6	17.5밀리용	옆 샤프트 삽입	5	
어퍼처 플레이트	5	4개는 17.5밀리용 1개는 35밀리용	옆 샤프트 나사	4	
어퍼처 게트	5		백미러	3	

부품 및 소모품류						
품명	수량	적요	품명	수량	적요	
그리스 캡	6		자동차 전구	28	8V	
암 정지 샤프트	2		앰프 편절 스위치	5		
코일 스프링	3		로터리 스위치	4		
코일 스프링 걸쇠	9		100K 볼륨	3		
램프 압축 용수철	8		30H초크	3		
사운드 압축 용수철	14		110호 플러그	8		
사운드 뒤쪽 용수철	7		아다칭 프라그)	18		
프라이 볼펜 앞 끝	6		코드 커넥터	2		

아크 카본	18	
렌즈	1	17.5밀리용
콘센트류	10	
콘덴서	약간	
스프로켓 가압 롤러	16	
어파추어 가이 롤러	1	
체인 가압 롤러	2	
셔터	2	
알코올 및 파라핀유	5본	
끈	4묶음	

35밀리·16밀리 영화 필름 현재 재고품 조서

조선총독부 정보과

조선영화계발협회

35밀리 영화(극)

제목	권수	제목	권수	제목	권수
폭음 (爆音)	8	□의 노래 (□の歌)	4	상해육전대 (上海陸戦隊)	8
아버지의 사후 (父なき後)	6	히노마루 작문 (日の丸綴方)	4	니노미야 선생전 (二宮先生傳)	6
해군전기 (海軍戦記)	9	진심의 기록 (真心の記録)	4	니시즈미 전차대장 (西住戦車隊長)	15
의지의 승리 (意志の勝利)	8	나의 만년필 (僕の万年筆)	4	바람의 마타 사부로 (風の又三朗)	10
승리의 뜰 (勝利の庭)	6	국가 아래 니는 죽으리 (国旗の下我死なん)	4	신대륙건설기록 (新大陸建設記録)	8
해뜨는 나라의 아이 (日出る国の子)	7	거리의 태양 (街の太陽)	4	결혼기 (結婚記)	7
마음의 무장 (心の武装)	6	촌장의 수기 (村長の手記)	3	에노켄의 법계방 (エノケン法界坊)	9
〃	6	히노마루 마차 (日之丸馬車)	4	에노켄의 분발전술 (エノケン頑張戦術)	8
탄우의 노래 (弾雨の歌)	5	사랑의 꽃다발 (愛の花束)	3	시미즈항 (清水港)	11
대지에 맹세하다 (大地に誓ふ)	6	아이의 사계 (子供の四季)	9	출세태합기 (出世太閤記)	10
어머니의 등잔 (母の灯)	9	기상한 소년 (起ち上った少年)	5	가구야히메 (かぐや姫)	9
육탄정신대 (肉弾挺身隊)	8	명류시국풍경 (名流時局風景)	3	주신구라 (忠臣蔵)	6
명암이가도 (明暗二街道)	9	연예위문대 (演芸慰問隊)	2	〃	7[10]
날아오르는 열정 (舞い上る情熱)[11]	8	사츠마의 밀사 (さつまのみっし)	10	사내 대장부 (男一匹)	7

---

10 상동으로 표시되어 있으나, 〈주신구라〉와는 필름 권수가 다르다. 원문 그대로 적었다.

11 원문에는 '舞上る上熱'으로 되어 있으나 고이시 에이치(小石栄一) 감독이 연출한 영화 〈舞い上る情熱〉(新興キネマ, 1941)의 오식으로 보임.

제목	권수	제목	권수	제목	권수
제5열의 공포 (第五列の恐怖)	8	총후의 사람들 (銃後の人々)	2	생명의 항구 (命の港)	8
절약부인 (節約婦人)	6	스파이 (スパイ)	3	아내여 어디로 가는가 (妻よ何処へ行く)	7
방공의 맹세 (防共の誓ひ)	6	어린이의 마음 (子供ごころ)	3	해원대 (海援隊)	13
온정의 개가 (温情の凱歌)	7	치중정신대 (輜重挺身隊)	3	오무라 마스지로 (大村益次郎)	14
떠들썩한 봄 (喧の春)	8	바다가 일다 (海の揺)	4	육군항공전기 (陸軍航航空戦記)	10
아버지 (お父さん)	6	소년돌격병 (少年突撃兵)	5	□산 (□山)	9
폭풍의 탄편 (爆風の弾片)	7	봄의 설계도 (春の設計図)	3	이리하여 신풍은 분다 (かくて神風は吹く)	10
〃	7	병정님 (兵隊さん)	10	서유기 (西遊記)	8
〃	7	마을의 나팔병 (村のラッパ卒)	4	5인의 척후병 (五人の斥候兵)	7
굉침 (轟沈)	8	장군과 참모와 병사 (将軍と参謀と兵)	11	육탄정신대 (肉弾挺身隊)	8
〃	8	해군 (海軍)	15	〃	8
〃	8	니노미야 손도쿠 (二宮尊徳)	6	〃	8
바다의 호족 (海の毫族)	13	총후의 아버지로부터 (銃後の父より)	4	바다에 가면 (海ゆかば)	10
필승의 신념 (必勝の信念)	4	웃음의 쾌속대 (笑いの快速隊)	9		
우리 어머니 (我が母)	4	돌고 도는 칠석 (めぐる七夕)	4		

35밀리 문화영화

제목	권수	제목	권수	제목	권수
승리의 기초 (勝利の基礎)	6	소학교방공훈련 (小学校防空訓練)	2	플랑크톤 (プランクトン)	1
하늘의 신병 (空の神兵)	7	이태리 국민학교 (イタリーの国民学校)	2	정어리 (いわし)	1
〃	7	동포 (はらから)	2	애국반 (愛国班)	1
하늘을 지키는 소년병 (空まもる少年兵)	3	조선풍속 (朝鮮風俗)	2	조선의 애국일 (朝鮮の愛国日)	1
하늘의 소년병 (空の少年兵)	4	국민의 양식 (国民の糧)	2	흥아봉공일 (興亜奉公日)	1
재지나미공군격멸기록 (在支米空軍撃滅記録)	4	포탄 (砲弾)	2	북지의 여름 (北支の夏)	1
전진하는 조선 (前進する朝鮮)	4	우리들의 청년학교 (僕等の青年学校)	2	돗자리 (畳表)	1
상재전장 (常在戦場)	4	국정교과서 (国定教科書)	2	싱가폴 함락의 의의 (シンガポール陥落の意義)	1
소이탄 (焼夷弾)	3	소나무의 신비 (松の神秘)	2	일하는 모자 (働しの母子)	1
〃	3	여행하는 양대 (旅行く養隊 12)	2	제주도 (済州島)	1
대형소이탄 (大型焼夷弾)	3	개척지 소식 (開拓地だより)	3	애국반 (愛国班)	1
〃	3	〃	3	〃	1
마부대 (馬部隊)	3	섬 (島)	4	온돌 (温突)	1
화약 (火薬)	3	시국하의 대만 (時局下の台湾)	5	〃	1
동아체육제 (東亜体育祭)	4	건국십년 (建国十年)	5	〃	1
학원에서 대공으로 (学園から大空へ)	2	가정구급법 (家庭救急法)	1	〃	1
군검술 (軍刀[剣]術)	3	과학하이킹 (科学ハイキング)	1	소이탄 (焼夷弾)	3
〃	3	도미 잡는 그물 (鯛網)	1	해남도 (海南島)	6

---

12 원문 그대로. 그러나 '旅行く養護隊'의 오식으로 보이기도 한다.

제목	권수	제목	권수	제목	권수
산과 물 (山と水)	3	일억 전진 (一億前進)	2	숲의 아기새들 (森の小鳥達)	1
필승의 맹세 (必勝の誓い)	3	작은 위문 (小さな慰問)	1	화가 아버지 (エカキのお父さん)	1
공병대 (工兵隊)	3	작은 악마 (小さな悪魔)	1	□와 아기새 (□と小鳥)	1
최초의 일분간 (最初の一分間)	5	미즈호춤 (瑞穂踊り)	1	국민진군가 (国民進軍歌)	1
전쟁과 스포츠 (戦争とスポーツ)	7	고사포 (高射砲)	1	전선이만료 (戦線二萬料)	3
우리들은 지금이야말로 간다 (我等いまぞ行く)	2	볕 (陽)	1	대건설압록강댐 (大建設鴨緑江ダム)	2
해남도 (海南島)	2	청년은 연성한다 (青年は練成する)	1	〃	2
전기병기 (電気兵器)	2	아동과 벌레 (児童と虫)	1	목탄이 나오기까지 (木炭の出来る迄)	1
광학병기 (光学兵器)	2	토키오군의 작문 (時男君の綴方)	1	풍작하는 사람들 (豊作る人々)	3
우리들은 소년통신병 (我等は少年通信兵)	2	□ 여군 (□ 女軍)	1	일억총진군 (一億總進軍)	3
임전국민방공 (臨戦国民防空)	2	〃	1	수중측적병 (水中測的兵)	2
쌀 이야기 (お米の話)	2	우리의 청년학교 (僕等の青年学校)	2	숯을 굽는 사람들 (炭焼く人々)	2
수송전 (輸送戦)	2	바다로 □하는 여성 (海に□える女性)	1	일본민요집 (日本民謡集)	1
파랑새 (慈悲心鳥)	2	대지와 어머니 (大地と母)	1	방면동원 (方面動員)	3
물새의 생활 (水鳥の生活)	2	우리들의 입영 (僕達の入営)	2	북의 동포 (北の同胞)	4
총과 검 (銃と剣)	2	젊은 땅의 전사 (若き土の戦士)	1	남빙양 (南氷洋)	1
함선근무 (艦船勤務)	3	국민총력의 발휘 (国民総力の発揮)	1	펭귄의 나라 (ペンギンの国)	1
연극정신대 (演劇挺身隊)	2	불인 기행 (仏印紀行)	1	학원에서 대공으로 (学園から大空へ)	2
우리들의 입영 (僕等の入営)	2	아사히 홈그라프 (朝日ホームグラフ)	1	〃	2

제목	권수	제목	권수	제목	권수
기관총 (機関銃)	2	학생보국농장 (学生報国農場)	1	재지나미군격멸기록 (在支米軍撃滅記録)	4
우리들의 비행기공장 (僕等の飛行機工場)	2	그랜드서커스 (グランドサーカス)	1	〃	4
〃	2	어린이 벼베기 부대 (子供稲刈部隊)	1	고원의 달 (高原の月)	3
어떤 날의 갯벌 (或る日の干潟)	2	〃	1	영양국책 (栄養国策)	2
화포 (火砲)	2	우리들의 순양함 (我等の巡洋艦)	1	□ 13	3
폭탄 (爆弾)	2	우리 군함기와 함께 (我等軍艦旗と共に)	2	산과 물 (山と水)	3
짚 (わら)	2	해저를 탐사하다 (海底をさぐる)	1	수력자원 (水力資源)	1
목조선 (木造船)	2	거리의 총알들 (街の弾方)	1	국책독본 (國策讀本)	2
전차 (戰車)	2	나무열매의 신체제 (木の実の新体制)	1	식량증산의 길 (食糧増産の道)	2
뻗어가는 국도 (伸び行く国都)	2	요시노의 삼림미 (吉野の森林美)	1		
농보(農報)	2	빛과 힘(光と力)	1		

35밀리 만화

제목	권수	제목	권수	제목	권수
일본 제일 모모타로 (日本一の桃太郎)	2	차솥 온도 (茶釜音頭)	1	협력방공전 (協力防空戦)	1
다섯 마리의 힘 (五匹の力)	1	하늘의 용사 (空の勇者)	1	雀のお宿14	1
특급함대 (特急艦隊)	1	〃	1	하늘의 위문대 (空の慰問隊)	1
스파이격멸 (スパイ撃滅)	1	〃	1	다섯 마리의 힘 (五匹の力)	1
해군 타로 (海国太郎)	1	동물방첩전 (動物防諜戦)15	1	적기가 오면 (敵機来らば)	1

---

13 식별 불가. '塩' 혹은 '豊'로 보임.
14 원문에는 제목이 'のお宿'로 되어 있다.

제목	권수	제목	권수	제목	권수
우리의 해병단 (僕等の海兵団)	1	〃	1	족병산의 긴타로 (足柄山の金太郎16)	1
무적해군 (無敵海軍)	1	〃	1	차솥 온도 (茶釜音頭)	1
훌륭한 도움 (天晴ガル助)	1	일하는 동물 (働く動物)	1	뛰어드는 추신구라 (飛入忠臣蔵)	1
신 원숭이과 게의 합전 (新猿蟹合戦)	1	켄짱의 바다 소용사 (ケン坊海の小勇士)	1	모모타로의 바다독수리 (桃太郎の海鷲)	5

16밀리 영화(극)

제목	권수	제목	권수	제목	권수
그대와 나 (君と僕)	10	동양의 개가 (東洋の凱歌)	14	오인의 척후병 (五人の斥候兵)	7
〃	10	〃	14	대남공 (大楠公)	10
조국의 신부 (祖国の花嫁)	7	말레이전기 (マレー戦記)	8	장군과 참모와 병사 (将軍と参謀と兵)	13
부인종군가 (婦人従軍歌)	7	〃	8		
웃음의 쾌속대 (笑いの決速隊)	9	아버지에게 빌다 (父に祈る)	7		

16밀리 문화영화

제목	권수	제목	권수	제목	권수
화포 (火砲)	2	농업보국청년대 (農業報国青年隊)	2	약동하는 건강미 (躍る健康美)	1
태평양행진곡 (太平洋行進曲)	1	〃	2	온돌 (温突)	1
동포 (はらから)	2	〃	2	〃	1
물새의 생활 (水鳥の生活)	2	〃	2	〃	1
잠수함 (潜水艦)	2	〃	2	〃	1

---

15 원문에는 '動物防戰'으로 되어 있으나 '動物防諜戰'의 오식으로 보인다.
16 원문에는 '足柄の金太郎'로 되어 있으나 '足柄山の金太郎'의 오식으로 보인다.

제목	권수	제목	권수	제목	권수
총과 칼 (銃と剣)	2	아지랑이 (陽炎)	1	싸우는 총후 (鬪う銃後)	1
임전국민방공 (臨戦国民防空)	2	하늘을 지키는 소년병 (空まもる少年兵)	3	음감 (音感)	1
화□ (火□)	3	철도방설진 (鉄道防雪陣)	2	태평양은 결단코 지킨다 (太平洋は断じてまもる)	1
폭탄 (爆弾)	2	수송전 (輸送戦)	2	거품 (泡)	1
포탄 (砲弾)	2	수중측적병 (水中測的兵)	2	승리의 기초 (勝利の基礎)	6
어떤 날의 갯벌 (或る日の干潟)	2	치고야 말리라 (撃てし止まむ)	3	아와의 목우 (阿波の木隅)	*
하늘의 신병 (空の神兵)	7	〃	3	마부대 (馬部隊)	*
〃	7	〃	3	독서촌(讀書村)	3
애국반 (愛国班)	1	동포 (はらから)	2	봄이 부르는 소리 (春の呼声)	1
필승의 맹세 (必勝の誓い)	3	〃	2	바다의 탐구 (海の探求)	2
고원의 마을 (高原の村)	3	젊은 흙의 전사 (若き土の戦士)	1	잠자리의 세계 (とんぼの世界)	1
상재전장 (常在戦場)	4	〃	1	공병혼 (工兵魂)	3
북의 동포 (北の同胞)	4	〃	1		
육군자동차학교 (陸軍自動車学校)	1	〃	1		
고사포(高射砲)	1	눈과 열(雪と熱)	1		

16밀리 만화

제목	권수	제목	권수	제목	권수
모모타로의 바다독수리 (桃太郎の海わし)	5	스파이 격멸 (スパイ撃滅)	1	협력방공전 (協力防空戦)	1
〃	5	〃	1		
동물방첩전 (動物防諜戦)	1	적기가 오면 (敵機来たらば)	1		
〃	1	〃	1		

협회 직원 명부

직명	씨명	주소
부참사	金声均	종로구 원서정 123
서기	箕山潔	동대문구 전농정 530의 □
서기	宇野榮吉	마포구 아현정 27-233
기수	新井信治	서대문구 부암정 245
기수	金本宇平	동대문구 돈암정 227의 7
기수	岩村塀	성동구 하왕십리정 408의 2
기수	長谷川世東	동대문구 성북정128-20
기수	林嘉男	마포구 신공덕정 31의 13
고원	高山則子	동대문구 돈암정 227의 13
고원	金原春市	영등포구 흑석정 133
고원	荒木武夫	마포구 공덕정 128-4 金岡錫택
고원	三中彰奎	수원군 정남면 괘랑리 605
고원	李村明宰	서대문구 신영정 34
고원	長谷川義子	종로구 청진정 233
고원	洪原英裕	종로구 종로5가 196
고원	西原基昌	성동구 상왕십리정 716의 6
용원	金川炳奎	마포구 아현정 272의 80
용원	金海重光	성동구 신당정 347의 38
용원	江本鎭英	마포구 아현정 37의 233
용원	永木秀夫	마포구 공덕정 11의 8
기술견습	東原達夫	종로구 가회정 11의 131
기술견습	金本熙在	중구 남미창정 9의 2
기술견습	平山東源	미포구 공덕정 175의 138
기술견습	高山元作	종로구 관수정 37
기술견습	光山斗錫	종로구 종로 3가 43
고원	川村盛義 (징집중)	동대문구 창신정 142의 9

쇼와 20[1945]년 5월
제4회 사단법인 조선영화계발협회 정기총회 회의안

(의안 번호) (건 명)

이상

쇼와 20[1945]년도 사단법인 조선영화계발협회 예산안

쇼와 20[1945]년도 사단법인 조선영화계발협회 세입출 예산

세입: 금 638,700원

세출: 금 638,700원

세입출 결과 잔금 없음

세입

과목		설명	본년도	전년도	비교		부기
관	항	종목	예산액	예산액	증	감	
1.회비	1.회비		109,000				제1종회원회비 77,000원 제2종회원회비 32,000원
2.보조금	1.국고보조금		160,000				국고보조금 160,000원
3.사업수입			79,700				
	1.영화대여료		29,000				특별영화대여료 9,000원 보통영화대여료 20,000원
	2.출장영사료		45,700				특별영사료 38,400원 보통영사료 7,300원
	3.환등화 반포료		5,000				
4.기부금			10,000				
5.조성금			250,000				
	1.문화조성금		150,000				
	2.특별조성금		100,000				
6.전년도 이월금			17,000				
7.과년도 수입			10,000				
8.잡수입			3,000				
세입합계			638,700				

과 목		설명	본년도	전년	비교		부기
관	항	종목	예산액	도예 산액	증	감	
1.신제비 (神祭費)			100				
		1.신찬폐백료 (神饌幣帛料)	100				
2.회의비			3,000				
	1.제회의비		3,000				
		1.비용변상	600				
		2.제비용	2,400				
3.사무비			168,060				
	1.급여		141,520				
		1.보수	15,900				이사 3명　15,900원
		2.봉급 급료	47,190				부참사 6명　17,260원 서기 9명　17,050원 기수 10명　12,880원
		3.제급(諸給)	78,430				사무고원 6명　5,760원 기술고원 8명　5,760원 용인 6명　3,600원 숙사료　7,560원 전시근면수당　5,970원 임시가족수당　3,980원 여비　20,000원 위로금　25,000원 숙직비　800원
	2.사무소비		26,540				
		1.건물임대비	15,000				사무실　13,200원 영사분실　1,800원
		2.수요비	10,340				비품비　3,700원 소모품비　1,790원 도서인쇄비　2,580원 통신운반비　2,270원
		3.수선비	200				
		4.잡비	1,000				
4.사업비			388,750				
	1.계발비		162,740				
		1.수요비	6,840				비품비　2,050원 소모품비　790원 통신운반비　3,000원 잡비　1,000원

과 목		설명	본년도	전년	비교		부기
관	항	종목	예산액	도예산액	증	감	
		2.영화비	151,900				35밀리영화구입비 102,400원 16밀리영화구입비 18,800원 특별영화대여비 30,700원
		3.수선비	2,000				영화가공수리비 2,000원
		4.잡비	2,000				
	2.교육비		94,680				
		1.수용비	3,580				비품비 2,930원 소모품비 160원 통신운반비 220원 도서인쇄반포비 250원
		2.영화비	81,800				발성35밀리영화비 27,000원 발성16밀리영화비 28,800원 무성16밀리영화비 16,000원 특종시사영화비 10,000원
		3.연구회비	3,300				영화교육심의회비 300원 영화각본현상비 2,000원 연구논문현상비 1,000원
		4.환등화비	5,000				환등화제작반포비 5,000원
		5.잡비	1,000				
	3.이동영사비		47,830				
		1.수요비	39,830				비품비 30,530원 소모품비 6,600원 운반비 2,500원 선전비 200원
		2.수선비	7,000				기구기계수선비 7,000원
		3.잡비	1,000				

| 과목 | | 설명 종목 | 본년도 예산액 | 전년도예산액 | 비교 | | 부기 |
관	항				증	감	
	4.지도장려비		83,500				
		1.기술원 양성소비	25,000				기술자양성소시설 25,000원
		2.영재(映材) 연구소비	50,000				영사기수리소 시설 50,000원
		3.표창비	1,000				단체 및 공로자표창비 1,000원
		4.기관지 배포비	6,500				기관지 간행 반포비 6,500원
		5.잡비	1,000				
5.사채비			16,590				
		1.원금 상환	9,300				간이보험저축채환금 9,300원
		2.이자	7,280				이자 7,280원
		3.제비(諸費)	10				제비 10원
6.잡지출			32,200				
	1.급여금		22,490				퇴직급여금 13,970원 조제료 10원 제수당금 10원 처우개선보충금 8,500원
	2.잡지출		9,710				
		1.과년도지출	10				
		2.접대비	2,000				
		3.교제비	2,000				
		4.잡지출	5,700				후생비 600원 공제비 600원 보험료 3,000원 기부금 200원 방호비 500원 잡비 800원
7.예비비			30,000				
세출 합계			638,700				

쇼와 20[1945]년도 예산 설명서

세입의 부

제1관 회비

109,000원은 제1종 회원(각 도지부) 77,000원, 제2종 회원 회비 조선전업주식회사(朝鮮電業株式會社) 외 24명 합 32,000원을 계상한 것에 따름.

제2관 보조금

160,000원은 조선총독부로부터 받는 국고보조금으로 계상함.

제3관 사업수입

79,000원[17]은 제1항 영화대여료, 즉 특별영화(영화사 대여) 대여요금 9,000원과 보통일반대여요금(제2종 회원 대여) 20,000원, 그리고 제2항 출장영사요금 특별영사료(교통국분 480원) 38,400원 및 보통영사요금(제2종 회원분 350원) 7,300원, 제3항 환등화 반포요금(100본) 5,000원을 각각 계상한 것에 따름.

제4관 기부금

10,000원은 전년도에 특종 기부가 있는 것을 계상함.

---

17 원문 그대로. 세입의 표에 따르면 79,700원이어야 함.

제5관 조성금

250,000원은 제1항에서 150,000원 및 제2항에서 100,000원을 협력 단체로부터 받은 조성금으로 함.

제6관 전년도 이월금

17,000원은 쇼와 19[1944]년도로부터 본년도로 이월될 것으로 함.

제7관 과년도 수입

10,000원은 전년도의 수입 미제금으로 계상함.

제8관 잡수입

3,000원은 각 관에 해당하지 않는 수입이 있는 것을 계상함.

세출의 부

제1관 신제비

신제비 100원

제2관 회의비

회의비 3,000원은 총회 1회, 이사회 3회, 감사회 2회의 각 회의비를 계상함.

제3관　사무비

사무비　168,060원.

제1항 제1목 이사 3명 15,900원 제2목 부참사 6명 서기 9명 기수 10명 47,190원 및 제3목 제급 78,430원 및 제2항 제1목 사무소비 중 사무소 임대비 15,000원 제2목 수용비 10,340원 제3목 수선비 200원 및 잡비 1,000원을 계상함.

제4관　사업비

사업비　388,750원

제1항 계발비 162,740원은 제1목 수용비에서 기계구입비 2,050원에 따라 소모품비 790원, 통신운반비 3,000원 및 잡비 1,000원을 계상함.

제2목 영화비에서 35밀리 영화 구입비 약 170권 102,400원, 16밀리 영화구입비 약 90권 18,800원 및 영화대여비(대일본이동영사연맹 대여 기타) 30,700원에 따른 제3목 수선비 2,000원 제4목 잡비 2,000원을 계상함.

제2항 교육비 94,680원은 제1목 수용비에서 3,580원, 제2목 영화비에서 대일본영화교육회로부터 반포를 받을 16밀리 학교교육영화의 1년 구입액 81,800원, 제3목 영화교육연구회비 3,300원 제4목 환등화 제작 반포비 5,000원 및 제5목 잡비 1,000원 등을 각각 계상함.

제3항 이동영사비 47,830원은 제1목 수용비에서 출장영사에 필요한 휴대영사기 구입비 30,530원 및 이에 따른 소모품비 6,600원 운반비 2,500원 및 선전비 200원 합계 39,830원 및 제2목 수선비 7,000원, 제3목 잡비 1,000원을 각각 계상함.

제4항 지도장려비 83,500원은 제1목 신설기술원양성소비 25,000원 제2목 신설 영재연구소비 50,000원 및 제3목 표창비 1,000원 제4목 협회기관지 발행 반포비 6,500원 잡비 1,000원을 각각 계상함.

제5관　사채비

　　사채비 16,590원은 쇼와 19[1944]년도에서 차입한 간이보험저자금에
대한 15년간 반년부 상환금 원리금 및 취급 제비용을 계상함.

제6관　잡지출

　　잡지출 32,200원은 제1항 급여금에서 직원퇴직급금 적립 13,970원
반도인 직원에 대한 처우개선 보충비 8,500원 및 조제료(弔祭料) 제 수
당금 10원씩 정리비목으로 계상함.
　　제2항 제1목에서 정리비목으로 과년도 지출 10원, 제2목 접대비
2,000원, 3목 교제비 2,000원을 계상함.
　　제4목 보험료 기나 잡비보 5,700원을 계상함.

제7관

　　예비비　30,000원

이상

> ## 쇼와 20[1945]년도 사업 계획
>
> 쇼와 20[1945]년도 사업계획 별지대로 정하려고 함.
>
> 쇼와 20[1945] 5월 23일 제출
>
> 사단법인 조선영화계발협회
> 회장 阿部達一[18]

쇼와 20[1945]년도 사업 계획

1. 정기순회영사 실시

가맹 각 회원 소속 영화반의 결전총동원을 행하여 이에 전시 국책영화를 매월 정기적으로 민속(敏速)하고 풍부하게 대여하고 농·어·산촌 및 광산 공장 등에 골고루 순영하도록 하여 지방 민중의 지도계배(啓培), 군요(軍要) 산업전사의 증산을 격려위문하여 국민의 전의앙양을 도모함으로써 전시 국책수행에 기여하고자 함.

참고로 정기 순회 대여영화의 종목을 들자면 다음과 같다.

   (1) 매월 정기대여(갑반 순영용) 35밀리 발성영화 프로그램
       주로 일반 민중을 대상으로 하는 계발지도 선전용
   (2) 매월 정기대여(을반 순영용) 35밀리 발성영화 프로그램
       주로 지방 민중을 대상으로 하는 건전오락을 공여

---

18 아베 다쓰이치(阿部達一): 1907년 도쿄 출생. 1931년에 도쿄제국대학 법학부를 졸업했다. 대학 재학중 고문 행정과에 합격해 1931년 4월 조선총독부 체신국 서기로 임명되어 조선에 왔다. 강원도 철원군수, 경상북도 경찰부장을 거쳐, 1943년 10월 도모토 도시오의 후임으로 총독부 정보과장이 되었다. 1945년 4월 총독부의 기구 간소화에 따라 보안과 사무 중 일부가 분리되어 검열과가 신설되었다. 아베는 정보과장과 검열과장을 겸직했다.

그리고 이외 준(準)정기용으로 16밀리 발성 및 무성을 수시로 대여하고, 이에 따라 일반 민중에 대한 계발지도 및 건전오락의 공여를 수행함.

2. 특별순회영사 실시

쇼와 20[1945]년도에서는 전시 국내 정세와 관련하여 특히 본 시설의 활발한 운영을 꾀하기 위해 이 진용의 확충 강화를 도모하여 우수영화를 특별히 편성하고 각 회원 순영반과 호응하여 협력함으로써 국민 전의앙양에 이바지함과 동시에 결전 전력 증강에 기여하고자 함.

참고로 특별순회영사의 실시 종목을 들면 다음과 같다.

(1) 재조선 각 부대의 위문 순회영사 실시
(2) 중요한 광산 공장 산업전사의 증산 격려 및 위문 순영 실시
(3) 군 관계 노무자의 격려 위문 순영 실시
(4) 근로학도의 위문 격려 순영 실시
(5) 철도 종업원의 격려 위문 순영 실시
(6) 재내지 재만 반도 민중에 대한 지도 계발 순영 실시
(7) 각 도 특급 순영반 파견 실시

3. 수시대여영화의 확충 실시

본부 계획 각 도 특별계발선전 사항에 수반하여 수시 대여영화를 확충 강화함으로써 반드시 정(町)의 말단 침투에 기여하고자 함.

4. 국민학교에 대한 영화교육 실시

전조선 국민학교 아동을 대상으로 하는 영화교육시설은 본년도에서 더욱 보편적 확충 강화를 도모하여 종래의 전(全) 지역 학교에 대한 적극적인 순

영과 병행하여 재(在) 무전(無電) 학교 아동을 대상으로 하는 영화교육을 유기적으로 활발하게 하여 영화교육을 보편화함과 동시에 벽지 학동의 정조도야(情操陶冶), 학술 기예의 향상 발전에 이바지하고자 함.

참고로 국민학교용 정기순회 영화의 종목을 들면, 다음과 같다.

(1) 매월 정기 대여(갑반) 16밀리 발성영화 1묶음

　　주로 유전(有電) 지역 국민학교 순영용이나 극력 무전 지역에 활용하도록 그 설비에 대해 궁구중임.

(2) 매월 정기 대여(을반) 16밀리 무성영화 1묶음

　　유전 지역 국민학교에 대한 (갑반) 영화와 함께 교대하며 순영을 실시케 하여 영화교육의 철저한 강화를 도모하고자 함.

(3) 매월 정기 대여(병반) 16밀리 무성영화 1묶음

　　매월 몇 묶음을 본 협회의 협력 단체에 대여하여 전조선 무전 벽촌 지역 국민학교 아동 및 그 부형을 대상으로 하는 교육 교화 향상 진전에 이바지하고자 함.

5. 영화교육심의회 설치

조선에서의 영화교육 사업의 중요성에 비춰보아 적극적이고 실효적인 시책 운영에 관한 여러 문제를 심의 연구하는 기관으로 본부(사단법인 조선영화계발협회) 및 각 도(지부)에 영화교육심의위원회를 설치하고 중앙과 지방의 긴밀한 연계 협력하에 본 사업의 획기적인 진전을 도모하고자 함.

6. 교육영화 각본의 현상모집

조선에서 영화교육 사업을 보급하고 그 인식을 각층에 심화시키기 위해 교육영화의 각본을 골고루 일반으로부터 현상모집을 함으로써 본 사업의 진전에 이바지하고자 함.

7. 영화교육 연구논문 현상모집

조선에서 영화교육의 이론 및 실제의 연구 조사 및 그 지도 조성에 이바지하도록 연구논문을 골고루 일반으로부터 현상모집을 함으로써 본 사업의 보급 진흥을 도모하고자 함.

8. 영화 구입

본년도는 국고보조 및 회비의 증액 등의 재원을 얻어 각종 우수영화를 특선 구입하여 이동영사 사업을 더욱 활발히 하려 함.

9. 대일본이동영사연맹 영화의 접수와 배급

대일본이동영사연맹과 새로 영화배급 계약을 체결하여 매월 정기적으로 우수 국책영화를 배급받아 영화구입과 아울러 본회 사업의 활발한 운영을 기하고자 함.

10. 영화 차입

수시 특별선전 행사에 상응하여 수시로 적절한 영화를 차입 또는 이를 다시 대여 사용함.

11. 이동영사 종사 기술원 양성소 설치

조선에서 영화기술원의 질적 향상을 연성 보충하고 기술 연성을 하기 위해 영사기술원의 양성기관을 설치함으로써 이동영사 사업의 인적 확보에 힘쓰고자 함.

12. 우량 이동영사 사업 단체 표창

조선 내 이동영사 사업 단체 중 특히 업적이 현저하다고 인정되는 단체를 표창함으로써 본 사업의 향상 발전에 이바지하고자 함.

13. 우량기술원 표창

조선 내 이동영사 종사 우수기술원을 표창하고 아울러 선진지 모범적 이동영사 실시를 시찰 연구하게 하여 기술원의 질적 향상에 이바지하고자 함.

14. 공인영사기 수리공장 설치

종래 영사기 수리 기관이 전혀 완비되지 않은 것이 유감이었던 바 본년을 기하여 각종 영사기의 가공 수리, 신규 구입 알선 및 부품 판매를 하는 것과 함께 영화 관계 제 기계의 개량, 연구, 설계도 함께 실시하여 반도에서 이 사업의 개선 진보에 이바지하고자 함.

15. 이동영사 사업 실시의 사찰 지도

전국(戰局)이 가열해짐에 따라 이동영사 사업의 사명은 더욱 중차대함에 비추어, 각지의 실시 상황을 사찰 지도함으로써 이동영사 사업의 완벽을 기하고, 동시에 실효의 증가 향상에 힘쓰고자 함.

16. 『동맹통신 예능판』의 무상 배포

종래의 협회 월보를 폐지하고 일간 『동맹통신 예능판』을 활용하기로 하고 영화 및 예능에 관한 연구 자료로 삼는 외에 이를 본 협회 회보를 대신하여 매일 발행 무상배포함.

17. 『영화교육』 기관지 배포

문부성 대일본영화교육회 간행 잡지 『영화교육』을 구입하고 이를 회원 및 관계 방면에 무상배포하고 영화교육에 관한 관심을 심화하고자 함.

18. 환등화의 제작 및 배급 알선

이동영사와 병행하여 환등영화회의 활용이 긴요하니 이에 본년도에는 환등화의 제작 및 배급을 일원적 조직하에 실시하도록 하여 지방 민중의 교육 계발지도에 이바지하고자 함.

이상

쇼와 19[1944]년도 회계감사보고 건

쇼와 19[1944]년도 회계감사 전말 별지대로 보고함

쇼와 20[1945]년 5월 23일 제출

사단법인 조선영화계발협회
회장 阿部達一

쇼와 19[1944]년도 회계감사 전말서

사단법인 조선영화계발협회에 관련된 쇼와 19[1944]년도 회계감사를 실시한 바, 그 수입 및 지출은 정확하다는 것을 증명함.

쇼와 20[1945]년 5월 7일

사단법인 조선영화계발협회
감사 충청북도지사   增永 弘
위 대리인   藤原 猛 인
감사 조선전업주식회사   久保田 豊
위 대리인   影澤 淸 인

사단법인 조선영화계발협회 회장
阿部達一 귀하

재산목록

(쇼와 20[1945]년 3월 □일 현재)

1. 현금   금   17,031원 95전   정

1. 유가증권   금   557원   정

1. 미수입금   금   10,969원 50전   정

1. 사무용비품   금   18,803원 41전   정

1. 영화   금   296,812원 31전   정

1. 기구 기계   금   65,000원   정

합계   금   409,174원 18전 정 [19]

---

19   원문 그대로. 합산하면 409,174원 17전이다.

쇼와 19[1944]년도 계발협회 세입출 결산보고

쇼와 19[1944]년도 사단법인 조선영화계발협회 세입출 결산을 별지대로 보고함.

쇼와 20[1945]년도 5월 23일 제출

사단법인 조선영화계발협회
회장 阿部達一

쇼와 19[1944]년도 사단법인 조선영화계발협회 세입출 결산

세입: 일금   762,622원 81전
세출: 일금   745,590원 86전
세입출 결과 잔금   17,031원 95전
익년도로 이월

세입의 부

과 목		설명 종목	예산현액	결산액	예산에 대한 차액		부기
관	항				증	감	
1.회비			65,000.00	57,750.00		7,250.00	
2.국고보조금			123,500.00	123,500.00			
3.사업수입			33,000.00	26,406.88		6,593.12	
		1.영화대여료	25,000.00	22,386.88		2,613.12	
		2.출장영사료	8,000.00	4,020.00		3,980.00	
4.기부금			10.00	30,000.00	29,990.00		
5.조성금			340,000.00	320,000.00		20,000.00	
		1.계발조성금	20,000.00			20,000.00	
		2.문화조성금	170,000.00	170,000.00			
		3.특별조성금	150,000.00	150,000.00			
6.선년도이월금			2,730.00	2,732.60	2.60		
7.과년도수입			610.00	624.75	14.75		
8.잡수입			2,000.00	1,608.00		391.42	
9.차입금			200,000.00	200,000.00			
세입 합계			766,850.00	762,622.81		4,227.19	

세출의 부

과 목		설명 종목	예산현액	결산액	예산 잔액		부기
관	항				내년도 이월	불용액	
1. 회의비	1. 제회의비		3,000.00	3,982.23			
			3,000.00	3,982.23			예산비지출 982원23전
2. 사무비	1. 보수 및 봉급		135,040.00	132,960.44		3,464.78	
			39,700.00	37,205.78		2,494.24	
		1.이사급	10,300.00	10,279.34		20.66	
		2.참사급	10,896.00	9,827.96		1,068.04	

과 목		설명 종목	예산현액	결산액	예산 잔액		부기
관	항				내년도 이월	불용액	
		3.서기급	10,324.00	9,103.23		1,220.77	
		4.기수급	8,180.00	7,995.23		184.77	
			59,490.00	58,753.11		736.89	
		1.고원급	5,300.00	5,132.36		167.64	
		2.용원급	1,300.00	1,264.76		35.24	
	2.잡비	3.제수당	9,800.00	9,789.10		10.90	
		4.위로급	25,000.00	31,701.00			여비에서 유용 6,701원
		5.여비	17,500.00	10,564.09		234.91	위로금으로 유용 6,701원
		6.□□	590.00	301.80		288.20	
			35,850.00	40,001.57		233.65	
		1.사무소비	13,100.00	15,825.91			예비비지출 2,725원91전
		2.비품비	17,000.00	18,659.31			예비비지출 1,659원31전
		3.소모품비	2,100.00	2,014.66		85.24	
	3.수용비	4.도서 인쇄비	1,350.00	1,187.01		126.66	통신운반비로 유용 36원23전
		5.통신 운반비	1,800.00	1,836.33			도선인쇄비에서 유용 36원33전
		6.수선비	500.00	478.35		21.65	
			557,000.00	566,836.20		6,293.25	
			185,000.00	193,521.36		63.64	
3. 사업비	1.수용비	1.비품비	178,000.00	186,585.00			예비비지출 8,585원
		2.소모품비	7,000.00	6,936.36		63.64	

| 과 목 | | 설명 종목 | 예산현액 | 결산액 | 예산 잔액 | | 부기 |
관	항				내년도 이월	불용액	
	2.교육비		92,000.00	91,520.00		480.00	
		1.영화 구입비	90,000.00	91,282.00			환등제작비에서 유용 1,282원
		2.환등 제작비	2,000.00	238.00		480.00	영화구입비로 유용 1,282원
	3.계발비		270,000.00	273,331.79		4,212.66	
		1.생필름 구입비	1,000.00			1,000.00	
		2.영화 구입비	240,000.00	247,544.45			예비비지출 7,544원45전
		3.영화 차입비	8,000.00	6,476.12		1,522.88	
		4.이동 영사비	12,000.00	11,074.81		925.19	
		5.운반비	3,000.00	2,819.41		180.59	
		6.수선비	5,000.00	4,817.00		183.00	
		7.잡비	1,000.00	600.00		400.00	
	4.지도 장려비		10,000.00	8,463.05		1,536.95	
		1.간행경비	4,500.00	3,965.65		534.35	
		2.연구회 비	2,000.00	3,237.72			강습회비에서 유용 1,227원72전
		3.강습회비	1,500.00	60.00		212.28	연구회비로 유용 1,227원72전
		4.기술원 양성비	200.00	154.68		145.32	
		5.표창비	700.00			465.00	잡비로 유용 55원
		6.잡비	1,000.00	1,055.00			표창비에서 유용 55원
4. 잡지출			16,810.00	15,811.99		998.01	
	1.잡지출		16,810.00	15,811.99		998.01	

과목		설명 종목	예산현액	결산액	예산 잔액		부기
관	항				내년도 이월	불용액	
		1.교제비	3,000.00	2,735.45		264.55	
		2.접대비	3,000.00	2,839.62			보험료에서 유용 839원62전
		3.의식비	100.00			100.00	
		4.보험료	2,500.00	1,530.00		130.38	접대비로 유용 839원62전
		5.기부금	100.00				
		6.방호비	1,000.00	25.00		399.19	잡비로 유용 575원81전
		7.차입금 이자	5,610.00	5,606.11		3.89	
		8.잡비	1,500.00	2,075.81			방호비에서 유용 575원81전
5. 보조비			25,000.00	23,000.00		2,000.00	
6. 예비비			30,000.00			30,000.00	지출액 21,496원90전
		지출내역					
7. 회의비				982.23			
	1.제회의비			982.23			
8. 사무비				4,385.22			
	1.수용비			4,385.22			
		1.사무소비		2,725.91			
		2.비품비		1,659.31			
9. 사업비				16,129.45			
	1.수용비			8,585.00			
		1.비품비		8,585.00			
	2.계발비			7,544.45			
		2.영화 구입비		7,544.45			
세출 합계			766,850.00	745,590.86		21,259.14	

쇼와 19[1944]년도 결산 설명서

세입의 부

제1관   회비

　예산액에 비해 7,250원을 감액한 것은 가입 예정의 신규회원 수가 적
었던 것에 따름.

제2관   국고보조금

　예산액에 비혜 증감이 없음.

제3관   사업수입

　예산액에 비하여 6,593원 12전 감액된 것은 제1목 영화대여 권수의
감소로 인한 2,613원 12전 및 제2목 출장영사 횟수의 감소로 인한
3,980원이며 각각 자연히 감소한 것에 따름.

제4관   기부금

　예산액에 비하여 29,990원 증액한 것은 조선영화사로부터 사업장려
금으로 특별히 30,000원의 기부가 있었던 것에 따름.

제5관   조성금

　예산액에 비하여 20,000원 감액된 것은 제1목 계발조성금의 수입이
없던 것에 따름.

제6관 전년도 이월금

　예산액에 비해 2원 60전 증가한 것은 예산편성 때 10원 미만을 배제하여 계상하지 않았던 것에 따름.

제7관 과년도 수입

　예산액에 비해 14원 75전 증가한 것은 예산편성 때 계산 누락이 있던 것에 따름.

제8관 잡수입

　예산액에 비해 391원 42전 감액된 것은 수입이 적은 데 따름.

제9관 차입금

　예산액에 비해 증감 없음.

세출의 부

제1관 회의비

　예산액에 비해 982원 23전 증가한 것은 제 회의의 소집 횟수가 많았던 것에 따름.

제2관 사무비

　예산액에 비해 3,464원 78전 증가한 것은 제3항 제1목 사무소에서

2,725원 91전 및 제2목 비품비에서 1,659원 31전을 각각 예비비 지출 증가가 있었기 때문에 결국 920원 44전 증가하기에 이르렀다.

제3관 사업비

예산액에 비해 6,293원 25전 감소한 것은 제1항 제1목 비품비 28,585원 제3항 제1목 영화구입비에 7,544원 45전을 각각 예비비보다 지출 증가가 있었기 때문에 결국 9,836원 20전 증가하기에 이르렀다.

제4관 잡지출

예산액에 비해 998원 1전 감소한 것은 제1목 교제비 제4목 보험료 제6목 방호비에서 각각 감소한 것과 기부금에 지출이 없던 것에 따름.

제5관 보조비

예산액에 비해 2,000원 감소한 것은 영화대여로 이를 대신한 단체가 한군데 있었던 것에 따름.

제6관 예비비

예산액에 비하여 21,496원 90전 감소한 것은 제1관 회의비에 982원 23전 제2관 사무비에 4,385원 22전 제3관 사무비(사업비)에 16,129원 45전을 각각 지출한 것에 따름.

쇼와 19[1944]년도 사업보고

쇼와 19[1944]년도 사업개황 별지대로 보고함.

쇼와 19[1944]년 5월 23일 제출

사단법인 조선영화계발협회
회장 阿部達一

쇼와 19[1944]년도 사업보고

1. 특별 순회영사의 실시

전력증강 산업전사 격려 위문□에 특별 순회영사를 실시했음. 그 □□를 제시하면 다음과 같다.

1. 광산노동자 격려 위문 순영 51회 48,260명
1. 각 중요공장 요원 위문 순영 58회 54,850명
1. 군대 위문 (순)영 38회 106,600명
1. 교통국 종사원 위문 순영 151회 128,400명
1. 기타 116회 370,410명
합계 414회 704,520명 [20]

2. 특별 순회영사에 의한 휼병금의 모집

특별 순회영사를 통해 광산 공장노동자로부터 휼병금으로 갹출한 3,300원을 받았다. 본 갹출금은 모두 육군에 헌금하였다.

---

20 합계는 708,520명이나 원문 그대로 옮긴다.

3. 영화 대여

(1) 회원 및 준회원에 대해 영화 대여 실적은 다음과 같음.

종목	계발 선전 영화				학교 교육 영화				합계	
	35밀리 발성		16밀리 발성		16밀리 발성		16밀리 무성			
	본(本)	권(卷)	본(本)	권(卷)	본(本)	권(卷)	본(本)	권(卷)	본(本)	권(卷)
극영화	783	726	117	850	14	120	6	22	920	6,718
문화영화	812	2,032	137	270	203	631			1,152	2,933
만화	216	283	17	35	36	108	2	2	271	428
시사영화	1,545	1,588	145	145	91	91	8	8	1,789	1,832
계	3,356	9,629	426	1,300	344	950	16	32	4,132	11,911

(2) 각종 순회영사의 실적조사(쇼와 19[1944]년 1월부터 쇼와 19[1944]년
12월까지)

> 영사회 총수   7,911회
> 관람자 총수   9,163,000명
> 단, 협력단체 무전 지역 순영을 제외.

4. 영화의 구입

쇼와 19[1944]년도에 구입한 영화의 종목 수량은 다음과 같음.

종별	35밀리 영화		16밀리 영화		합계	
	본(本)	권(卷)	본(本)	권(卷)	본(本)	권(卷)
극영화	27	217	93	368	120	585
문화영화	35	142	182	315	217	457
만화	24	32	52	67	76	99
시사영화	45	45	12	12	57	57
계	131	436	339	762	470	1,198

단, 16밀리 영화 중 275본 516권은 무성영화임.

5. 영화의 차입

산업전사, 군대, 기타 전력 증강 방면에 대해 실시한 특별 순회 영사용 영화를 조선영화사로부터 차입하여 이를 다시 대여한 것은 628종 3,072권에 달함.

6. 본부 제공 영화의 활용

쇼와 19[1944]년 중 본부 구입 영화를 차입하여 이것을 계발지도 선전에 다시 대여해 활용한 것이 30종 216권에 달함.

7. 월보(月報)의 간행

본 협회의 월보를 간행하는 것 외에 일간 『동맹통신 예능판』을 활용. 여기에 본회 관계 사항을 게재하여 각 회원 및 관계 방면에 무상 배포함.

8. 각 도(道) 영화사무 회의의 개최

각 도 이동영사 사업의 활발한 운영을 기하여 협회 간부를 각 도에 파견하여 간담 및 사무회의를 개최하고 상당한 실효를 거두었음.

9. 도(道) 이동영사 사업 확충

쇼와 19[1944]년도에는 도 이동영사 사업의 적극화를 도모해야 해서, 10도가 35밀리 영사기 1세트씩을 보관하고 전환 대여하도록 하며, 이에 수반해 기술원을 증원하고 경비 일부를 협회에서 보조함으로써 본 사업의 활발한 운영을 기하기로 함.

10. 이동영사 사업의 통합 정비

전조선의 이동영사 사업을 일원화하고자 조선문화흥업주식회사(朝鮮文化興業株式會社)를 매수하고 조선교육회영화연맹을 접수하는 등으로 하였으며, 종래 이들의 사업을 계속 실시하여 상당한 업적을 거두었음.

11. 국민학교 영화교육의 실시

문부성 대일본영화교육회와 교육교재 영화의 수배(需配) 계약을 체결하고 쇼와 19[1944]년 8월부터 학교 영화교육을 실시하여 착착 실적을 신장하는 데 힘쓰고 있음.

덧붙여, 본년도에 배분받은 영화는 다음과 같음.

종목	발성영화		무성영화		35밀리 발성		합계	
	본수	권수	본수	권수	본수	권수	본수	권수
극영화	2	20			6	42	8	62
문화영화	8	20			3	9	11	29
만화	6	14	2	2			8	16
시사영화	2	14	6	22			8	36
합계	18	68	8	24	9	51	35	143

12. 일본이동영사연맹과의 영화배급 계약의 실시

일본이동영사연맹과 영화 계약을 체결하여 각 회원에게 대여함으로써 본회 사업의 강력화를 꾀하고자 함. 참고로 쇼와 19[1944]년도에 동 연맹부터 배급을 받은 영화는 다음과 같음.

극영화	3본	30권
시사영화	2본	2권
문화영화	1본	2권
계	7본[21]	34권

---

21 합계는 6본이나 원문 그대로 옮긴다.

13. 영사기술원 양성소의 설치 계획

조선 내 이동영사에 종사할 기술원 양성소의 긴급 설치가 요구되는 데 따라 그 기본적 계획안을 수립함.

14. 영사기 수리공장의 설치 계획

몇 해 전부터의 현안이었던 본 공장 설치에 관하여 시국하 긴급 실현이 요구되는 데 따라 그 기초적 계획안을 수립함.

15. 환등영화회의 지도 알선

시국 관계로 비교적 영화의 혜택을 받지 못하는 무전 지역 벽촌에 시국환등반의 파견을 알선, 영화와 병행해 민중의 지도 계발 배양 및 시국인식, 국민전의의 앙양에 힘씀.

16. 슬라이드의 활용

지방영화회에 '시국 슬라이드'를 작성 반포하여 시국의 보도 및 계발선전에 이바지하여 국책 수행에 기여하는 바가 있음.

17. 우량 영화사업 단체의 표창

쇼와 19[1944]년도 사업 중 우량 영화사업 단체로서 다음 세 단체를 표창함.

전라남도　영화예능계발협회
충청북도　영화예능계발협회
황해도　영화예능계발협회

18. 영화사업 공로자의 표창

영화사업 공로자 중 특히 공적이 현저한 자로서 다음 3명을 표창함.

조선전업주식회사　　사진실장　影沢 清

충청북도　　　　　　사진실장　藤原 猛

조선금융조합연합회　서기　　　金澤賢弼

19. 우수기술원의 표창

조선 내 이동영사에 종사하는 기술원 중 특히 우수한 자로서 다음 12명을
표창함.

경기도 吉永萬潤	황해도 平沢嘉久	평안남도 平井龍雄
전매국 속 龍興昇	조선금융연힙회 成田二三	매일신보사 木本康五
(이하 상사(賞詞))		
전라북도 尾鍋隆一	전라남도 富田東太郎	경상남도 信川博男
강원도 阿部栄	국민총력조선연맹 金永旉水	체신국 宮本又男

일본이동영사연맹 영화배급 계약의 건 보고

일본이동영사연맹과의 영화배급 계약을 별지대로 체결함.

쇼와 20[1945]년 5월 23일 제출

사단법인 조선영화계발협회
회장 阿部達一

계 약 서

일본이동영사연맹을 '갑(甲)'으로 하고 사단법인 조선영화계발협회를 '을(乙)'로 하여 다음 사항을 계약하고 쇼와 19[1944]년 10월 1일부터 이를 실시하기로 함.

기

1. '갑'은 '을'이 이동영화를 실시하기 위해 '갑'의 소유 영화를 배분하는데 있어 '을'을 '갑'과 정하는 지방이동영사연맹 규정 (별지에 준하여 취급하기로 함)²²
2. '갑'은 '을'에게 매월 극영화, 시사영화 각 1본씩 '갑'이 선정한 것을 무료로 배분하기로 함. 단, 그 기간을 극영화는 1년 3개월, 시사영화는 6개월로 함.
3. '을'은 '갑'으로부터 배분받은 영화로 이동영사를 실시한 성적을 지방이동영사연맹 규정 제18조의 규정에 준하여 '갑'에게 보고하기로 함.
4. '갑'과 '을'은 특별히 필요가 있을 때 서로 그 소유한 영화를 교류하여

이동영사를 하기로 함. 이 경우, 그 세목에 관하여 그때마다 '갑'과 '을'이 협의하기로 함.

5. '을'은 제1호에 따라 배분받은 영화에 대하여 극영화 1척당 27전, 시사영화 1척당 22전의 비율로 이에 상당하는 금액을 연(年) 2회로 나누어 매년 9월 및 3월에 '갑'에게 기부하기로 함.

6. 앞 사항에 변경이 생길 경우는 그때마다 협의한 후 계약을 변경하기로 함.

7. 본 계약서 2통을 작성하여 '갑', '을' 각 1통씩을 보관하기로 함.

쇼와 19[1944]년 10월 6일

일본이동영사연맹

회장 三好重夫[23]   인

사단법인 조선영화계발협회

회장 阿部達一   인

---

22 원문 그대로.

23 미요시 시게오(三好重夫, 1898-1982): 일본의 내무관료. 히로시마현 출신으로 1925년 도쿄제국대학 법학부를 졸업한 후에 내무성에 들어갔다. 내무성 소속으로 경보국 보안과, 지방경시, 내무사무관 지방배속, 내무성 경보국장을 거쳐 1943년에 정보국 차장이 되었으며, 1945년 6월 도쿄부지사에 취임해 패전을 맞았다. 1966년에 일본내정사연구회가 미요시와 담화한 인터뷰 기록이 남아있다.

【제7호 의안】

증원 역원 의촉 보고의 건

본회 기구 확충에 수반해 증원 이사, 고문, 평의원 및 참여 등 별지의 명부대로 의촉 취임하는 것에 대해 보고함.

쇼와 20[1945]년 5월 23일 제출

사단법인 조선영화계발협회
회장 阿部達一

증원 역원 명부

직함	소속	씨명
이사	조선총독부 사무관	村上正二
이사	조선총독부 경무국 보안과장	磯崎広行
이사	조선총독부 학무국 국민교육과장	山村仁策
이사	조선금융조합연합회장	富沢文一
이사	조선영화사 이사	岡田順一
이사	본회 전무이사	前田東水
이사	본회 전무이사	梁村寄智城
이사	본회 전무이사	高島金次
고문	조선총독부 학무국장	武永憲樹
고문	조선총독부 경무국장	西広忠雄
고문	조선군관구 보도부장	長屋尚作
고문	국민총력조선연맹 사무국 차장	甘粕重太郎
참여	조선총독부 통역관	池田国雄
참여	조선총독부 촉(嘱)	小石備
참여	조선교육회 주사	稲崎誠平
상임참여	조선총독부 촉(嘱)	届島武夫[24]
평의원	국민총력조선연맹 총무부장	伊藤憲郎
평의원	조선군관구 보도부	林中尉

직함	소속	씨명
평의원	조선군관구 사무관	德田正明
평의원	조선군관구 사무관	藤井宏
평의원	조선총독부 교학관	石本淸四郎
평의원	조선금융조합연합회 보급부장	藤井貢
평의원	경성일보 영화부장	齋藤四方太郎
평의원	매일신보 보급부장	松永茂
평의원	조선전업제철주식회사 사무부장	熊野穂

※ 주: 이사 山村仁策, 전라남도 전출에 따라 해촉 수속 중.

24 '届島武夫'로 보이나 식별이 어려움.

영사기 수리공장 설치의 건

조선영사기수리공장(가칭 조선광학연구소) 별지대로 설치하고자 함.

쇼와 20[1945]년 5월 23일 제출

사단법인 조선영화계발협회
회장 阿部達一

'(가칭) 조선광학연구소'
설립안

주요 목적

조선광학연구소는 조선 내 영화상설관에 거치된 영사기 및 이동영사용 휴대영사기의 수리 가공을 하는 것 외에 영사기 신규 구입의 알선 및 부분품의 판매, 일반 광학기계의 수리 가공 판매 및 여기에 부수되는 일체의 업무를 행하는 것과 함께 조선의 독자적인 입장에서 영화 관계 제 기계, 기기의 개량 진보에 관한 연구를 행하기로 함.

본 연구소의 구성

본 연구소는 조선총독부의 영화행정 감독 부문인 관방 정보과의 감독 지휘를 받아 설립목적인 사업을 수행한다. 본 연구소의 구성분자는 사단법인 조선영화사, 동 조선영화계발협회, 동 조선흥행협회 등 3사로서, 각각의 대표역원이 본 연구소의 운영에 관여하도록 하고 사업에 손실금이 있을 경우에는 3사가 공동으로 지출하기로 함. 이 경우 3사의 부담액은 당국의 지시에 따르기로 함.

조직

본 연구소는 종래 조선 내에서 본 연구소의 목적과 동일한 사업을 운영해 온 업자가 현재 가지고 있는 설비와 상품 등을 적정한 가격으로 매수하고, 각 업자별로 과거 실적에 따라 기업 정비에 수반되는 보충을 수행하여 조선에서의 본 사업을 본 연구소 단일의 것이게끔 하며, 업자이면서 본 연구소에 입소코자 하는 자는 그와 관련된 수완에 따라 부서를 배치해 협력하도록 힐 깃. 본 연구소 운영의 책임은 ⊥ 구성분자인 3사의 공동 책임으로 하고, 3사는 본 연구소의 사명에 비추어 그 조직에 유감이 없도록 꾀해야 함.

조직안

본 연구소 조직에 관해서는 총독부 관방 정보과장 및 책임 3사 역원이 협의한 후 대략 다음과 같이 정하기로 함.

1. 본 연구소에 책임 3사로부터 선출된 소장 1명을 두고, 소장은 당국 및 책임 3사의 명을 받아 사업을 수행한다.
1. 본 연구소에 총무부와 기술부를 두고, 총무부는 사업 운영 전반을, 기술부는 기술 관련 전반을 다스리며 각부에 부장을 둔다.
1. 총무부에 서무, 관리, 업무, 이 각 과를 두고, 기술부에 정비, 전□(電□), 기술의 각 과를 둔다. 각 과에 과장 또는 계장을 둔다.(본 기구는 실제를 잘 살펴 변경할 필요가 있음.)

조선광학연구소
경영안

본 연구소의 경영안을 다음과 같이 정함.

1. 책임 3사의 출자 금액

1. 금　10만원정　　　사단법인 조선영화사
1. 금　5만원정　　　사단법인 조선영화계발협회
1. 금　5만원정　　　사단법인 조선흥행협회
   합계　금 20만원정

위 금액 사용처

1. 금　6만원정　　　공장 설비 매수비
1. 금　2만원정　　　공장 설비 확충비
1. 금　1만원정　　　사옥 및 사무소 설비비
1. 금　5만원정　　　업자가 보유한 부분품 매수비
1. 금　6만원정　　　운전자금 및 부분품 신규 매수비
   합계　금 20만원정

(註) 업자 설비 때문에 보충금이 필요하다고 여겨지니, 그 숫자의 많고 적음에 따라 별도로 3사 공동 지출 또는 공동 차입도 고려할 필요가 있음.

주요 수입 예정액

일금   18만원정   수리 가공 수입

(설명) 전조선 상설관 및 이동영사용 휴대영사기 총수는 300대가 있는데, 이들에 대해 1일 평균 600원의 수리보증금을 수입으로 삼음.

이는 소유자가 매년 수리의 유무를 불문하고 책임 지출하기로 함.

일금   2만원정   부분품 판매 수입

(설명) 1개년 동안 20만원의 부분품을 판매하는 것으로 하고, 판매수수료 의 1할을 그 수입으로 함.

일금   1만원정   영사기 판매 이익

(설명) 1개년에 10만원의 영사기를 판매하여 그 1할을 수입으로 함.

일금   5천원정   설계 공사비 수입

(설명) 각종 설계공사를 1년에 5만원으로 보고, 그 1할을 수입으로 함.

일금   3천원정   잡수입 전망

수입 합계   일금   21만 8천원정

주요 지출예정액

일금   11만 8천원정   보수 및 봉급, 추급

일금   5만 4천원정   사무소비 및 수리재료비

일금   4만 6천원정   잡지출

지출 합계   일금   21만 8천원정

영사기술원 양성기관 설치의 건

조선영사기술원 양성소 별지대로 설치코자 함.

쇼와 20[1945]년 5월 23일 제출

사단법인 조선영화계발협회

조선영사기술원 양성소
설립안

명칭

1. 본 양성소를 '조선영사기술원 양성소'라 칭하고 경성부에 둠.

창설의 목적

조선에서 영사기술원을 보충하기 위해 매년 1백명을 한도로 하여 양성하는 것으로, 기술뿐만 아니라 황민도덕을 함양하고 우수한 영화기술원을 영화계에 내보내는 것을 목적으로 함.

조직(경영관리)

본 양성소는 사단법인 조선영화사, 동 조선영화계발협회, 동 조선흥행협회 3사의 공동 관리로 하고 조선총독부 관방 정보과의 감독을 받는 것으로 하여, 전기 3사의 역원 및 조선총독부 관계관으로 조직하는 '조선영사기술원 양성소 경영위원회'에서 구체적인 세목을 협의 결정하고 적당한 소장 혹은 주사를 임명하여 그것을 담당하도록 함.

기구

본 양성소는 장래 조선의 영화 사업이 확대 강화된 후에는 영사학교 혹은 영화학교로서 영화기술 각 방면의 인재를 양성하는 선구적 의의를 지니는 것임을 고려해, 명예소장에 조선총독부 관방 정보과장의 직위에 있는 자를 임명하고 기타 관계관을 각각 제반 기관으로 할 수 있다.

본 양성소는 소장, 주사, 사무원, 용인으로 하고, 소장이 일체의 책임을 지고 사업을 수행함.

운영

본 양성소의 경영은 모두 예산에 따라 이를 행하고 매년도 예산을 '경영위원회'에서 결정한 후에 그 운영은 소장 혹은 주사에게 일임해 중요한 사항에 관해서는 그때마다 협의하게 하도록 함.

본 양성소에 상설관 전용 기수를 양성하는 갑종 기술과와 휴대용 기수를 양성하는 을종 기술과 이 두 과를 두고, 만 18세 이상의 남녀를 입소하게 하며, 입소 중에는 매월 30원 이내의 장학금을 교부함.

소장 주사는 양성소를 개설시키는 4개월 동안 전조선 각지의 영사기를 사찰하고, 본 양성소 출신 기술자를 독려하도록 함.(이 경비는 별도로 지출하기로 함)

경비

본 양성소 개설에는 다음 창설비를 필요로 함.

일금   46,000원정   임시비

내역

일금	30,000원정	스탠다드 영사기 1식
일금	10,000원정	포터블 영사기 1조
일금	2,500원정	책상 50개, 의자 60개, 칠판 1개, 기타
일금	1,500원정	사무용 책상, 의자, 서류함
일금	2,000원정	창설될 때까지의 제경비 개산(槪算)

1개년 간의 경상비

본 양성소를 유지하려면 매년 다음 경비를 요함.

경상비 개산

일금   33,950원정

내역

일금	9,000원정	양성기술원 장학금
일금	3,600원정	강사 사례금
일금	600원정	위탁 사례금
일금	12,000원정	소장 이하 인건비
일금	350원정	교과서대
일금	3,600원정	교실 집세
일금	600원정	모집 광고비
일금	1,000원정	예비비
일금	1,200원정	전기 기타 경비
일금	2,000원정	교수용 소모품대

이상

【제10호 의안】

신규 가입회원 승인 보고 건

쇼와 19[1944]년도 중에 별지대로 회원 가입이 있어서 보고함.

쇼와 20[1945]년 5월 23일 제출

사단법인 조선영화계발협회
회장 阿部達一

신규 가입회원 명부

1. 경기도 인천부 국민총력인천부연맹
1. 고바야시(小林)광업주식회사
1. 경성일보사
1. 매일신보사
1. 조선석탄주식회사
1. 조선광업진흥주식회사
1. 조선화물자동차주식회사
1. 경성지방 전매국
1. 경춘철도주식회사
1. 동아교통회사
1. 조선수산업회

사단법인 조선영화계발협회 사무국 직제 제정의 건 보고

사단법인 조선영화계발협회 사무국 직제는 별지대로 제정했으니 보고함.

쇼와 20[1945]년 5월 23일 제출

사단법인 조선영화계발협회

회장 阿部達一

사단법인 조선영화계발협회 사무국 직제

제1조　본 협회의 사무는 회장의 통리 하에 전무이사가 이를 관리함.

전무이사에게 사고가 있을 때는 회장이 지명한 상무이사가 그 직무를 대신함.

제2조　본 협회에 다음 3부를 둠.

총무부

계발부

영화교육부

제3조　부(部)에 과(課)를 두고 부 업부를 분장케 함.

회장이 필요하다고 인정할 때에는 비서실을 둘 수 있음.

제4조　부 및 과의 사무 분장은 회장이 이를 별도로 정함.

제5조 본 협회의 사무를 집행하기 위해 다음 전임 역직원을 둠.

상무이사   3명
참사   약간명
부참사   약간명
서기   약간명
기수   약간명

제6조 부장은 상무이사로 이를 충당함.

회장이 필요하다고 인정할 때는 참사로 이를 충당할 수 있음.

부장은 회장 및 상무이사의 지휘를 받아 부무를 관리하고 부하직원을 지휘 감독함.

제7조 부장에게 사고가 있을 때는 회장이 지명한 과장이 그 직무를 대리함.

제8조 과장은 참사 부참사로 이를 충당함.

회장이 필요하다고 인정할 때는 서기로 이를 충당할 수 있음.

과장은 상위직의 명을 받아 과 업무를 관리하고 부하직원을 지도 감독함.

제9조 서기는 상위직의 명령을 받아 서무에 종사함.

제10조 기수는 상위직의 명령을 받아 영사사무 및 기술에 종사함.

촉탁은 특정한 사무를 담당하기로 함.

제11조 본 협회에 고원, 용원을 둘 수 있음.

부칙

본 직제는 쇼와 19[1944]년 7월 1일부터 이를 시행함.

사단법인 조선영화계발협회 사무분장 규정 제정의 건 보고

사단법인 조선영화계발협회 사무국 사무분장 규정을 별지대로 제정한
것에 대해 보고함.

쇼와 20[1945]년 5월 23일 제출

사단법인 조선영화계발협회
회장 阿部達一

사단법인 조선영화계발협회 사무분장 규정

제1조   조선영화계발협회 총무부에 서무과, 기획과를 둠.

제2조   서무과에서는 다음 사무를 담당함.
   1. 인사에 관한 사항
   2. 기밀에 관한 사항
   3. 문서의 수발, 편찬, 보관에 관한 사항
   4. 회계에 관한 사항
   5. 다른 부와 과에 속하지 않는 사항
기획과에서는 다음 사무를 관장함
   1. 업무의 기획에 관한 사항
   2. 중요회의 및 중요의안의 입안에 관한 사항
   3. 예산 편성 및 경리 감리에 관한 사항
   4. 조사 및 통계에 관한 사항

5. 지부 사업의 사찰 지도에 관한 사항

　　6. 의안 심사 앙재에 관한 사항

　　7. 주무관청과의 사무연락에 관한 사항

제3조　계발부에 업무과, 섭외과, 정비과, 기술과를 둠.
업무과에서는 다음 사무를 관장함.

　　1. 영화계발사업의 연락 지도에 관한 사항

　　2. 계발영화의 선정에 관한 사항

　　3. 계발영화의 프로그램 편성 및 배급에 관한 사항

　　4. 계발영화의 의탁 배급에 관한 사항

　　5. 영화의 수시 대여에 관한 사항

섭외과에서는 다음 사무를 관장함.

　　1. 특별 출장영사에 관한 사항

　　2. 이동 연극 연예의 연락에 관한 사항

　　3. 순회영화의 소개 보급에 관한 사항

　　4. 기관지의 편집 및 자재 모집에 관한 사항

정비과에서는 다음 사무를 관장함.

　　1. 자재에 관한 사항

　　2. 영화 및 기구 수리에 관한 사항

　　3. 영화의 수검(授撿)에 관한 사항

　　4. 영화의 출납 점검에 관한 사항

　　5. 영화의 전(轉)발송에 관한 사항

기술과에서는 다음 사무를 관장함.

　　1. 영사기술에 관한 사항

　　2. 기술원의 양성에 관한 사항

　　3. 영사기술자협회에 관한 사항

제4조   영화교육부에 영화교육과, 지도과를 둠.

영화교육과에서는 다음 사무를 관장함.

    1. 교재 및 교육영화의 선정에 관한 사항

    2. 교재 및 교육영화의 배급에 관한 사항

    3. 대일본영화교육회의 연락에 관한 사항

    4. 환등의 보급에 관한 사항

    5. 무전지구 영사에 관한 사항

지도과에서는 다음 사무를 관장함.

    1. 영화교육의 연구 조사 및 지도에 관한 사항

    2. 연구회 강습회에 관한 사항

    3. 영화교육 자료에 관한 사항

부칙

이 규정은 쇼와 19[1944]년 7월 1일부터 이를 실시함.

감사 경질 보고의 건

본회 감사 쇼와 19[1944]년 12월에 별지대로 경질이 있었으니 보고함.

쇼와 20[1945]년 5월 23일 제출

사단법인 조선영화계발협회
회장 阿部達一

경질 감사 명부

쇼와 19[1944]년 12월 경질

전 감사		현 감사	
소속	씨명	소속	씨명
조선금융조합연합회장	富長文一	조선전업사장	久保田豊
충청북도지사	益永弘	충청북도지사	益永弘

쇼와 20[1945]년도 각 도(道) 영화 관계 예산조(調)

도명	국비 또는 도비				도계발협회 또는 기타 단체				합계	적요
	인건비	물건비	기타	계	인건비	물건비	기타	계		
경기도	8,434	11,000	24,000	33,534	35,400	2,442	9,630	56,472	90,006	
충청북도	1,974	2,189	20,000	24,163	15,747	10,900	1,514	28,161	52,324	
충청남도	2,014	1,930	1,970	5,914	3,451	25,608	54,924	92,982	98,896	
전라북도	6,343			6,343	18,512	7,030	6,219	31,760	38,103	
전라남도	4,380	14,000		18,380	18,694	21,054		39,748	58,128	
경상북도	5,396	3,300	5,000	13,696	15,306	8,700	4,505	28,511	42,207	
경상남도	11,331	25,530	8,815	46,676	6,200	8,600	800	42,800	89,478	
황해도	10,273	32,983		43,256	15,123	7,849	16,639	39,611	82,867	
평안남도	8,277	18,049	10,000	36,329	17,664	2,122	5,747	34,533	70,862	
평안북도	6,005		1,000	7,005	8,891	14,274	20,960	44,125	51,130	
강원도	3,646	23,261	1,350	28,257	2,982	1,100	17,185	3,267	49,524	
함경남도										조사중
함경북도			13,000	13,000	18,240	21,210	12,550	52,000	65,000	
합계	68,073	132,242	85,135	276,554	185,210	148,889	150,672	511,970	788,525	

재산목록
(쇼와 20[1945]년 9월 3일 현재)

1. 현금   금   9,234원 24전정
1. 유가증권   금   213원정
1. 사무용비품   금   18,803원 42전정
1. 영화   금   296,812원 31전정
1. 기구 기계   금   65,000원정

       합계   금   390,062원 97전정

至急

件名　事業擴充資金起債ニ關スル件

會長

副會長

後閱

主事

擔任

施行月日番號

昭和十年　月　日接受
昭和十年　月　日起案發送

關係

番號

第　　號

決裁　19. 7. 17

假記

捺印

合校

寫淨

社團法人　朝鮮映畫發聲協會長
朝鮮總督官房情報課長
理事　阿部達一

朝鮮總督府遞信局長　殿

社團　月華大衆映畫發聲協會

회장 부회장주사담임

건명 사업 확충 자금 기채에 관한 건

사단법인 조선영화계발협회장

조선총독 관방 정보과장

이사 阿部達一

조선총독부 체신국장　　　귀하

삼가 말씀 올립니다. 더욱 건강하고 번영하심을 축하드립니다.

　그런데 사단법인 조선영화계발협회는 쇼와 17[1942]년 1월에 총독 관방 정보과의 외곽단체로 창립되어 반도 민중의 계몽 및 청소년의 영화교육에 매진하고 있는바, 전국(戰局)이 더욱 결전단계에 돌입하여 전(全)반도의 총력 결집이 시급한 정세에 비추어 지난 6월 22일 제3회 총회에서 본 협회의 전면적 기구 확충을 가결 결정하였습니다. 이와 관련해 위 확충 강화에 수반되는 기기, 설비, 기타 전반에 걸치는 정비를 위해 조선간이생명보험(朝鮮簡易生命保險) 적립금 자금 일금 20만원정을 차입코자 조선식산은행에 위 차입신청서에 첨부서류를 붙여 신청하는바, 본 협회의 목적 수행에 협력하여 조속히 승인 대여되도록 배려해 주십사 하며 이를 의뢰드립니다.

　제2안

　같은 건

사단법인 조선영화계발협회장

조선총독 관방 정보과장

이사 阿部達一

조선식산은행 대표자 귀하

삼가 말씀드립니다. 귀 은행이 더욱 융성하심을 축하드립니다.

그런데 사단법인 조선영화계발협회는 쇼와 17[1942]년 1월에 총독 관방 정보과의 외곽단체로 창립되어 반도 민중의 계몽 및 청소년의 영화교육에 매진하고 있는바, 전국(戰局)이 더욱 결전단계에 돌입하여 전(全)반도의 총력 결집이 시급한 정세에 비추어 지난 6월 22일 제3회 총회에서 본 협회의 전면적 기구 확충을 가결 결정하였습니다. 이와 관련해 위 확충 강화에 수반되는 기기, 설비, 기타 전반에 걸치는 정비를 위해 귀 은행이 취급하는 조선간이생명보험 적립금 자금 일금 20만원 정을 차입코자 조선식산은행에 위 차입신청서에 첨부서류를 붙여서 신청하는바, 본 협회의 목적 수행에 협력하여 조속히 승인 대여되도록 배려해 주십사 이를 의뢰 드립니다.

京城府中區南大門通二丁目]二三丁子屋四階

社團
法人

朝鮮映畵啓發協會

電話本局 ④ 七 七 三 三 番
⑥ 七 七 三 四 番

132

봉투 사본

(1)

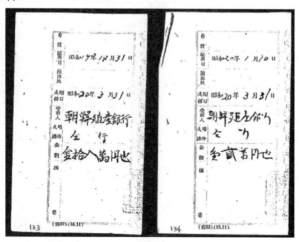

(2)

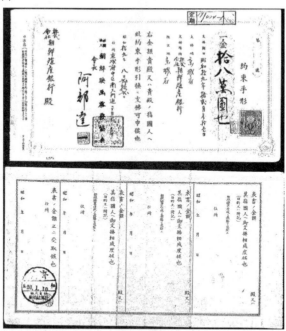

봉투 속 내용물

첨부서류

1. 차입신청서　　　　　　　3통
1. 사업계획서　　　　　　　3통
1. 반년부(賦) 상환표　　　　3통
1. 쇼와 19년도 예산서　　　3통
1. 쇼와 19년도 사업계획서　3통
1. 쇼와 18년도 결산서　　　3통
1. 재산목록　　　　　　　　3통
1. 협회기구도　　　　　　　3통
1. 기구 확충 정비 요강　　　3통

이상

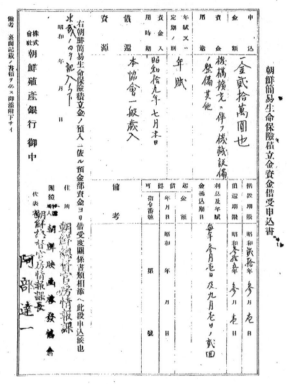

조선간이보험 적립금 자금 차입 신청서

앞 조선간이보험적립금의 예입에 따른 예금부 자금에서 차입코자 하여
관계서류를 첨부하여 이번에 신청함.

주소 조선총독부 관방 정보과
단체 사단법인 조선영화계발협회
대표 조선총독 관방 정보과장
阿部達一

첨부서류

1. 신청자가 공공단체일 때

(1) 차입신청서

(2) 사업계획서
(비용의 조달 방법 및 산출의 기초를 부기한 수지 개산, 사업 경영에 따른 수입이 있으면 사업 완성 후 1년도의 수지 개산도 포함)

(3) 차입금의 상환계획서 (상환재원도 부기할 것)

2. 신청자가 공공단체가 아닌 법인 또는 조합일 때

(1) 차입신청서

(2) 사업계획서
(비용의 조달 방법 및 산출의 기초를 부기한 수지 개산, 사업 경영에 따른 수입이 있으면 사업 완성 후 1년도의 수지 개산도 포함)

(3) 차입금의 상환계획서 (상환재원도 부기할 것)

(4) 정관, 기부 행위 또는 조합 규약

(5) 최근년도의 재산목록 및 대차대조표
(대차대조표를 작성할 것이 없으면 최근년도의 결산서)

사업계획서

1. 차입금의 사용처

본 차입금의 사용처는 본 협회의 기구 확대 강화에 수반해 전조선 13도청 내에 각 도지사를 회장으로 하는 영화예능계발협회를 창립하고 본 협회의 지부 성격을 갖게 하여 계발영화 및 교육영화의 말단 우수기관다워지도록 하기 위함이다. 종래 각 도가 보유한 기계 설비로는 그 완벽을 꾀할 수 없기 때문에 본 협회에서 종래 민간에 있던 이동영사 사업을 접수하고 이들이 가진 기계 일체를 매수, 각 도에 이를 배치하여 원활한 사업 운영을 꾀하고자 하는 것임.

1. 차입금 상황 재원

본 차입금의 상환 재원은 본 협회 각 년도의 일반 세입 예산으로 충당함. 다만 본 협회 세입 재원은 국고보조금 및 각종 조성금, 본 협회 가맹회원으로부터의 회비가 그 대부분을 차지하는 것은 별지 예산서에 따라 분명하며, 차입금의 15개년 연부 원리 균등 상환은 그 금액으로 보아 어느 비용 항목에서 지출하든 곤란한 숫자가 아니지만, 부동성이 가장 강고한 회원으로부터의 회비 수입의 일부로써 충당하는 것을 원칙으로 함.

쇼와 19[1944]년 7월

간보차입금 반년부 원리 균등 상환표
(簡保借入金半年賦元利均等償還表)

사단법인 조선영화계발협회

1. 차입금액: 일금 20만원정 (차입 이율 연 4푼 9리)
1. 거치기간: 1년

연차	지불 연월일	이자	상환원금	잔원금
제1년	쇼와 20년 9월 1일	4,900.00	4,591.94	195,408.06
제2년	쇼와 21년 3월 1일	4,787.50	4,704.44	190,703.62
〃	쇼와 21년 9월 1일	4,672.24	4,819.70	185,883.92
제3년	쇼와 22년 3월 1일	4,554.16	4,937.78	180,946.14
〃	쇼와 22년 9월 1일	4,433.18	5,058.76	175,887.38
제4년	쇼와 23년 3월 1일	4,309.24	5,182.70	170,704.68
〃	쇼와 23년 9월 1일	4,182.27	5,309.67	165,395.01
제5년	쇼와 24년 3월 1일	4,052.18	5,439.76	159,955.25
〃	쇼와 24년 9월 1일	3,918.91	5,573.03	154,382.22
제6년	쇼와 25년 3월 1일	3,782.37	5,709.57	148,672.65
〃	쇼와 25년 9월 1일	3,642.48	5,849.46	142,823.19
제7년	쇼와 26년 3월 1일	3,499.17	5,992.77	136,830.42
〃	쇼와 26년 9월 1일	3,352.35	6,139.59	130,690.83
제8년	쇼와 27년 3월 1일	3,201.93	6,290.01	124,400.82
〃	쇼와 27년 9월 1일	3,047.82	6,444.12	117,956.70
제9년	쇼와 28년 3월 1일	2,889.94	6,602.00	111,354.70
〃	쇼와 28년 9월 1일	2,728.19	6,763.75	104,590.95
제10년	쇼와 29년 3월 1일	2,562.48	6,929.46	97,661.49
〃	쇼와 29년 9월 1일	2,392.71	7,099.23	90,562.26
제11년	쇼와 30년 3월 1일	2,218.78	7,273.16	83,289.10
〃	쇼와 30년 9월 1일	2,040.58	7,451.36	75,837.74
제12년	쇼와 31년 3월 1일	1,858.03	7,633.91	68,203.83
〃	쇼와 31년 9월 1일	1,671.00	7,820.94	60,382.89
제13년	쇼와 32년 3월 1일	1,497.38	8,012.56	52,370.33
〃	쇼와 32년 9월 1일	1,283.07	8,208.87	44,161.46
제14년	쇼와 33년 3월 1일	1,081.96	8,409.98	35,751.48
〃	쇼와 33년 9월 1일	875.91	8,616.03	27,135.45
제15년	쇼와 34년 3월 1일	664.82	8,827.12	18,308.33
〃	쇼와 34년 9월 1일	448.56	9,043.38	9,264.95
제16년	쇼와 35년 3월 1일	226.99	9,264.95	0

기구 정비 확충 후의 운영조직도
사단법인 조선영화계발협회

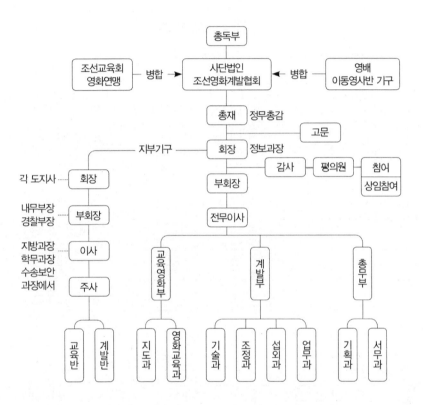

사단법인 조선영화계발협회 정관

제1장 명칭

제1조 본 협회는 사단법인 조선영화계발협회라고 칭함.

제2조 본 협회는 사무소를 경성부 내에 둠.

제2장 목적 및 사업

제3조 본 협회는 국민의 사기앙양 및 생산력 증강에 이바지하기 위해 조선에서 영화에 의한 계발 선전 사업 및 학교에 대한 영화교육 사업의 종합적 함양을 도모함으로써 조선 통리에 기여함과 더불어 국민문화의 향상 및 국민교육의 진전에 이바지하는 것을 목적으로 함.

제4조 본 협회는 전조의 목적을 달성하기 위해 다음 사업을 행함.

1. 이동영사 사업 및 영화교육 사업의 종합적 기획 및 운영
2. 도협회 사업의 통제 지도 조성 및 가입회원의 이동영사 통제 연락
3. 영화의 구입 차입 및 대여, 제작 기획
4. 이동영사 종사 기술원의 조사 연성 표창 및 영화교육 공로자의 표창
5. 이동영사 및 영화교육의 조사 연구, 강습회, 연구회의 개최 및 그 조성
6. 환등화 및 환등기구의 배급, 환등화의 제작 기획 및 제작 알선
7. 이동영사, 영화교육에 관한 인쇄물 간행 및 배포
8. 기타 필요로 인정한 사항

제3장 회원

제5조 　본 협회의 회원은 다음 2종으로 함.

1. 제1종 회원
2. 제2종 회원

제1종 회원은 각 도계발협회 대표로 함.

제2종 회원은 각 도협회 이외의 가입 관청 대표자, 공공단체 또는 이에 준하는 단체로 함.

본 협회에 가입 또는 탈퇴하려고 하는 자는 이사회의 승인을 얻을 것을 요함.

제4장 역원 및 직원

제6조 　본 협회에 다음 역원을 둠.

1. 총재　　1명
2. 회장　　1명
3. 부회장　1명
4. 이사　　약간명
5. 감사　　2명

제7조 　총재는 조선총독부 정무총감을 추대함.

제8조 　회장은 조선총독 관방 정보과장의 직에 있는 자로 이를 충당함.

부회장은 조선총독부 관계 관리의 직에 있는 자에게 회장이 이를 위촉함.

이사 및 감사는 회장이 이를 선임 또는 촉탁함.

제9조 　회장은 본회를 대표하고 회무를 통리함.

부회장은 회장을 보좌하고 회장에게 사고가 있을 때는 그 직무를 대리함.

　　회장 및 부회장은 그 재임 중에는 이사로 간주함.

제10조　이사는 이사회를 구성하고 회무 집행에 필요한 사항을 의정함.

　　이사 중 1명을 전무이사로 하고 약간명을 상무이사로 함.

　　전무이사는 회장의 지휘를 받아 회무를 담당함.

　　상무이사는 회장 및 전무이사의 지휘를 받아 회무를 처리함.

제11조　감사의 직무는 민법 제59조가 정하는 바에 따름.

제12조　역원(회장 및 부회장을 제함)의 임기는 2년으로 함. 단, 중임하여
도 무방하다.

　　관직 또는 특정한 직무에 있어 역원이 되는 자의 임기는 그 재직 기
간으로 함.

　　보결로 취임한 역원의 임기는 전임자의 잔임 기간으로 함.

　　역원은 임기를 만료한 후라 하더라도 후임자가 취임할 때까지 그 직
무를 수행하기로 함.

제13조　역원이면서 그 의무를 위반하거나 체면을 더럽히는 것과 같은 행
위가 있을 때에는 이사회의 의결을 거쳐 회장이 이를 해임 또는 해직시
킬 수 있음.

제14조　역원은 이를 유급으로 할 수 있음.

제15조　본 협회에 필요한 직원을 두고 회장이 이를 임명 면직함.

　　직원의 급여는 회장이 따로 이를 정함.

제5장　고문, 평의원 및 참여

제16조　본 협회에 고문, 평의원 및 참여를 둘 수 있음.

제17조　고문 및 평의원은 회장이 이를 위촉함.

고문은 회장의 자문에 응함.

회장이 필요하다고 인정할 때에는 평의원회를 초집함.

참여는 회장의 명을 받아 회무에 참여함.

제6장 회의

제19조 회의를 나누어 이사회 및 총회로 하고 회장이 이를 초집함.

제20조 이사회는 회무 집행상의 중요사항 및 총회에 부쳐야 할 사항 등을 심의함.

제21조 회장은 매년 1회 총회를 초집함.

　　　　총회의 초집은 적어도 개최일로부터 10일 이전에 회의의 목적이 되는 사항을 제시하는 문서로 이를 통지함.

제22조 전조 제1항 외에 회장이 필요하다고 인정할 때 및 회원의 3분의 1 이상의 요구가 있을 때에는 임시총회를 초집할 수 있음

제23조 총회는 회원 총수 2분의 1 이상이 출석하지 않으면 개회할 수 없음.

　　　　총회의 의사는 출석 회원의 과반수로 이를 의결하고 찬부 동수일 때에는 의장이 결정하는 바에 따름.

　　　　총회에 출석하지 못하는 회원은 서면으로 표결할 수 있음.

제24조 총회에 부쳐 토의해야 할 사항은 다음과 같음.

　　　1. 정관의 변경

　　　2. 예산의 의결 및 결산의 승인

　　　3. 사업계획 및 회무의 보고

　　　4. 자산의 관리 처분

　　　5. 기타 회장이 필요하다고 인정하는 사항

제7장 지부

제25조 본 협회는 각 도에 지부를 둠.

지부에 관한 규정을 따로 이를 정함.

제8장 자산 및 회계

제26조 본 협회의 자산은 아래 각 호의 수입으로 이를 충당함.

1. 회비
2. 보조금
3. 사업 수입 및 기타 잡수입
4. 기부금

제27조 본 협회의 회계연도는 매년 4월 1일에 시작하여 이듬해 3월 31일로 끝남.

제28조 결산은 연도 종료 후에 조속히 조정하고 감사의 의견을 붙여 이사회 및 총회의 승인을 받도록 함.

제9장 부칙

제29조 본 정관 외에 본 협회에 관한 규정은 회장이 따로 이를 정함.

제30조 본 협회는 이사회 및 총회 각 4분의 3 이상의 동의를 얻고, 또한 주무관청의 허가를 얻지 못하면 이를 해산할 수 없음.

제31조 본 정관은 쇼와 19[1944]년 7월 1일부터 이를 실시함.

쇼와 19[1944]년도 사단법인 조선영화계발협회 세입출 예산

세입: 일금 814,850원정

세출: 일금 814,850원정

세입출 결과 잔액 없음

세입의 부 (전년도 비교 및 내역 생략)

과목		예산액	
관	항		
1. 회비		64,650	00
2. 국고보조금		130,000	00
3. 사업수입		74,600	00
	1. 영화대여료	24,000	00
	2. 출장영사료	50,600	00
4. 기부금		10	00
5. 조성금		340,000	00
	1. 계발조성금	20,000	00
	2. 문화조성금	170,000	00
	3. 특별조성금	150,000	00
6. 전년도 이월금		2,740	00
7. 과년도 수입		610	00
8. 잡수입		2,240	00
9. 차입금		200,000	00
세입 합계		814,850	00

세출의 부 (전년도 비교 및 내역 생략)

과목		예 산 액	
관	항		
1. 회의비	1. 제 회의비	2,300	00
2. 사무비		120,826	00
	1. 보수 및 봉급	35,100	00
	2. 잡급(雜給)	55,126	00
	3. 수요비(需要費)	30,600	00
3. 사업비		586,370	00
	1. 수요비	201,870	00
	2. 교육영화비	106,000	00
	3. 계발영화비	260,000	00
	4. 지도장려비	18,500	00
4. 잡지출		21,354	00
	1. 잡지출	21,354	00
5. 보조비	1. 보조비	52,000	00
6. 예비비	1. 예비비	32,000	00
세출 합계		814,850	00

본 협회 쇼와 19[1944]년도 사업계획은 다음과 같이 하고 이를 실시하고자 함.

1. 특별 순회영사 실시

쇼와 19[1944]년도에는 종래 실시한 각 도 및 관계 제 단체의 이동영사를 더욱 적극화하고, 특히 우수영화를 편성하여 중요한 광산, 공장, 종사원을 대상으로 계발과 위안 차 이를 함께 개최해서, 전의앙양과 전력증강에 이바지하고자 함.

2. 정기 순회영사 실시

각 도 및 가입 각 회원의 영사반을 총동원하고, 여기에 영화를 대여해서 매월 16밀리, 35밀리 양 분야에서 정기적으로 농산어촌, 공장, 광산 방면에 순영을 실시, 계발지도를 도모하고자 함.(순회 책임횟수를 설정하고자 함.)

3. 수시 영화 대여의 확충 실시

특별행사, 특별계발선전 사항에 따라 수시로 영화 대여를 실시하고 계발지도의 확충 강화를 꾀하고자 함.

4. 영화의 구입

쇼와 19[1944]년도는 국고 및 본회 사업비로 각종 영화를 구입하고 이동영사 사업을 더욱 활발하게 함.

5. 학교에 대한 영화교육의 실시

문부성의 대일본영화교육회와 새롭게 교재영화의 배급계약을 체결하고 전조선 소국민학교 아동을 대상으로[25] 하는 정기 이동영사에 의해 영화교육 사업을 실시함.

본 사업은 유전지구와 무전지구의 2계통으로 나누고, 유전지구용 발성영화에 의한 정기 이동영사는 각 도계발협회 지부, 무전지구용 무성영화에 의한 이동영사는 본 협회 관계 영화단체로 하여금 이를 담당하게 함으로써, 학교 아동의 정조도야 및 학술기예의 향상에 이바지하고자 함.

영화는 국고보조금액을 이에 투자하여 대여료는 모두 무료로 함.

6. 순회영사 발전용 자동차의 설치

조선에서의 전기 보급 상황 및 교통 사정에 비추어, 연차 계획적으로 각도

---

25 원문에는 대조(對照)이나 대상의 오식으로 보임.

에 자동차를 설치할 방침하에 쇼와 19[1944]년도는 8대를 설치하고자 함.

7. 영화의 차입

수시로 특별행사에 상응하는 특별영화를 차입하여 사용함.

8. 기술원의 양성

반도 영화기술원이 대체로 그 질이 저조한 것에 비추어, 기회를 많이 만들어 기술원의 연성 향상을 목적으로 하는 강습회 등을 지구별로 개최하고, 혹은 우수반을 시찰하게 함.

9. 기술원의 표창 및 (평시)의 시찰 연구

우량기술원을 표창할 뜻으로 내지 및 만주에서의 모범적 이동영사 상황을 시찰 연구하게 함.

10. 영사기 수리반의 파견

영화의 선전상 기재(機材)의 수리 정비의 중요성에 비추어, 본 협회 지정 공장에 위촉하여 영사기의 순회 점검 수리반을 파견함.

11. 월보의 간행 배포

각 회원 연락기관지인 월보를 전년에 이어 간행 반포함.

12. 순회영화의 조사 지도

회원의 순회영화를 활발하게 하기 위해 조사 지도반을 수시로 파견하여 독려함.

13. 영화교육의 연구회 및 강습회의 개최

영화교육의 이론 및 실제에 관한 조사 연구를 하는 것과 함께 다음 사항에 관한 연구회 및 강습회 등을 개최함.

14. 환등영화 및 환등기구의 보급

영화와 병행하여 환등의 활용 보급을 도모하고자 문부성 지정의 기구 기계를 구입 및 알선하여 민중의 계발지도에 이바지하고자 함.

15. 기관지의 배포

대일본영화교육회 간행 잡지 『영화교육』을 구입하고 이를 회원 및 관계 기관에 배포하여 영화교육에 관한 인식을 심화시킴.

재산목록

(쇼와 19[1944]년 3월 31일 현재)

1. 현금	금	2,472원	39전정
1. 예금	금	160원	11전정
1. 미수금	금	624원	75전정
1. 증권	금	215원정	
1. 영화	금	10,391원	86전정
1. 기계 기구	금	2,877원	84전정
합계[26]		106,841원	95전정

---

26 원문 그대로. 이상의 금액을 합산하면 16,741원 95전이다.

쇼와 18[1943]년도 결산보고서

수입액　　83,408원　　13전정

지출액　　80,675원　　53전정

다음해

이월액　　2,732원　　60전정

쇼와 18[1943]년도 결산서

수입의 부(단위는 원. 원 이하는 전)

과 목		결산액	예산액	예산액에 대한 증감	
관	항			증	감
1.회비		9,500.00	10,500.00		1,000.00
2.보조금		48,250.00	49,250.00		1,000.00
	1.국고보조금	19,000.00	20,000.00		1,000.00
	2.도보조금	29,250.00	29,250.00		
3.사업수입		11,720.25	10,968.00	752.25	
	1.대여료	11,520.05[27]	10,768.00	752.25	
	2.출장영사료	200.00	200.00		
4.전년도이월금		5.73	5.00	0.73	
5.기부금		11,900.00	11,900.00		
6.과년도수입		414.00	400.00	14.00	
7.잡수입		1,618.15	600.00	1,018.15	
수입 합계		82,408.13	83,623.00		214.78

---

27 원문 그대로. 11,520.25의 오기로 보인다.

지출의 부

과목		결산액	예산액	예산액에 대한 증감	
관	항			증	감
1.회의비		758.94	759.00		0.06
2.사무비		8,326.07	8,464.00		137.93
	1.봉급	412.41	415.00		2.59
	2.수당	4,647.75	4,654.00		6.20[28]
	3.여비	1,092.70	1,115.00		22.30
	4.비품 및 소모품	491.56	500.00		8.44
	5.통신운반비	853.61	870.00		16.39
	6.인쇄비	621.74	700.00		78.26
	7.도서비	204.30	214.00		3.70
3.사업비		67,598.78	69,490.00		1,891.22
	1.영화구입비	63,489.70	64,490.00		1,000.30
	2.영화임대료		100.00		100.00
	3.기술원 양성비	1,534.33	2,000.00		465.67
	4.기계 기구 구입비	2,065.80	2,250.00		184.20
	5.수리비	508.95	650.00		141.05
	6.표창비		유용 (250.00)		
4.잡지출		3,991.74	4,910.00		918.24
5.예비비			유용(1,000.00)		
지출합계		80,675.53	유용(1,250.00) 85,623.00		2,947.47

---

28 원문 그대로. 결산서 설명에 따르면 6원 25전이 맞음.

쇼와 18[1943]년도 결산서 설명서

수입의 부

제1관 회비
예산액에 비하여 1,000원을 감액한 것은 제3종 회원에서 2명(축저 [저축]은행, 가네보(鐘紡))의 가입이 없었기 때문.

제2관 보조금
예산액에 비하여 1,000원을 감액한 것은 예산 편성에서 제1항 국고보 조금을 20,000원으로 계상했는데, 재무국 5푼 절감액에 따라 교부액이 감소한 데 따름.

제3관 사업수입
예산액에 비하여 752원을 증액한 것은 제1항 대여료에서 수시 대여 의 연(延) 권수가 많은 데 따름.

제4관 전년도 이월금
예산액에 비하여 73전 증액한 것은 예산 편성에서 원 미만을 잘라낸 데 따름.

제5관 기부금
예산액에 비하여 증감 없음.

제6관   과년도 수입

예산액에 비하여 14원 증액한 것은 전년도 대여료의 수입이 많았던 데 따름.

제7관   잡수입

예산액에 비하여 1,018원 15전을 증액한 것은 중고필름 매각 대금 및 기타 잡수입이 많았던 데 따름.

지출의 부

제1관   회의비

예산액에 비하여 6전 감소한 것은 예산편성에서 원 미만을 잘라낸 데 따름.

제2관   사무비

예산액에 비하여 137원 93전을 감액한 것은 제1항 봉급에서 일수가 1개월에 모자란 부분이 있어 2원 59전을 감액한 데에 따름.

제2항 수당에서 수당의 지출이 적었기 때문에 6원 25전을 감액함.

제3항 여비에서 출장일수가 적었기 때문에 22원 30전을 감액함.

제4항 비품 및 소모품비에서 소모품 구입 절감에 따라 8원 44전을 감액함.

제5항 통신운반비에서 회원의 자체 운반이 많았기 때문에 16원 39전을 감액함.

제6항 인쇄비에서 자재부족 때문에 프린트, 기타 타이프 등으로 절감하였기 때문에 78원 26전을 감액함.

제7항 도서비에서 도서구입이 적었기 때문에 3원 70전을 감액함.

위 각 항의 합계액의 감소에 따른 것임.

제3관 사업비

예산액에 비하여 1,891원 22전을 감액한 것은 제1항 영화구입비에서 수송 관계 상 영화의 연도 내 구입을 달성하지 못한 것이 있기 때문에 1,000원 30전을 감액함.

제2항 영화임대료에서 구입영화의 충실화에 따라 임대가 적었기 때문에 100원을 감액함.

제3항 기술원 양성비에서 16밀리 및 35밀리 강습회를 함께 했기 때문에 465원 67전을 감액함.

제4항 기계 기구 구입비에서 자재 부족으로 기계 기구 입수가 곤란한 데 따라 184원 20전을 감액함.

제5항 수리비에서 기계의 수리가 적었기 때문에 141원 5전을 감액함.

위 각 항 합계액의 감소 결과에 따름.

제4관 잡지출

예산액에 비하여 918원 24전을 감액한 것은 잡지출이 적었기 때문.

제5관 예비비

제4관 잡지출에 유용하였기 때문에 예산액을 감액한 데에 따름.

차입자금 사용처 명세서

일금 20만원 정

위 차입자금의 사용처 명세는 다음과 같음.

물품명	수량	단가	금액
와다(和田)식 휴대용 발성영사기	8세트	7,500원	60,000원
롤러식 휴대용 발성영사기	2세트	7,500원	15,000원
오카모토(岡本)식 휴대용 발성영사기	1세트	7,500원	7,500원
데부라이형 후지 휴대용 발성영사기	1세트	7,500원	7,500원
증폭기	2세트	1,900원	3,800원
17밀리반 영사기	10세트	5,000원	50,000원
35밀리 영화	50권		23,100원
17밀리반 영화	50권		10,500원
16밀리 영화	70권		14,100원
발동기 직급 발전기	1대	3,800원	3,800원
영사기 각종 부분품			4,700원
합계	일금 20만원 정		

세입(조성금) 설명서

본 협회 쇼와 18[1943]년도 세입예산서 중 조성금 34만원의 내용 설명은 다음과 같음.

1. 금 2만원 정   계발조성금

(설명) 위는 본 협회의 사업자금으로 국민총력조선연맹 쇼와 19[1944]년 예산 중에서 지출하여 본 협회가 받은 것임.

1. 금 17만원 정   문화조성금

(설명) 위는 사단법인 조선영화사가 매년 본 협회 사업자금으로 지출하는 것인데, 그 이유는 종래 회사에서 실시한 이동영사 사업을 이번에 본 협회가 접수하여 종래 이동영사 실비로 직접 지출한 것을 본 협회에 조성금 형식으로 지출하는 것임. 위 사단법인 조선영화사는 전조선 상설관에 영화를 배급하는 것을 업으로 삼고 있으며, 1개년 간 총수입은 1천만원 내지 1천1백만원이며, 그중 8푼 즉 80만원 전수(前收)의 수수료를 징수하고 회사를 경영하는 것 외에 위 총수입금 중에서 별개로 매년 24만원의 문화조성비를 계상하고 있다. 이 중에서 17만원을 상설관 설비가 없는 농산어촌의 민중에 대한 이동영사 사업에 지출하게 된 것임.

1. 금 15만원 정   특별조성금

(설명) 위는 전조선 상설관 경영자의 단체인 조선흥행연합회에서 매년 적립하는 특별적립금 연액 35만원 중에서 매년 15만원씩 본 협회에 조성하는 것임.

위 적립금 35만원은 전조선 상설관 수입(입장료)에서 1명당 1전 내지 2전씩 적립한 것이며 위의 총적립금 35만원 중 15만원을 본 협회에, 잔액 20만원을 다른 문화 관계 사업의 조성에 사용하는 것이며, 도회지의 완전한 설비를 갖춘 상설영화관에서 관람하는 민중 및 상설관 경영자가 영화의 혜택을 받지 못하는 지방 대중에 대한 봉사적 정신을 다분히 포함하는 조성금임.

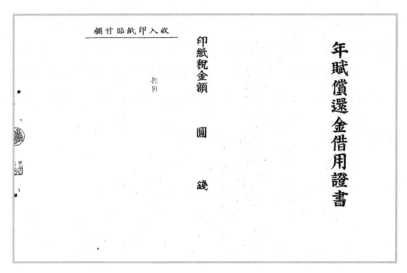

연부상환금 차용증서

연부상환금 차용증서

일금 2십만 원정

위는 조선간이생명보험적립금 자금인바, 이번에 귀 은행을 통해 연부상환방법으로 정히 차용하였으므로 이에 대해 다음 각 조항을 확약합니다.

제1조　본 차용금은 기계설비 구입자금으로 사용합니다.

제2조　원리금의 지불은 다음과 같이 정하여 이행합니다.

1. 이자는 거치 기간 중 및 연부상환 기간 중을 통해 연 4푼 9리의 비율로 함.
2. 원금은 쇼와 년 월 일부터 쇼와 년 월 일까지 이를 거치하고 그 기간 중 이자는 다음 기일에 그 기일까지의 분을 지불하기로 함.

　　매년　　월　　일

　　매년　　월　　일

3. 연부금은 균등상환으로 하고 쇼와 20년 3월 19일부터 쇼와 35년 3월 1
   일까지 본 계약 이자율로 산출한 반년부 금 9,491원 94전씩 연2회 다음
   기일에 상환하기로 함.

   매년   3월   1일

   매년   9월   1일

4. 제2호, 제3호의 기일 또는 기한 전 상환을 요구받았을 경우에 귀 은행이
   지정한 기일에 원리금 입금을 하지 않을 때는 그 다음날부터 실제 입금
   일까지 지불해야 할 금액 백원에 대해 일보(日步) 4전의 비율에 해당하
   는 지연이자를 지불하기로 함.

제3조   차주(借主)의 상황에 따라 상환기일 전에 차입금의 일부 혹은 전부
   를 상환하고자 할 때에는 귀 은행의 동의를 얻어 그 수수료로 상환금액
   의 1천분의 5를 지불합니다.

제4조   다음 경우에는 귀 은행의 요구에 따라 기한 전이라 하더라도 원리
   금의 일부 혹은 전부를 즉시 변제합니다.

   1. 법령에 따라 기한의 이익을 상실할 때

   2. 본 계약을 위배하였을 때

   3. 본 차용금의 전부 또는 일부를 제1조의 목적 이외에 사용하였을 때
      또는 차입한 후 장기에 걸쳐 제1조의 목적으로 사용하지 않을 때

제5조   귀 은행 또는 대장대신, 조선총독 혹은 체신국장으로부터 차용금
   의 사용처 또는 사업의 상황 등에 관하여 조사 또는 통보를 통한 청구가
   있을 때에는 지체 없이 이에 응합니다.

제6조   본 계약을 위배하였을 때에는 조선식산은행령 제25조의 처분을 감
   독관청에 청구하셔도 이의는 없습니다.

쇼와 20년 3월 29일

주소 경성부 중구 남대문통 2정목 123(丁子屋4층)
차주 사단법인 조선영화계발협회

회장 阿部達一

경성부 남대문통 2정목 104번지의 1
주식회사 조선식산은행 앞

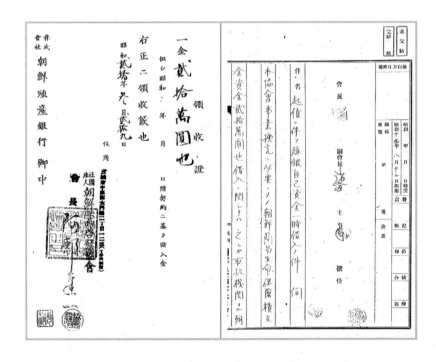

시행월일 번호	쇼와 년 월 일 접수	발송		기장		검인		교합		정서	
	쇼화 19년 8월 12일 기안										
	관계번호 제 호		결재								
회장	부회장	주사			담임						

건명 기채에 따른 식은 자기 자금 일시 차입의 건 문의

본 협회 사업 확충에 필요하기 때문에 조선간이생명보험적립금 자금 20만원정 차입에 관해서는 이 취급기관인 조선식산은행을 통하여 체신국장 앞으로 신청을 마쳤으나 위 자금은 체신국 협의회 및 정부에 대한 제 수속 등을 거쳐 차입 실현까지 상당한 날짜(약 2개월)를 필요로 하는 바, 식산은행에서 본 자금 관계 신청자에게는 자기자금을 유용시킬 뜻인 바, 본 협회에서도 똑같은 취급을 받고자 합니다. 조건은 다음과 같음.

조건

1. **방법**: 협회장 발행의 약속어음
1. **이자**: 간보와 같음. 연 4푼 9리
1. **기일**: 쇼와 19년 12월 31일로 하고 기채 실현한 후에 진체(振替)할 것
1. **현금수수**: 쇼와 19년 8월 22일
1. **차입액**: 일금 18만원정

約束手形

第　號

一金 拾八萬圓也

支拂期日　昭和　　年　　月　　日
支拂地
支拂場所　朝鮮　　　　　　（寫）

右金額貴殿又ハ貴殿ノ指圖人ヘ
此約束手形引換ニ支拂可申候也
（寫）

昭和　　年　八月

住所

振出人　朝鮮　　　　　　　　

振出人　朝鮮　　　　　　　　
會長　阿部　

表書ノ金額 其指圖人ヘ御支拂相成度候也（目的又ハ問況）	表書ノ金額 其指圖人ヘ御支拂相成度候也（目的又ハ問況）	裏書ノ金額 其指圖人ヘ御支拂相成度候也（目的又ハ問況）	裏書ノ金額正ニ受取候也
住所	住所	住所	住所
昭和　年　月　日	昭和　年　月　日	昭和　年　月　日	昭和　年　月　日
殿又ハ	殿又ハ	殿又ハ	

처무규정

제1장 총칙

제1조 본회의 업무는 정관 기타 따로 규정이 있는 것을 제외하고 모두 본
규정에 따라 이를 행함.

제2조 본 규정의 개폐는 회장이 이를 행함.

제2장 임명면

제3조 직원의 임명 파면은 회장이 이를 행함.

제4조 직원을 채용하고자 할 때는 이력서를 제출받아 다음 사항을 고사
(考査)한 후에 이를 행해야 함.

  1. 건강상태
  2. 교양의 정도, 특히 사상 경향
  3. 성품 및 행실
  4. 가정 상황
  5. 보증인의 자산, 신용 정도 및 본인과의 관계

제5조 직원 채용 후에는 별지 제1호 양식에 따른 서약서를 제출받아야
함.

제6조 다음 각 항 중 하나에 해당하는 자는 직원으로 채용할 수 없음.

  1. 금고 이상의 형에 처해진 자 또는 이와 같은 형의 집행 유예 중에
있는 자
  2. 금치산 또는 준금치산의 선고를 받고, 그 취소가 없는 자
  3. 확실한 신원보증인이 없는 자

제3장 분한(分限) 및 징계

제7조　직원은 본 규정을 따르지 않으면 그 직을 파면당할 수 있음.

제8조　직원이 다음 각 호 중 하나에 해당할 때는 그 직을 파면당할 수 있음.

　　1. 상이 또는 질병에 의해 그 직을 감당하지 못한다고 인정될 때

　　2. 채용한 후에 규정 제6조 각 호 중 하나에 저촉하는 것이 판명되었을 때 또는 이에 해당하는 데 이르렀을 때

　　3. 협회의 사정에 따라 필요가 있을 때

제9조　직원이 다음 각 호 중 하나에 해당할 때는 휴직을 명할 수 있음.

　　1. 형사 사건에 관련해 기소되었을 때

　　2. 징계위원회의 심사에 부쳐졌을 때

　　3. 입영 또는 징발에 응할 때

　　4. 병으로 결근이 계속해서 120일을 초과할 때

　　5. 협회의 사정에 따라 필요가 있을 때

　　전 항에 따른 휴직 기간은 제1호 및 제2호의 경우에는 그 사건의 재판소 또는 징계위원회에 계속(繫屬) 중으로 하고 제3호의 경우는 입영 또는 징발에 응하는 기간 중으로 하며, 제4호의 경우는 3개월 이상 1년 이내로 함.

제10조　직원이 다음 각 호 중 하나에 해당할 때는 징계 처분에 부침.

　　1. 직무상의 의무를 위배하고 또는 직무를 게을리 할 때

　　2. 직무 내외를 불문하고 본 협회의 체면을 더럽히는 행위가 있을 때

제11조　직원의 징계는 그 실정을 조사 심의하고 그 정도에 따라 다음 구별로 이를 행함.

　　1. 면직

　　2. 감봉, 감급

3. 견책

　　4. 계고

제4장 복무

제12조　직원은 본회의 제 규정 영달 및 상위자의 명령을 준수하고 성실히 임하여 영화계발의 국가적 사명 달성을 꾀해야 함.

제13조　직원은 본회의 기밀을 타인에게 누설하거나 또는 허가 없이 본회의 서류를 부외(部外)에 개시할 수 없음.

제14조　직원은 허가 없이 다른 사업에 종사하거나 또는 관계할 수 없음.

제15조　본회의 집무시간은 본부 집무시간의 사례에 따름.

제16조　본회는 일요일, 축제일, 시정기념일, 12월 31일 및 1월 2일을 정휴일로 삼는다. 단, 회무의 사정에 따라 별단의 규정을 둘 수 있음.

제17조　직원에게는 사무에 지장 없는 범위 내에서 1년을 통해 20일 이내의 휴가를 줄 수 있음.

제18조　직원의 기복(忌服)은 다음과 같이 함. 단, 기간 중이라 하여도 회무의 사정에 따라 제복(除服) 출근을 명할 수 있음.

　　1. 부모, 양부모, 배우자의 상고로 인한 휴가 7일간

　　2. 조부모, 자녀 및 배우자의 부모의 상고로 인한 휴가 5일간

　　3. 형제자매의 상고로 인한 휴가 3일간

　　4. 삼촌 이내 동거 친족의 상고로 인한 휴가 2일간

　　5. 부모, 조부모, 처자의 연기(年忌) 1일간

제19조　병환 기타 어쩔 수 없는 사유에 따라 결근 지각 또는 조퇴할 때는 그 취지를 신고해야 함.(제2호 양식)

제20조　병환 결근이 7일을 넘을 때는 의사의 진단서를 제출해야 함.

제21조 출장 일정의 변경이 필요할 때는 그때마다 승인을 얻어야 함.

제5장 품의

제22조 본회의 업무는 모두 본회에서 정하는 품의를 거쳐 이를 행해야 함. 다만 긴급을 요하고, 그럴 틈이 없을 때는 시의적절한 조치를 하고 사후 즉시 소정의 수속을 해야 함.

경이한 통상 업무는 전항을 따르지 않을 수 있음.

제23조 품의는 각 담당 과에서 소정 양식에 따라 기안하고 모두 상사의 결재를 받아야 함.

제24조 품의서는 주관하는 과에서 □□보관하고 그 사본을 서무과에 송부해야 함.

제25조 다른 과와 관계가 있는 문서는 그 관계하는 과와 상의해야 함.

제26조 회장 또는 이사의 결재에 따라 처리해야 할 품의서는 주무과장부터 주무부장을 거쳐 서무과에 회부해야 함.

제27조 서무과에서는 품의 정리부를 비치하고 회부된 문서를 명료하게 정리해야 함.

제6장 문서

제28조 문서란 회무에 관한 일체의 서류(전보 및 도표를 포함)를 말함.

제29조 문서는 다음과 같이 분류함.

　　1. 갑종문서

　　2. 을종문서

　　갑종문서란 본회의 권리 의무의 득상(得喪) 또는 변경을 목적으로 하는 사항에 관한 문서, 중요한 인사에 관한 문서, 기밀에 속하는 문서를 말하고, 을종문서는 이 이외의 문서를 말함.

제30조 발신문서는 모두 다 회장 이름으로 해야 함.

제31조 긴급성을 요하는 문서에는 적색 쪽지를 첨부하고(외부로 보내는 것을 제외), 기밀에 속하는 것은 그 상부에 '비(秘)'의 도장을 찍어서 시기에 따라 적절하게 취급해야 함.

제32조 문서에는 발신번호를 붙이고 주관하는 과의 첫 글자를 표시해야 함.

제33조 문서의 발송 수수는 서무과에서 해야 함.

제34조의 1　발신문서는 문서발신부에 따라 서무과로 회부해야 함. 다만 경이한 것은 이렇게 하지 않아도 무방하다.

제34조의 2　발신문서는 지체 없이 발신 수속을 밟아야 함. 우편에 의하지 않는 발신문서는 문서송달부로 이를 송부하고 수수한 연월일 및 수령자를 명백히 해두어야 함.

제35조 수수한 문서는 문서수수부에 기재하고 전무이사의 검인을 받은 후에 그 사무를 주관하는 과에 송부해야 함. 경이한 문서는 문서수수부에 기재하지 않아도 됨.

제36조 문서의 배포를 받았을 때는 조속히 과장의 사열을 거쳐 그 지시에 따라 이를 처리해야 함.

제37조 소송 관계 기타의 문서이면서 수수한 일시가 권리의 득상에 관련

되는 것은 반드시 그 문서에 도착한 일시를 명기해두어야 함.

제38조 집무시간 외 문서의 수수 발송은 숙직 또는 일직자가 이를 해야 함.

전항의 경우 수수문서는 다음날 이를 서무과에 인계해야 함. 다만 긴급을 요하는 문서는 전항의 자가 시의적절한 조치를 해야 함.

제39조 문서의 보존에 대해서는 따로 이를 규정함.

(제1호 양식)

```
┌─────────────────────────────────────────────┐
│                                             │
```

서 약 서

본적
현주소
씨명
　　년　월　일생

본적

저는 이번에 귀 협회에 채용된 데에 대해 규칙 기타 명령을 굳게 지키는 것은 물론 성실히 근무할 것을 서약합니다.

쇼와　년　월　일

　　　본인

본적

앞 사람은 이번에 귀 협회에 대해 서약을 하였던 바 근무하는 것은 물론, 앞으로 본인의 신상에 관한 일체의 사항은 소생이 (이하 불명)

현주소
보증인

사단법인 조선영화계발협회 앞

(제2호 양식)

○○신고서

1　이유
2　일시
3　기타

위와 같이 신고합니다.

쇼와　년　월　일　○○과

직명　씨명　인

협회장 귀하

313

사단법인 조선영화계발협회 여비 규정

제1조   본 협회 역·직원이 회무를 위해 여행할 때는 본 규정에 따라 여비
를 지급함.

제2조   역·직원의 출장에는 별도로 정한 명령부를 사용하고 여기에 행선
순로 및 일수 기타를 지정함.

　　　전항의 명령에 반한 경우 또는 사적인 용무를 위해 사용한 여비는 이
를 지급하지 않음.

　　　여비는 출발 전에 개산하고 그 금액의 범위 내에서 개산 지급을 할
수 있음.

제3조   여비는 기차운임(통행세 및 급행료를 포함), 배 운임, 거마비, 항공
비, 일당 숙박료 등으로 함.

제4조   내지 및 조선 내에서 보통여행의 경우 여비는 제1호표에 따름.

제5조   대만, 화태(樺太, 사할린), 만주 및 기타 외국여행의 경우 여비는
별도로 정함.

제6조   이동순회영사를 위한 여행의 여비는 제2호표에 따름.

제7조   유급자가 아닌 역원의 출장 여비는 제1호표 중의 전무이사와 동액
의 여비를 지급함.

제8조   귀현(貴顯) 또는 역원을 따라 가거나, 혹은 천변지이 등의 현장에
특별한 임무로 출장할 경우에는 제4조의 규정에 구애받지 않고 별도 심
의한 후에 그 실비를 지급할 수 있음.

제9조   회무를 위해 특히 항공기를 탑승하는 경우는 회장의 허가를 받아
야 함.

제10조 여비는 순로로 이를 계산함.

　천변지이 기타 불가항력에 의해 순로로 갈 수 없을 경우는 실제로 여행한 경로로 이를 지급할 수 있음.

제11조 일당은 출발일부터 귀착 당일까지 숙박료는 숙박 수에 따라 이를 지급한다. 단, 기선에서 숙박한 밤의 숙박료는 이를 지급하지 않음. 식탁료로 숙박료 갑액의 3분의 1에 상당하는 액수를 지급함. 한 곳에서의 체재가 10일을 넘길 때에는 초과일부터 1일당 숙박료는 정액의 8할로 함.

제12조 출장을 마치고 귀임하였을 때는 1주일 이내에 소정의 용지에 그 정산서를 작성하고 여비를 정산해야 함.

　정당한 이유 없이 기일 내에 정산을 게을리한 때는 본인의 봉급으로 개산 지불 여비의 반환을 충당할 수 있음.

제13조 재근지 부내 출장이면서 그 행정(行程)이 2리 이상일 때는 정액의 반액에 상당하는 일당, 거마비 및 철도운임을 지급함.

　전항의 경우에 공무의 사정에 따라 숙박을 요하는 때에는 숙박료를 지급함.

제14조 부임 여행의 경우는 그 신분에 따라 본인 및 그 가족에게 제1호표에 따른 여비 및 이전료 실비를 지급할 수 있음.

제15조 촉탁, 고원 및 용원의 부임에는 부임 여비 및 이전료를 지급하지 않음.

제16조 퇴직한 자가 사무인계, 잔무정리 등 회무를 위해 출장할 경우는 재근 당시의 신분에 따라 여비 및 여비에 상당하는 금액을 지급함.

제17조 서기 이상의 자가 근속 2년 이상이며 퇴직 또는 휴직이 되어 30일 이내에 재근지를 출발 귀향할 때는 재근지부터 원적지에 이르는 전직(前職) 상당, 본인 및 가족의 철도운임, 배 운임 및 거마비를 지급함. 단,

형사재판 혹은 징계처분에 따라 실직 혹은 면직되거나 또는 자기의 편의에 따라 퇴직했을 때는 이 규정에 따르지 않음.

제18조 서기 이상의 자가 재직 중 사망하였을 때는 근속연수에 상관없이 전항의 사례에 준하여 그 유족에게 여비를 지급함.

제19조 촉탁 고원 근속 5년 이상이며 회의 사정에 따라 해직되거나 또는 재직 중 사망했을 때는 제17조 및 제18조의 사례에 준하여 전항 상당의 여비 혹은 여비에 상당하는 금액을 지급할 수 있음.

부칙

본 규정은 쇼와 19[1944]년 8월 1일부터 이를 시행함.

구별	거마비 1km 당	철도 운임	기선 운임	일당	숙박비 갑지방	숙박비 을지방
회장	22전	1등실비	1등실비	10원	23원	19원
부회장 전무이사	20	1등실비	1등실비	9원	19원	15원
상무이사	18	1등실비	1등실비	8원	16원	14원
참사	17	1등실비	1등실비	7원	14원	12원
부참사 촉탁(수당 한달 250원 이상)	16	2등실비	2등실비	6원	13원	10원
서기 기수 촉탁(수당 한 달 250원 이상)	14	2등실비	2등실비	5원	12원	8원
고원	12	3등실비	3등실비	3원	9원	6원
용원	9	3등실비	3등실비	2원	7원	5원

※ 비고

1. 갑지방(甲地方)이란 내지 및 도청소재지, 부제(府制) 시행지를 말함. 을지방(乙地方)이란 기타 지방을 말함.
2. 참사이면서 부장의 직에 있는 자 또는 서기 기수이면서 과장의 직에 있는 자에게는 소정 숙박료의 1할을 가산 지급함.

구분	거마비 1km 당	철도 운임	기선 운임	1회 5일 미만의 경우 갑지방	1회 5일 미만의 경우 을지방	1회 5일 이상 10일 미만의 경우 갑지방	1회 5일 이상 10일 미만의 경우 을지방	1회 10일 이상의 경우 갑지방	1회 10일 이상의 경우 을지방
기수	14	2등실비	2등실비	17	13	13	10	12	9
고원	12	3등실비	3등실비	12	9	11	8	10	7
용원	9	3등실비	3등실비	9	7	8	6, 5	7	6

※ 비고

1. 부임 당일은 제1호표의 일당을 지급함.
1. 당일치기 여행인 경우는 제13항의 규정에 따라 제1호표 여비를 지급.

물품 회계 규정

제1조　물품의 회계는 모두 연도로 구분하고 매년 4월 1일부터 이듬해 3월 31일에 이르는 동안을 1년으로 함.

제2조　물품의 회계는 실제 그 출납을 집행한 날로써 연도의 소속을 구분해야 함.

제3조　물품의 출납은 출납장부, 필요에 따라서는 그 보조부도 비치하여 출납 사실을 등기해야 함.

제4조　가 과장은 사령(辭令)을 사용하지 않아도 자과용(自課用) 물품의 보관주임이어야 함.

　　　다만, 특히 필요가 있을 경우 특정한 물품에 대해 특정한 보관주임을 둘 수 있음.

제5조　소요물품는 보관주임이 서무과에 비치된 청구서에 따라 서무과장에 청구해야 함.

　　　물품의 수리 개조 조립 및 운반의 청구는 전항에 준함.

제6조　앞 조 제2항의 물품은 서무과장 또는 서무과장이 지정한 자가 이의 검수를 해야 함.

제7조　물품보관 주임은 공용품 보관부, 물품의 입수 지불부 및 보조부를 비치하여 물품의 입수 정리를 해야 함.

　　　공용품 원부는 서무과장이 이를 정리를 해야 함.

제8조　물품보관 주임은 그 고의 태만에 의해 보관물품을 망실 결손하였을 때는 변상의 책임을 져야 함.

제9조　물품보관 주임은 보관물품을 망실 또는 훼손하였을 경우는 즉시

그 사정을 자세히 적어 이를 보고해야 함.

제10조 앞 조의 보고가 있을 경우는 즉시 보관자 변상책임의 유무를 심사한 후에 이를 인정해야 함.

제11조 물품의 망실 및 훼손의 인정은 서무과장이 이를 해야 함.

제12조 다음 경우 물품은 보관 외로 하고 물품출납부에 등기하지 않아도 됨.

1. 방역, 방독을 위해 임의로 구입하여 즉시 소비하는 약품류
2. 출장지에서 구입하고 즉시 소비하는 물품
3. 위급시 음식료품으로 구입 후 즉시 소비할 것들
4. 문서, 관보, 신문, 잡지, 법령전서, 직원록, 역본(曆本) 기타 이와 같은 종류

친목회 규약

1. 역직원으로 조직하고 품성의 도야, 지식 향상 및 회원 상호 간의 친목을 도모하는 것을 목적으로 함.

2. 회장 1명을 두고 전무이사로써 이를 충당하여 회무를 통리함.

3. 간사 1명을 두고 서무과장으로써 이를 충당하여 회무를 맡아 처리하게 함.

4. 회비로 다음과 같이 징수함.
   - イ. 매월 봉급액의 200분의 1
   - ロ. 승증급(昇增給)이 있을 경우는 그 증가한 액수의 2분의 1

5. 회원 또는 그의 가족에게 다음 사실이 발생한 경우는 길흉경조의 뜻을 표하기 위해 본인 또는 그 유족에게 다음 금원을 증정함.
   - イ. 본인의 결혼   금 10원
   - ロ. 본인의 남녀아 출생   금 5원
   - ハ. 본인 30일 이상에 걸치는 병환   금 10원
   - ニ. 본인의 전직 퇴직
     입회 후 6개월 이상 1년 미만   금 5원
     1년 이상은 1년을 더할 때마다 금 5원을 누가함.
   - ホ. 본인의 사망   금 50원
   - ヘ. 본인 배우자의 사망   금 20원
   - ト. 본인의 부모 자녀 사망   금 10원
   - チ. 본인의 입영, 소집에 응하거나 징발에 응함. 금 10원

6. 회원 또는 기타인 자로부터 기증을 받을 수 있음.

7. 수지가 안 되는 경우가 발생했을 때는 임시로 회비를 징수할 수가 있음.

8. 수지의 계산에서 10전 미만의 액수가 생겼을 경우는 10전으로 계산함.

9. 본회 규약에 의의(疑義)가 생기거나 또는 규약에 명기되지 않은 사항에 대한 시의적절한 조치는 회장에게 일임함.

조선인 직원 봉급조(調) (제 수당을 뺌)

씨명	본봉	씨명	본봉	씨명	본봉
부참사 金聲均	180원	기수 洪原英裕	64원	조수 金本熙在	50원
서기 宇野榮吉	100원	고원 高山明子	96원	조수 平山東源	48원
서기 箕山 潔	100원	고원 金原春市	85원	조수 光山斗錫	51원
기수 新井信次	140원	고원 李村明宰	75원	용인 江本鎭英	36원
기수 金本守平	135원	고원 長谷川義子	73원	용인 永本秀雄	24원
기수 岩村 堈	100원	고원 西原基昌	78원		
기수 長谷川喜東	100원	조수 高山元作	45원		
기수 林 喜男	100원	조수 金川炳奎	55원		
기수 三中彰奎	85원	조수 金海重光	45원		
기수 荒木武夫	73원	조수 東元達夫	60원		

※ 참조
1. 사택료 부참사 40원
1. 전시수당 각 본봉의 1할
1. 가족수당 가족 1인당 5원

(이면은 백지)

㊙

常任參與

昭和　年　月　日接受　發
昭和二十年八月二二日起案　送

關係映畫
番號映畫　第
番號　決裁　號

會長
副會長
專務理事

部長
課長
主任

件名　役職員辞職方ノ件

今次政況ニ鑑ミ茲ニ伴ヒ内地人役職員ニ

對シ左案ノ通辞職辭令ヲ想定シ以下此ノ
成

323

시행월일 번호	쇼와 년 월 일 접수	발송		기장		검인		교합		정서	
	쇼와 20년 8월 23일 기안										
	관계번호 제 호		결재								

회장	상임참여	부장	과장
	전무이사		

건명 역직원 해직 건

이번 정치 변혁에 따라 내지인 역직원에 대해 다음 안과 같이 해직 발령이 되었음.

안 1

각

통

전무이사 前田東水

상무이사 梁村奇智雄

상무이사 高島金次

협회 사무의 사정에 따라 외촉을 해인함

            년   월   일

            협회   씨명

안 2

각

통

부참사 森 吉厚

부참사 井上常太郎

부참사 田中寬作

부참사 新島睿

서기 戶田啓作

서기 吉村文太郎

서기 古山信男

서기 大谷多惠子

기수 佐々木二身夫

기수 深井鐵之助

기수 犬藤種別

협회의 사정에 따라 (   )를 파면함

            년   월   일

            협회   씨명

사단법인 조선영화제반설협회 순회영화 이용 상황

쇼와 19년 4월부터 20년 3월까지[29]

제종 회원

회원별 월별 횟수		18년 4월	5월	6월	7월	8월	9월	10월	11월	12월	19년 1월	2월	3월	합계
경기	횟수	20	18	26	19	17	17	32	16	6	9	19	11	210
	인원	44,600	40,200	54,900	34,600	29,700	34,500	37,520	16,100	5,800	8,900	12,700	5,000	324,520
충북	횟수	14	16	23	5	10	12	18	13	10	8	29	20	178
	인원	38,200	46,500	46,250	6,850	6,600	12,000	16,000	17,600	10,800	5,800	21,600	18,500	258,700
충남	횟수	44	12	8	10	10	6	9	8	9	6	9	7	138
	인원	54,100	14,800	16,500	18,000	19,500	8,400	13,000	12,500	6,300	10,500	15,150	17,000	205,750
전북	횟수	11	27	19	32	27	35	25	17	13	24	22	24	276
	인원	31,550	53,450	43,100	98,300	104,200	84,300	73,300	29,450	9,100	12,000	17,450	20,250	576,450
전남	횟수	20	37	49	33	47	23	36	11	23	22	27	20	348
	인원	13,200	51,000	75,500	97,300	47,600	62,650	54,750	8,200	14,700	15,650	21,900	30,000	492,450

---

29 원문 그대로. '쇼와 19년 4월부터 쇼와 20년 3월까지'로 되어 있으나, 표 안의 통계연도는 쇼와 18년부터 쇼와 19년까지임.
원문 그대로. '쇼와 19년 4월부터 쇼와 20년 3월까지'로 되어 있으나, 표 안의 통계연도는 쇼와 18년부터 쇼와 19년까지임. 합계가 맞지 않는 부분이 있으나 원문 그대로 옮겨 적음.

회원별 월별 횟수		18년 4월	5월	6월	7월	8월	9월	10월	11월	12월	19년 1월	2월	3월	합계
경북	횟수	22	12	14	5	4	8	8	8	9	4	21	13	128
	인원	33,700	34,500	16,200	5,150	4,200	7,300	6,350	6,100	7,000	1,800	18,300	15,400	156,000
경남	횟수	7	8	28	휴지	10	30	21	10	16	6	13	12	161
	인원	10,850	14,800	54,000	–	10,550	48,900	39,300	9,200	29,300	8,500	21,600	21,100	268,100
강원	횟수	20	6	11	11	13	9	7	7	15	24	12	8	143
	인원	22,350	8,500	30,000	17,600	13,500	30,860	10,300	12,200	15,800	19,900	13,500	15,000	209,510
황해	횟수	31	32	22	52	44	28	42	32	17	19	16	17	352
	인원	54,240	51,850	29,810	94,400	83,230	48,450	47,100	15,420	19,100	16,900	12,250	17,100	489,850
평북	횟수	6	12	15	7	3	21	20	14	31	10	11	17	167
	인원	2,050	21,800	24,400	12,600	2,100	24,150	39,300	11,400	21,900	7,300	7,300	13,400	187,700
평남	횟수	27	14	18	23	19	37	7	12	25	19	27	35	263
	인원	66,950	46,700	31,800	32,900	30,600	42,900	7,650	1C,510	21,670	9,100	23,500	30,400	354,680
함북	횟수	8	8	24	7	12	7	14	휴지	11	11	7	8	117
	인원	10,200	24,800	32,900	5,600	17,300	6,000	8,700	–	5,150	5,900	3,150	5,050	124,750
함남	횟수	7	7	18	13	16	27	21	17	13	10	29	13	191
	인원	17,700	49,600	81,000	83,200	78,600	80,800	63,600	39,100	51,300	14,450	92,600	24,100	676,050
금융조합	횟수	30	93	22	24	40	49	41	43	6	6	5	35	394
	인원	51,800	83,750	45,840	58,400	94,800	75,100	52,000	63,800	600	600	600	52,800	580,090
계	횟수	267	302	297	241	272	309	301	208	204	178	247	240	3,066
	인원	451,490	542,250	582,200	564,900	554,480	566,310	468,870	251,580	218,520	137,300	281,600	285,100	4,904,600

제2종 회원

회원별	월별 횟수	18년 4월	5월	6월	7월	8월	9월	10월	11월	12월	19년 1월	2월	3월	합계
교통국	횟수	4	22	12	3	24	33	32	6	6	3	5	11	161
	인원	6,000	20,000	5,330	2,100	21,700	17,100	15,600	3,080	19,200	2,400	3,000	8,700	124,210
전매국	횟수	7	18	25	5	32	19	17	12	12	5	6	7	165
	인원	5,500	22,700	45,500	1,500	46,500	40,300	28,750	16,750	13,700	1,500	4,000	5,050	231,750
체신국	횟수	2	12	23	19	1	3	2	4	3	11	9	14	103
	인원	600	16,900	51,700	29,100	200	2,300	300	400	400	4,560	1,880	6,900	115,240
조선연맹	횟수	휴지	휴지	휴지	6	10	10	5	6	18	1	17	6	79
	인원	휴지	휴지	휴지	3,400	1,000	5,600	1,400	2,900	18,300	100	12,000	2,000	46,700
광산연맹	횟수	6	25	8	4	6	22	10	1	1	휴지	1	2	86
	인원	2,600	21,300	17,400	5,700	9,300	21,400	9,500	1,300	100	휴지	100	1,800	90,500
진주부연맹	횟수	2	4	6	5	8	6	10	5	3	5	4	4	62
	인원	1,700	8,560	8,700	5,350	16,000	7,800	16,300	5,600	2,470	3,000	3,420	3,150	82,050
경성부연맹	횟수	1	7	5	6	4	휴지	3	2	휴지	2	1	1	32
	인원	2,500	6,800	6,530	6,550	3,500	–	5,000	3,000	–	200	500	1,000	35,580
일본적십자	횟수	휴지	12	8	13	11	14	17	6	1	2	1	2	87
	인원	–	6,600	12,100	20,900	23,700	19,200	12,200	5,000	200	200	130	300	100,530
조선전맹	횟수	8	5	7	13	4	5	4	11	18	6	5	22	108
	인원	7,000	750	5,600	3,800	800	800	500	4,600	7,300	3,400	1,400	7,500	43,450
조선해록	횟수	휴지	2	1	1	1	11	휴지	1	휴지	1	9	1	28
	인원	–	2,000	100	100	20	7,600	–	200	–	1,500	6,550	200	18,270

회원별 월별 횟수		18년 4월	5월	6월	7월	8월	9월	10월	11월	12월	19년 1월	2월	3월	합계
제주도	횟수	5	6	9	14	4	9	15	7	7	5	7	8	96
	인원	11,930	16,400	27,840	41,100	8,780	39,500	25,800	11,750	11,500	4,800	11,500	15,300	226,200
울릉도	횟수	15	15	3	21	12	16	8	12	8	15	15	12	152
	인원	5,660	5,820	1,050	8,400	4,200	5,800	2,100	5,150	3,550	7,200	6,450	3,200	58,580
대일본부인회	횟수	-	18	휴지	휴지	휴지	휴지	휴지	휴지	휴지	휴지	휴지	휴지	18
	인원	-	23,300	휴지	휴지	휴지	휴지	휴지	휴지	휴지	휴지	휴지	휴지	23,300
대구세무감독국	횟수	-	휴지	-	-	6	휴지	휴지	휴지	휴지	휴지	휴지	휴지	6
	인원	-	-	-	-	1,500	-	-	-	-	-	-	-	1,500
계	횟수	50	146	107	110	123	148	123	73	77	56	80	90	1,183
	인원	43,490	151,130	181,850	128,000	137,200	167,400	117,450	59,730	76,720	28,860	50,930	55,100	1,197,860
기타	횟수	111	377	236	227	112	130	131	125	92	102	137	150	1,930
	인원	160,210	368,930	228,350	175,850	181,000	113,000	82,880	184,760	62,320	48,350	44,680	29,600	1,679,930
총합계	횟수	428	825	640	578	507	587	555	406	373	336	464	480	6,178
	인원	655,190	1,062,310	992,400	868,750	872,680	846,710	669,200	406,070	357,560	34,510	377,210	459,800	7,782,390

※ 비고: '기타'란 수시 대여를 가리킴.

계약서

일본이동영사연맹을 '갑'으로 하고 사단법인 조선영화계발협회를 '을'로 하여 다음 사항을 계약하고 쇼와 19[1944]년 10월 1일부터 이를 실시하기로 함.

기

1. '갑' '을'이 이동영사를 실시하기 위해 '갑'이 소유한 영화를 배분하는 데 있어 '을'을 '갑'과 정하는 지방이동영사연맹규정 (별지에 준하여 취급하기로 함)[30]

2. '갑'은 '을'에 대해 매월 극영화, 시사영화, 각 1본씩 '갑'이 선정한 것을 무료로 배분하기로 함. 다만 그 기간은 극영화 1년 3개월, 시사영화 6개월로 함.

3. '을'은 '갑'로부터 배분받은 영화에 의한 이동영사의 실시 성적을 지방이동영사연맹규정 제18조의 규정에 준하여 '갑'에게 보고하기로 함.

4. '갑'과 '을'은 특별히 필요가 있을 때는 서로 그 소유하는 영화를 교류하여 이동영사를 하기로 함. 이 경우에는 그 세목에 관하여 그때마다 '갑'과 '을'이 협의하기로 함.

5. '을'은 제1호에 따라 배분받은 영화에 대하여 극영화는 1척에 27전, 시사영화 1척에 22전의 비율로 이에 상당하는 금액을 1년에 2회로 나누어

---

30 원문 그대로.

매년 9월 및 3월에 '갑'에게 기부하기로 함.

6. 앞 사항에 변경이 생겼을 경우는 그때마다 협의한 후에 계약을 변경하기
   로 함.

7. 본 계약서 2통을 작성하고 '갑'과 '을' 각 1통씩을 보관하기로 함.

쇼와 19[1944]년 10월 6일

　　　일본이동영사연맹

　　　회장 三好重夫

　　　사단법인 조선영화계발협회

　　　회장 阿部達一

더 찾아 읽을 글

전시체제기 이동영사에 관한 글 중 이미 다른 책에서 번역된 것은 이 책에 싣지 않았다. 대신 그 내용과 서지 정보를 아래에 정리해둔다.

오영진, 「어느 영화인에게 보내는 편지」, 백문임, 이화진, 김상민, 유
승진 편, 『조선영화란 하오』, 창비, 2016.
吳泳鎭, 「ある映画人への手紙」, 『新時代』 2(8), 1942.08.

극작가이자 시나리오작가, 영화이론가로 알려진 오영진은 일본 도쿄발성
영화제작소에서 일하다가 1940년에 귀국해 사단법인 조선영화주식회사의
촉탁으로 활동하기도 했다. 조선영화령 이후 제작과 배급, 상영 등 영화를
둘러싼 모든 단계가 국가의 통제 아래 놓이게 된 1942년, 그는 영화가 정치
와 긴밀하게 연결되는 만큼 영화인도 적극적으로 정치에 참가하여 스스로
를 변화시킬 시기라고 진단한다. 'A형(Aさん)'이라고 부르는 영화인에게 보
내는 서간문 형식인 이 글에서 오영진은 조선의 영화관이 도시에 편중되어
있고 거기서 상영되는 영화들 역시 대부분 도시영화라는 점을 지적하면서,
순회영화의 중요성과 농촌영화 제작의 필요성에 대해 역설한다. 한글도 깨
치지 못한 사람이 많은 조선 농촌에서는 지금 일본이 어느 나라와 어떠한
명분으로 싸우고 있는지도 모르는 이가 적지 않은데, 그만큼 당국과 주민
사이의 효과적이고 능률적인 커뮤니케이션을 위하여 순회영화반의 활동이
중요하다고 강조한다. '영화를 별로 접할 기회가 없는 국민의 8할', '상설관
이 없는 벽촌 사람들'에게 어떠한 '방법'으로 어떠한 '영화'를 보여줄 것인가
라는 문제는, 우선 순회영사반의 조직과 운영에 대한 연구에서 시작하여 농
산어촌과 생산지대 주민을 위한 농촌영화의 제작으로 풀어 나아가야 한다

는 것이 주장의 요지이다.

호시노 지로키치, 「이동영사의 사명」, 한국영상자료원 한국영화사연구
　　소 엮음, 『일본어 잡지로 본 조선영화 5』, 한국영상자료원,
　　2014.
星野二郎吉, 「映画配給社職員養成所講演綠: 移動映寫の使命」,
　　『映画旬報』60, 1942.09.21.

사단법인 일본영화배급사 직원양성소 강연록에 수록된 이 글은 이동영사
의 정의 및 일본 이동영사의 역사를 간추리는 것으로 시작해, 동시기 만주
국과 중국 대륙뿐 아니라 독일과 소비에트 등까지 널리 외국의 이동영사 활
동을 소개하고, 1942년 시점에서 일본 이동영사의 조직과 단체 그 활동 양
상을 개괄한다. 신체제 이후 대정익찬회 선전부와 연계한 일본이동문화협
회, 농산어촌문화협회와 도호영화주식회사의 이동영사, 니혼영화사의 이동
영사 등을 소개하면서, 1942년 4월 배급 통제가 실시되면서 여러 영화사와
기구들이 사단법인 일본영화배급사에 인수된 만큼 앞으로는 영화배급사의
보급개발부가 이동영사의 중심이 되어야 한다는 취지에서 이동영사의 장래
에 대한 제안을 하고 있다. 호시노 지로키치는 이동영사의 네트워크를 확장
하기 위해 대정익찬회, 농회, 각종 공공단체 조직 등과 제휴하고, 때로는 기
존의 상설관 시설을 이용하는 것도 고려해야 한다는 입장에 서있다. 그의
이런 유연한 입장은 이동영사 활동이 부딪치고 있는 현실적인 난관에 대한
고민과 관련된 것으로 생각된다. 그는 앞으로 이동영사에서 사용되는 필름
이 35밀리에서 16밀리로 전환될 것이라 예상하는데, 필름 자재 부족과 열악
한 도로망, 기자재 운송의 어려움 등이 그 이유이다. 호시노에 따르면, 당시
전쟁으로 인한 여러 사정 때문에 일본에서도 필름을 비롯한 여러 기자재가
부족한 것은 물론이고 폭발성 물질인 필름을 사용하는 데도 제약이 있어서

이동영사를 위해 새 필름을 인화하는 것도 제한되어 있었다. 이러한 실제적인 문제에도 불구하고 앞으로 영화배급사의 보급개발부가 실적을 쌓으면 이동영사에 대한 지원도 확대될 것이라는 소박한 기대와 함께, 강연의 마지막에서 호시노는 이동영사가 그 목적을 효과적으로 달성하기 위해 특별히 세 가지—영사기사 양성, 이동영사 프로그램 편성 심의회 조직, 영사반 증대—가 필요하다고 제안한다.

「농촌문화를 위하여—이동극단·이동영사대 활동을 중심으로」, 문경연 외 옮김, 『좌담회로 읽는 〈국민문학〉』, 소명출판, 2010.
「(座談)農村文化のために—移動劇團·移動映寫隊の活動を中心に」, 『國民文學』 3(5), 1943.05.

『국민문학』의 주간 최재서가 진행한 '농촌문화를 위하여' 좌담회에는 이동극단 제2대의 리노이에 히데다케(李家英竹), 극작가 유치진, 조선영화배급사(이하 '조선영배'로 줄임)의 오카다 준이치(岡田順一)와 스시다 마사오(須志田正夫)가 참석했다. 이동극단의 활약상이 주된 화제가 되고 있는 가운데, 1942년 말부터 이동영사의 핵심기관이 된 조선영화배급사의 이동영사 활동도 함께 이야기되었다. 리노이에는, 전시하에서 조선의 이동연극이 일본의 이동연극과 마찬가지로 문화의 혜택을 입지 못하는 농산어촌과 광산에 건전오락을 제공하되, '반도의 황민화를 위해 적극적으로 작용을 가하는 것' 또한 목적으로 하고 있다는 점을 강조한다. 조선의 이동극단은 일본의 그것처럼 다양한 대본을 구비하고 있지 못하지만, 연극이라는 매체 자체가 대중친화적인 데다가 각 지역의 상황에 맞게 융통성 있게 선전 활동을 펼칠 수 있다는 점에서 조선에서는 이동연극 활동이 특히 중요하다는 점에 대해 참석자들 모두 공감하고 있다. 이에 비해, 이동영사는 적어도 1943년 시점에서는 대부분 일본에서 제작된 영화를 그대로 사용하고 있고, 부분적으로 프로그램 편성에서 융통성을 발휘하는 정도이며 그나마도 필름이 부족해 곤란을 겪고 있다. 그러나 영사 중 화면을 보지 않고 기계를 관찰할 정도로 영화라는 것 자체가 신기한 사람들이 많을 정도로 문화시설이 결핍되어있는 조선에서 이동영사에 대한 관심은 높아서, 뉴스영화에 대한 요구도 높고 관중의 열기도 뜨겁다고 조선영배의 관계자들은 말하고 있다. 앞으로 필름 절약과 수송 등의 문제로 16밀리로 이행할 계획이라고 밝히는 것으로 짐작컨대, 1943년 봄까지 조선의 이동영사는 대개 35밀리로 진행된 것으로 보인다.

「사단법인 조선영화배급회사 개황」, 『영화순보』 제87호, 1943년 7월 1일 ; 한국영상자료원 한국영화사연구소 엮음, 『일본어 삽지로 본 조선영화 4』, 한국영상자료원, 2013.
「社團法人朝鮮映画配給會社」, 『映画旬報』 第87号, 1943.07.01.

1943년 7월 1일자 『영화순보』는 '조선영화' 특집호이다. 사단법인 조선영화배급회사의 현황에 관한 이 글에서는 조선영배의 이동영사반 조직과 운영에 관한 내용이 비교적 상세히 정리되어 있다. 1942년 12월부터 본격적으로 이동영사를 시작한 조선영배의 이동영사반은 1943년 3월까지 4개월 간 영사일수 991일, 영사횟수 1,109회, 관객 동원 807,657명을 기록하고 있다. 같은 호에 1942년 12월부터 1943년 4월까지 5개월 간 조선영배의 「이동영사·상영 횟수·입장 인원수 통계표」와 「이동영사회 주최자별 일람표」, 1942년도 「조선영화계발협회 이동영사반 실시 통계」도 수록되어 있어, 1943년 상반기까지의 이동영사 활동 상황을 개략적으로 이해하는 데 도움이 된다.

찾아보기